曾文正公手寫日記

（三）

同治元年正月初一日

早起赴萬壽宮拜牌 辰初行禮畢 赴公館各文武來賀 辰正早飯 飯畢又見客數次 早間大霧 辰刻放晴 巳初陰 巳正雪 晴 出外賀年 未初歸公館 天寒 至夕雪收小住 酉刻清理文件 雪琴來久談 夜核改信稿 復江軍門信一件 二更溫古文 寒讀類 三點睡 癬癢 竟夕爬搔不能成寐 念養生之道 莫大於眠食 眠不必甘寢鼾睡而後為佳 但能淡然無營 曠然無累 閉目存神 雖不成寐 亦足以攝生 余多年不獲美睡 當於此加之意而已

初二日

早請客先吃飯一碗 旋至魯生處小坐 辰正客來 即雪琴少荃 子偲 海航 魯生諸人 巳正散 與柯小泉圍棋一局 周荇農來久談 清理文件 午刻與李魯生談詩 極佩杜牧之之俊偉 未正至黃[illegible]軒 雲仙赴席 [illegible]軒 已病

少荃中丞交代，為東家筵宴過盛，燈後方散，歸來倦甚。方子白來久談。寫零字頗多。二更後溫古文奏議類。倘夕摺差王廷貴歸來，即八月廿七日遣送恭尉□□大孝一摺者也。夜間疥癬癢殊甚，三更後成寐。是日為酒食所困。余向來每日三飯皆只一碗，附刻近來日失附便(你)，大不適矣。

附記

李朝斌

喻俊明

任星元

丁泗濱

初三日

是日擬赴黃陂與為雪琴賀年。早飯後雪琴來面訂，渠即先歸。余約少荃中丞、李眉生同去，辰正起行，至東門外，積雪甚厚，無路可行，轎夫苦之。行五里許即至大堤之上雪為風掃去易於行走二十里至黃坡與雪琴款接殷勤供張甚盛未初中飯飯後雪琴与申夫少荃等出外拜各營官余在家少睡与眉生略敘傷夕与雪琴諸人談夜亦略談二更後閱古文奏議類睡後左腿爬破痛甚徹夜不甚成寐

初四日

早起与雪琴談旋少荃申夫等皆起早飯後至雪琴幕府与諸友談坐舢板拜各營官接出長龍回家午初至安慶公館見客三次寫家信一封中飯後清理文件接信知徽休兩軍於廿六日在岩寺街獲勝糧路已通為之欣慰清理文件申正李弟自樅陽來賀年渠於初二日起程中途擱淺風雪苦寒三日始到談至一更四點二更清理文件三點畢睡後徹夜不能成寐而癬不甚痒

初五日

早飯後見客二次衙門期也旋至勺眉生處坐與少荃虎臣等鬯談午初清理文件中飯擬摺片與季弟同飲與柯小泉圍棋一局見客數次與季弟鬯談申正清理文件傍夕少荃來鬯談一更四點後清理文件二更三點睡癬癢不甚成寐是日接奉 廷寄二道 諭旨一道沈幼丹放江西巡撫李輔堂放江西藩司

初六日

早飯後清理文件 勒少仲來與小敘洪琴西來久談陳虎臣徐毅甫來均久坐改信稿三件中飯後與少荃勺眉生鬯談清理文件出外拜客數家酉刻歸寒熱交作常如瘧於治事在清理文件至二更二點未畢溫古文奏議類日來癬癢異常徧身如有芒刺者然數夜不能成寐本日尤不耐煩因服歸脾湯一帖睡後竟能酣睡至五更方醒近數月所未嘗有也傍夕接左季高信知劉克庵廿六日大獲勝仗在鴻嶺大鏞嶺一帶

初七日

早飯後清理文件 旋至眉生處小坐 与筱泉圍棋一局 見客四次 又洪琴西來談一次 并帶其友人吳紹烈纘先等來見 寫文任吾 周壽山信 及寄左季高信 申正寫畢 清理文件 見客三次 傍夕至眉生處久談 夜清理文件 至二更三點止 尚未完畢 睡後三更二點 癬痒殊甚 四更乃得甘寢

初八日

是日為 先祖星岡公冥誕 与季弟同備祭席行禮 飯後清理文件 与柯小泉圍棋一局 与眉生論看地圖之法 旋見客二次 又坐見者十餘起 午正出城 至河下拜客 在周薌農處久坐 未初至馬學使處赴席 申正歸 改摺稿一件未畢 夜改一摺一片 三更畢 睡頗成寐 五更醒 癬不甚痒

初九日

早飯後核改一摺二片又自作近日軍情片稿一件見客五次午正至李眉生處小坐與程穎芝圍棋一局又觀程與柯竹泉圍棋一局中飯請程柯二君及楊樸庵吳纘先洪琴西便飯申初散寫對聯掛屏七件李芋仙來久談傍夕接 廷寄三件諭旨一件知彭雪琴開皖撫缺以兵部侍郎候補希庵調皖撫嚴渭春調鄂撫鄭元善升河南撫 夜改摺稿一件二更畢清理文件至三更止尚未完畢睡後久不成寐四更略成寐五更後醒

初十日

早飯後見客三次衙門五十壽期也旋又見他客四次蒙觀察泰階、洪琴西談稍久午正發摺三摺四片中飯後閱看仙候渴睡昏昏至眉生處與莫子偲久談旋與季弟一談文件甚多嬾於清理身若有病不甚耐煩傍夕與少荃一談夜不願治事與季弟閒談寫

要字甚多倒床小睡二更三點睡三更咸蘇本日文
件概未清理前上日因辦稽集亦尚多未畢茲令々三日
積壓不少矣是日申刻接部文須到令箭十二支令旗
十二面箭壺一個架子一个王命旗牌十道纓杆俱全
牌十面旗牌均有令字清漢文旗以藍繒為之方二尺許繒
麤與夏布等異旗杆用小竹油硃為之下有鐵脚上有油紙
帽綴纓均極草減蓋近來官物類偷竊矣令箭長五
尺許令旗黃緞為之上用泥金寫江南欽差大臣兵部尚
書銜兩江總督字樣上有黃綢方套一个畫龍黃油
布套一个略精整不似王命旗之偷減

十一日

辰起作惡急欲嘔吐強忍得止因不食早飯亦不治事飯後
季弟頭去繞道散步逍遙辰正季弟看生處一樣與小泉圍
棋一局旋清理文件見客四次寫郭筠仙意城信一件飯
後素飯全不吃菜羹不累嘔飯後散步一次申刻清理

文件至傍夕常案畢燈後寫零字數十旋批江西布
政詳停止攤捐一案頭緒繁多盡心研索至二更批畢
余於力戒州縣不苟取民財須令州縣有為善之樂故
必盡革攤捐之款使州縣曠然無累而後可與之更新
此案到已一月遲回審慎今始批定

十二日

早飯後清理文件見客四次旋至幕府小坐與柯筱泉圍
棋一局寫左季高信一件中飯後見客甚多立見者
七八次坐見者二次清理文件 毛寄雲中丞所寄翁仙槎內
江洋稅章程摺稿細閱數稿不甚了了 傍夕又與少
荃商籌卷談後清理文件至一更四點粗畢倦甚小
睡二更後閱上海地圖水道太多殊難清晰 三點睡不
甚成寐三更三點漸得甘寢是日仍未停油筆 酉
刻接沅弟臘月十五來信

十三日

早飯後見客五次 申夫與吳纘先等談頗久 旋清理文件 至眉生處與筱泉圍棋一局 中飯後見客三次 清理文件 傍夕至少荃處久談 夜飯後又作嘔吐 吐出清水數十口 作惡久之 唯在室中散步逍遙 至一更五點清理文件 二更四點止 尚未完畢 睡不甚成寐

十四日

早飯後見客三次 清理文件 寫家信沅甫一件 紀澤一件 澤兒寄合肥詩一首 頗有意境 因批回寄 四信中屬其熟讀魏晉六朝中曹阮陶謝鮑謝六家 隋唐宋金朝李杜韓白蘇黃陸元八家之詩 與柯小泉圍棋一局 中飯後寫季弟信一 又寫希庵信一 見客一次 與少荃等談 清理文件 酉正任祖文自京回 閱京報四十四件 本多新政 頗慰人望 又至少荃寓處談 旋清理文件 至二更二點止 溫杜詩數十首 三點睡 頗成寐 五更後醒 不復成寐矣

十五日

早起，自升賀望賀節，見客多次，直至巳正未畢。雪琴今自黃陵來，前來座談，至午初止。倦甚，不復能見客。小睡片刻。清理文件。中飯後又見客二次。到公牘甚多，略一繙閱，不能竟。理於寫扁對條幅畫扇。夕。率瀏陽諸生邱慶籥等來此，令吹笙笛等為樂，余與莫子偲、李申夫、眉生、穆海航等聽之。月色如畫，萬里無雲。與客細論時事，不知今年果有轉機否。二更散。閱說文虫部、䖵蟲等部。四點睡，頗能成寐，五更醒。自內思余近頗安逸，未嘗點名看操、查墻子，盡心於訓練之事；又未嘗閱生書、溫經史，即書牘公文亦積壓不少，深用自愧。又見宦家之樂不似往歲之彰雲跟，蓋恐上行下效，風氣日壞矣。

十六日

早飯後見客五次，有新任寧國府知府劉傳祺自京來

庚戌庶常散館為刑部秋審處提調 坐談稍久 至
李眉生處久談 與柯小泉圍棋一局 清理文件 中飯後
核改信稿約三十件 至傍夕畢 與尚齋論人才條理清
晰然往往心地不甚質實 夜清理文件 至二更四點止 日
內積壓之件減去一半 睡頗能成寐 近來每三四更
得甘寢 五更乃醒 癬癢亦略愈

十七日

早飯後清理文件 辰正至李眉生處鬯談 後巳初接奉
諭旨九道 廷寄一件 余以正月初一日蒙恩以兩江總督協
辦大學士 沅弟以正月初四日蒙恩補授浙江按察使
無功無能 忝竊至此 實深悚懼 道喜之客甚多 直至
未初應酬粗畢 中飯後出城送周荇農之行 旋至東門
看新葺之敬敷書院 酉初歸寓清理文件 傍夕與李
眉生方子白鬯談 夜清理文件 至三更止 睡不甚成寐 日
內盼望上海信息 殷憂迫切 不知何以久無確音

十八日

早飯後清理文件 旋至眉生處一談 与筱泉圍棋一局 見客十餘次 潘馥自上海來 攜有吳曉帆 潘季玉信 因問及洋人与長毛交戰事 敘談良久 趙惠甫自湖北來 亦与久談 中飯後寫左季高信一件 核改信稿數件 見客七八次 周荇農 李勉林 談頗久 寫沅弟信一件 傍夕与少荃 眉生等一談 夜清理文件 李輔堂信中手摺十餘條 逐一批發 三更尚未完畢 睡後三更三點成寐 五更初醒 癬癢少愈

十九日

早飯後清理文件 旋加信四處 各一二行 辰初三刻開印 行禮 禮畢 寓內文武來賀 外客皆辭 旋至眉生處一談 与柯小泉圍棋一局 出門拜客一家 彭雪琴來久敘 午刻小睡 未初請客 張學使与司道數人便飯 雪琴亦在坐 申正散 倦甚 不能作事 酉正与眉生 伯符 尚齋 小泉談人

議余得協辦應否辭讓 商酌良久 夜清理文件 旋
改復奏江浙軍務摺稿 至三更畢 是日申正酉初寫
對聯條幅八件 扁二付 夜不能成寐 似因用心太過之
故

廿日

早飯後見客三次 衙門期也 旋清理文件 改徽州戰事摺
稿 又青陽戰事片稿 午正洪琴西來 談 就余午飯 飯
後改信稿三件 申刻少荃來 談一時許 余亦至眉生
寓 詳論應否疏辭此協辦之命 衆議以為宜受協
辦而堅辭節制四省之權 不可同時并辭 近於矯情釣
譽 燈時守計 夜作何日思件 又作家信一件 三更畢
睡不成寐 似因用心太過之故

廿一日

早飯後清理文件 旋至眉生處與筱泉圍棋 尚未終局 接
周弢甫信 買洋船一只 泊城下 於余坐船閱看 尋其

價臣協餉五万五千金，委員朱筱山別駕押送來皖。因與朱同坐之舟一看，此物不工緻，其用火激水轉輪之處全未能得其要領。少荃、申夫、眉生等亦均往閱看。午初，疲倦甚，小睡。未初請客，潘馥、劉傳祺等便飯，申初三刻散去。摺弁楊龍章自京師回，查閱京信，清理文件。與眉生、少泉等巡談一次，又與晏高論徽州平糶米一事。夜清理文件，至二更三點粗畢。而連日所到地方公牘多未打到。睡頗能成寐。

廿二日

早飯後清理文件。旋至眉生處小坐，與筱泉圍棋一局。作夾信言上海借洋兵助守事。見客二次，劉叢素自江西來，坐頗久。中飯後見客二次，蔣嘉棫、易芝卿，係余請來作摺藁者，坐頗久。清理文件。清理文件。剃頭一次。倦甚，傍夕小睡。夜閱杜牧之詩，寫零字頗多。積壓之件攔擱不能清釐。是日酉刻發摺，摺三、片一、清單一，中有

御恩摺行九叩首禮拜發摺接奉　廷寄一件

廿三日

早飯後清理文件見客三次寫倭艮峯信一件吳竹如信一件與柯小泉圍棋一局中飯後清理文件見客二次陳寬臣談稍久改信稿二件傍夕與柯小泉李眉生等商明日出題試書院甄別因令幕友各擬一題余擇其一寫掛屏八幅並溫莊子胠篋、達生等篇二更三點睡甚能成寐亦可喜也

廿四日

早飯後寫家信澄弟一件沅弟一件因報喜北京錢甚多寄銀百兩旋出門至楊樸庵處小坐旋至忠源局觀考試敬敷書院肄業貢生監均准與考四書題古之賢士何獨不然樂其道而忘人之勢詩題翰墨場中老伏波與首府陳小泉約點名後在彼少候而余到府渠不少候殊為惱怒旋出城至李少荃處

書渠來早飯移居瑩盤山又至河下拜劉養素
翁蒓卿午初飯至李眉生處小坐清理文件雲渠李
久坐午飯後習字一紙見客二次莫郘亭來因同
至眉生處邀談約一時許燈後飯程伯旉出示洪
稚存上成親王書即嘉慶己未獲咎發遣新疆
者嘗附直聲震於天下今讀之亦無甚觸忌諱之
處夜清理文件至二更四點畢是日早接奉○
廷寄催令迅速蒇事知以兩宮皇太后盼望蒇捷
殷拳迫切讀之且感且悚

廿五日

早飯後見客三次衙門期也首府陳心泉懸其父信來與
相見旋至眉生處小敘陳雯臣洪琴西錢調甫楊樸庵
等罷後會晤皆敘談良久已未初先請劉養素翁蒓
甫卿等便飯申正散倦甚不能作事後至眉生處
天氣亂此風嚴寒夜清理文件寫要字甚多閱

長江通商章程十二條、通共章程五條，不甚了了。清理文件。溫元遺山詩。三更睡，頗能成寐。陳宴日內患病，本日服藥略愈。

廿六日

早飯後清理文件，旋見客四次，至熙庵軒坐頗久，与柯小泉圍棋一局。中飯後作書，復毛寄雲論釐稅事件，寫扁二件，將毛信稿細酌，至三更始行作畢，共約四千字。是日午刻寫對門屏之式、圖冊之式，頗為用心。下半日稽查數事，務尤費鑽索之功，用心太過，夜睡不能成寐。是日接奉廷寄一件。

廿七日

早飯後清理文件，因昨日用心太過，不敢辦事。少荃來久談，旋与同至柯小泉處一談，会客二次，旋与尚齋圍棋一局。午刻寫希庵信一，核改信稿二件。中飯後倦甚，小睡，旋寫對聯八付。傍夕閱工匠修葺屋宇

夜清理文件 二更後溫杜牧之律詩 三點後睡酣
眠 至五更未醒 深以為慰 近日積壓公牘甚多 又兼
雲仙請代作者多 因摺甚多 小批亦未能核改 又應
行覆奏之摺數件 未能起草 昨日摺亦用心太過 本
日已昏倦 不能治事 精神之疲弱如此 責任之艱大
如彼 殆無不顛躋之理 實深焦灼 不知何術可補救
一二也 是日接奉 廷寄一件 係因江浦、浦口克後飭令
進攻金陵

廿日

早飯後清理文件 旋至眉生、雲仙小坐 與柯筱泉圍棋一局
見客五次 將日內所到部文打到 中飯後又打到百餘件
核文打百餘件 尚未完畢 下半日見客三次 習字紙
二更倦甚 即在位次小睡 三點後至上房 瘡癢殊
甚 手上諸瘡作疼 頗以為苦 睡後尚能成寐 是日
酉刻 至外一行 觀長女所修葬之墓館 傍夕接

家信係正月初五六澄弟等寄來者

廿九日

早飯後清理文件旋至眉生處與筱泉圍棋一局習
字一張見客五次劉養素坐頗久午正程穎芝來與圍棋
局中飯後見客三次丁日昌坐稍久手上諸瘡作癢懶
於治事清理文件至傍夕畢夜倦甚倒床小
睡二更後閱白香山詩旋清理文件三點畢睡不
能成寐是日接奉□廷寄一件係正月十六日所發者

卅日

早飯後清理文件旋見客四次寫左季高信一件與眉
生處談與筱泉圍棋一局作覆奏摺至鐙初畢約千
七百字旋清理文件朗吟韓詩數十首二更三點睡因本日
用心太過竟夜不能成寐

二月初一日

早間各文武賀朔至巳正方畢與柯筱泉圍棋一局霧

莼卿搬入公館，少荃來談敘一切。午正，因說話太多，倦甚。清理文件。清理文件。午飯後，又見客二次。家內修葺東此二廳屋三間，余簽押房將移於此。頗徘徊看視，亦因神思不能治事故耳，亦消搖也。責任艱大，才智不稱，精力日疲，可憂之至。夜清理文件。季弟信言收降卒三千，請立六營，躊躇久之，不敢定計。公牘中所刻舊官銜字數太多，因刪去十四字，令其另刻戳。題一絕云：官覺儘大有何榮，字數太多看不清。刪去幾條重刻過，將他日寫銘旌。溫韓詩十餘首。二更三點睡，酣眠至五更乃醒，美睡也。

初二日

早飯後清理文件。見客坐見者二次。與筱泉圍棋一局。寫官封軍信一件。萬篪軒來久談，與之商定釐卡事章程。中飯後清理文件，寫季弟信一件。旋寫扁一方，寫對聯八付，戲仿近人陳曇芳生筆意寫

畢與多眉生論古人作字之法至鐙時散 夜清理文件
二更畢 喉痛似有溼熱 因高聲誦詩經召南 三
點睡至四更三點方醒 近日每得美睡 雖兩臂兩手瘡
痛而亦忘之 豈身體日佳耶

初三日

早飯後清理文件 旋至多眉生處談 與筱泉圍棋一局
見客一次 茀虎軒 李申夫來 日始履任來此也 巳正楊樸
庵來 前考書院卷請樸庵代為閱看 至是始閱畢
送來 因與同閱數卷 評定甲乙 令人寫榜 未初寫畢 留
樸庵在此便飯 飯後喉痛殊甚 至眉生處小敘 仍係
不懌 申正上床 竟睡至暝方起 喉痛略愈 夜清理
文件 寫姚秋浦信一件 二更後喉痛不能作事 三點睡
頗能成寐 至五更一點方醒 是日辰刻拜接詔 禮三
跪九叩 因昨夜接奉十二月初八日上諭 文宗顯皇帝
謚詔書也 午刻接奉 廷寄一件

初四日

早飯後清理文件 旋寫家信一封 與柯小泉圍棋一局 出門拜客 黃昌岐處 李申夫吳竹如處道賀 至城外李少荃營 至韓正國營 程學啟營 李鶴元營 滕嗣林營 歸寓已未初矣 中飯後喉痛 請濤姓醫視 旋至上房小睡 喉痛不止 見客一次 趙惠甫坐頗久 酉刻後靜坐不作一事 喉痛略愈 在清理文件 至二更二點畢 溫杜詩五律 久讀用挑存吾道二章 三點睡 甚能成寐 是日接信 鮑春霆放浙江提督 又知沅弟正月廿三日已至省城矣

初五日

早飯後清理文件 見客二次 衙門期也 旋至李眉生處 與筱泉圍棋一局 接奉廷寄一件 諭旨六件 係因余正月十日發摺 批迴而原摺竟未接到 殊不可解 諭旨屢次褒嘉 讀之悚惶之至 寫許仙屏信一件 約

午餘字中飯後核改摺稿三件檢點明日摺差進
京應備諸物清理文件至晡時畢夜核改信稿四件
清理文件至二更畢溫杜詩五律上床時右腳瘡疾
殊甚呻吟不止三更後成寐黎明方醒本日喉痛已愈
服歸脾湯一帖

初六日

早飯後拜發題本即登極賀表也旋清理文件寫周
子佩信一封派曾恒德進京接奉　廷寄一件　諭旨
二件即昨日應接之批摺乃知軍機處分作兩日發還
者與筱泉圍棋一局見客三次清理文件中飯後接
張勝祿等言望城岡地太敞河太寬不便扎營閱劉
連捷已於初四日拔營以為憂因手批止之不知趕得
及否焦灼之至恐沅弟將到未到之際而營中疏失也
清理文件皆地方事連日積壓未盡到者至二更三點
止尚未完畢夜寫季弟信一件是日巳刻核改何子

恩摺二件

初七日

早飯後清理文件右腳偶爾疼痛屈伸不能自由至李與眉生雲仙久坐旋見客四次陳虞長係江蘇候補知府由浙江省城賊中逃出與之談最久寫左季高信一件中飯後閱左左調張樺園軍至二千人札馬金衢巡芳畫又寫張凱章信一件洪琴西來久坐至與眉生雲仙久坐與筱泉圍棋一局旋清理文件夜後清理良久至二更畢接奉廷寄一件僅沅甫弟赴上海睡甚能成寐上床至四更乃醒五更又酣寢矣老境中無多美睡豈頑健耶抑昏惰耶

初八日

早飯後清理文件旋見客四件雲琴來談頗久與筱泉圍棋一局凱章自湘鄉來與之久談即留在公館住清理各件恩摺共八件校對一遍初十日將專差送京清理文件習字一紙中飯後與眉生蓀卿等

一談 與凱章久談 清理文件 夜寫信沅弟處一件 李輔堂一件 寫雲字甚多 溫古文二首 睡後三更成寐 黎明乃醒 接季弟信 知季與吾陸兵於初二日獲一勝仗

初九日

早飯後清理文件 旋見客五次 周壽山來久坐 羅少村 陳寬臣 劉霞仙來坐久 午初出城 接李希庵中丞 在鏊金局等候甚久 申初始到 旋進城同至余處 因與凱章少荃同席 傍夕散 夜與希庵談至三更 希庵即在余公館內住宿 睡後不甚成寐 以因說話太多之故

初十日

早飯後拜發萬壽摺 希庵與我同行三跪九叩禮 此次摺差共賫謝恩摺八個 又萬壽摺六個 余一 希庵一 雪琴一 馬學使一 鮑軍門 江軍門各一也 旋見客二次 巳刻出門 拜希庵 午刻歸 見客二次 中飯後王霞 李眉生坐 與筱泉圍棋一局 略清文件 不暇細看 盡將改

摺稿也寫零字數多倦甚小睡天氣轉寒大風雲
瓦夜改摺稿二件二更三點畢清理文件三更睡

十一日

早飯後清理文件旋改摺稿一片稿一與柯小泉圍棋一
局巳正希庵來久談至午初方去余因說話太多倦甚因在
室中散步逍遙夜清理文件三日之內積壓之事已多至二
更四點尚未完畢睡不甚成寐

十二日

早飯後清理文件旋以本日所發第六案一摺請陳虎臣來幫
同校對校畢發報二摺二片一單見客五次又三見共六次
至李幼眉生處小坐習字一紙倦甚小睡中飯請劉養素
張凱章飯飯後至幼眉生處坐陳作梅來旋希庵來久坐至
夜二更始去清理文件三更睡昨日夜雪本日陰寒至未刻
後晴雪霽矣

十三日

早飯後清理文件習字一紙与柯小泉圍棋一局見
客五次閱文獻通考兵考一卷雲渠來久談未初
来申韵去希庵来遂談申正雲渠復來共談至一
更四點始散清理文件温蘇詩數首昨日濁睡殊
甚午正昏昏睡去二更後思睡倒床乃不甚成寐
前日寫一扁昨日懸掛乃甚不稱意盖三字中冊字作
豎勢一字作橫勢不能自成一律也因悟作字之
道全以筆陣為主蓋直以取勢橫以出勢當少
險絶

十四日

早飯後寫家信一件官中堂信一件旋出門拜客至希庵
處久坐又至馬學使李少荃雲岩至谷米局看湖北協濟之谷
每石撥皺得八斗 八七升不等 午正後見客二次中飯後与筱
泉圍棋一局清理文件 申刻寫對聯十餘付傍夕陳作梅
来談至二更 方散寫袁午橋信一件約八百字 三更睡不

甚成寐。日內應酬之信經幕友具稿者，久未核定，廢閣

甚多，殊以為愧。

十五日

黎明，九弟自家來，營各文武賀望，並九弟初到應酬

紛紛，直至午刻少息。核改信稿四件。中飯後與九弟久談，

寫左季高信。見客二次。趙惠甫坐頗久。希庵來，久坐。寫

厚庵、家渠、閻丹初信一件。陪希庵談至二更方散。又與沅弟

談至二更四點睡，不甚成寐。近日瘡癬少愈，不甚痛

癢，不知何故，豈濕氣已盡除耶？

十六日

早起，與九弟暢談。飯後見客七次，圍棋一局，核改信稿

三件。中飯後清理文件，寫信季弟一、雪琴一、少荃一、禮堂

一件。剃頭一次。王錫冠、珪與韓皋來久坐。燈後九弟暢

談至三更止。睡不甚成寐。日內因希庵、沅弟新到，

應酬較繁，說話甚多，公事多廢閣不辦。

十七日

早起与九弟談飯後朱鏡橋来陳作梅李与之坐談希庵於本久談竟日直至燈後方去沅弟陪之久坐余亦附陪附未陪上半日見客四次內少荃坐較久留之便飯下半日小睡半時許錢上希庵去後与九弟坐談至二更五點方散因九弟有求可功求成之念不免代天主張与之言老莊自然之趣囑其游心虛靜之域

十八日

早飯後与九弟坐談聖賢成己成物立人達人之道言統帶兵勇不可存沽恩市德之意旋見客三次清理文件巳刻与筱泉圍棋一局又与蔣純侪等論次青之非小睡片時午初清理文件中飯後又核為清理沅弟申初来希庵申正来談至二更方散清理文件三更睡日内積壓事件甚多幾不可爬梳是日接家信澤兒以年長學淺為懼或

進、善之機耶。

十九日

早飯後江蘇委員屬學潮來解餉八萬，西少荃啓行之途費有著，快慰之至。旋見客，坐次清理文件，與筱泉圍棋一局。午刻九弟來，久談，至燈後方散。清理文件。二更四點出來完畢，睡，不成寐。是日風大作，寒，俗所謂觀音暴也。莫子偲自大通攜贈余以武英殿聚珍板水經注一部，余所購求而不得者。

廿日

是日堂期，早飯後見客四次，旋出門拜客五家，至九弟處，午初歸，與柯小泉圍棋一局。口唇潰爛作疼。清理文件。中飯後代希庵核改摺稿一件，又自改摺稿一件。燈後改謝恩摺稿二件，二更三點畢。用心太過，睡不甚成寐。

廿一日

早飯後清理文件，旋接家信，季弟婦鄧宜人於初七日棄世。又接郭雲仙、意城等信，言之甚詳。九弟來論季弟家事，旋見客三次，寫季弟信一件，接奉 廷寄二件，接沈幼丹信，言事甚詳。中飯後九弟仍鬯談一切，至申初始去。略清文件，楊樸庵送書院課卷來一談，傍夕希庵來談，至二更散。清理文件，三更睡，甚能成寐。

廿二日

早飯後清理文件，旋作答李次青信稿一件。巳初與沅弟同出東門城外看新到之七營，午初二刻歸，與柯小泉等一談。清理文件，見客一次，中飯，請陳作梅、吳翔雲、周壽山便飯，飯後寫沈幼丹信，九弟與少荃來鬯談，至二更乃散。清理文件，二更三點睡，頗能成寐。四更後忽患頭痛，起坐片時。是日拜發三摺一片。

廿三日

早飯後清理文件，旋與柯小泉圍棋一局，見客三次，內見隋觀察耐詞色太厲，令人難堪，退而悔之。寫左季高信一件。閱文獻通考，溫睡，疲甚。巳正三刻希庵來，久談。午正沅弟來，兩人皆作竟日之談，希庵至傍晚方去，沅弟至二更方去。沅弟極服李眉生卓識邁倫，余平日見其文雅不群，亦料其必有過人之識，特未深談耳。清理文件。說話太多，疲倦殊甚，治事片刻，即不耐煩。念城門人來談，傳陳湜、蕭孚泗皆來。余以其為前敵統領，恐其因敗潰而罰，此寸心怦怦不寧，後聞其派哨官來，比驚疑始定。

廿四日

早飯後清理文件，寫家信一件，旋圍棋一局。沅弟來久談。寫季弟信一，又寫澄弟信一。張仲遠來久談。午刻出城至九弟舟次送行，弟將至下游進江，攻巢、和也。未刻歸，中飯後見客二次，倦甚，小睡。清理文件。趙惠甫來久談。傍夕至李子眉生處一談。夜核改信。

稿五件　二更後溫元遺山詩　三點酒睡殊甚倒床
熟睡此近來之佳狀也
附記
宋階和　唐萍洲薦
華壽麟
首府縣　查街太密

廿五日

早飯後望期見客二次　旋清理文件　見客五次　張仲
遠彭杏南坐最久　與柯小泉圍棋一局　中飯後清理文
件　因積壓太多　稍一掃廓　尚未完畢　徐毅甫来久
談希庵於酉正来　二更後始去　所言多正論　旋又清理
文件少許　四點睡　又得酣寢　累年不能成寐之病　今春
忽得痊愈　連宵多得美睡　殊不可解　豈俗所謂時
好運好　百病皆除耶　抑憂勤變為逸豫　清明變為
昏濁　為衰耗之徵耶

廿六日
早飯後清理文件寫劉印渠信一封旋出門拜張仲遠又
至布庵處久坐二刻許午正始歸見客四次中飯後圍
棋一局清理文件寫字一紙倦甚不能多治事見客
二次接奉　諭旨一件　廷寄一件係因余二月初二日一摺
批還附發共步傍夕清理文件至夜二更止溫古文辭
類二更四點睡

廿七日
早飯後清理文件旋至城外看親兵操演巳正歸
見客四次吳桐雲與楊利叔蔣寅昉坐最久未初請張瞿遠孫仲中
飯申刻散甫送客後布庵來久談更初去清理文件
二更四點睡日內公事多積壓未清而書信積久未回
紛紛酬應日不暇給實可愧恥本日吳桐雲送詩古文三
冊殷殷請益殊慙無以答其意

廿八日

早飯後清理文件旋見客二次希庵約余同至黃溢夫
拜雪琴辰刻起行巳刻到與雪琴暢談午正小睡中
飯後又暢談申刻代雪琴改摺稿二件傍夕腰腹
脹腹泄二更後江蘇有紳士錢鼎銘潘馥復來請援
告火輪船將潛載少荃之兵直赴上海隨後更有
輪船六號續至每次七船計可載三千人將參作三
次運接少荃之兵除以少荃之兵由內已計官由渠和
舍陸路東下今若遽改為舟行則大拂吳〻勇之
心若不由舟行則大拂江蘇紳民之心躊躇久之
不能自決二更五點睡腹痛不甚成寐

廿九日

早飯與希庵及江蘇紳士錢鼎銘潘馥委員厲學潮
同飯〻後自雪琴處歸巳刻到家與幕友程尚齋柯小
泉等暢談旋圍棋一局少荃來與之言江蘇官紳殷殷請
援之急有甚於蹈水火者之求救其雇洋船來接官兵

用銀至十八万之多万不可牽其望掣其情決計由水路東
下徑赴上海於見客四次張仲遠坐頗久未刻請少荃便
飯作梅与其弟繼荃芗荃陪之飯後見客二次洪琴西
談頗久本日因吃菜略多疲困殊甚腹脹不止將霄
公事略一繙閱不能清理閱何子貞峨眉瓦屋游詩
草傍夕希庵來少荃亦來談及少荃所部諸將優劣
一更四點散余倦甚不能治事又閱何子貞詩畢閱
魏默深所著道德經注二更三點睡甚能成寐

三月初一日

早起因腹脹謝不見客飯後接左季高信知大股賊圍
遂安將由婺源白沙關竄江西因札調張凱章軍扼
防婺源白沙關覆左季高信一信寫凱章信一与小泉
圍棋一局雪琴來久談即在余處拜發謝恩摺中飯去
少荃來久坐清理文件酉正与幕府友久談夜溫項羽本紀
未畢

初二日

早飯後清理文件，旋與幕客久談。因李次青日來一賀寧文，辭極工，言及前此參摺，不少留情，寸心怦怦，覺有不安。與筱泉圍棋一局。至方子白房中一坐，渠近來日夜讀書，觀其工課單，係今文尚書、莊子、史記、韓文、杜詩數種，甚得要領，心竊韙之。旋見客三次，又見各營官。昨日聞賊破歷口，本日又聞至樺根嶺，心以為憂。又中飯後清理文件。李少荃來談二時許。酉初希庵來，一更四點去。清理文件，二更四點畢。睡後至三更四點始能成寐。

初三日

早飯後清理文件，旋見客四次，與柯筱泉圍棋一局，與省生等久談，寫對聯二付，又見客二次，寫沅、季信並地圖，請看人送去。中飯後清理文件，至鏊金局詳文二件到已月餘，親批覆之。見客二次。洋船之來接少荃一軍，共本日又到

二萬湯壽銘來解隨院衛門公費銀万五千兩余撥以
一万協濟袁午帥何根雲制軍信來并附寄親供一
朝迷誤万事瓦裂亦可憫也清理文卷積閣之件至傍
夕粗畢夜打到數十件溫項羽本紀二更四點畢是日
思為楷模之道即與師道無異其訓飭屬員殷殷之
意即與人為善之意孔子所謂誨人不倦也其廣諮忠益以身
作則即取人為善之意孔子所謂為之不厭也為將帥者之
於偏裨亦如此為父兄者之於子弟亦如此為帝王者之於臣
工亦如此皆以君道而兼師道故曰作之君作之師又曰民生
於三事之如一皆此義爾

初四日

早飯後寫沅弟信一封旋出門拜客至少荃處久談
至希庵處久談午正歸見客二次中飯後見客四次
寫左季高信一清理文件申正少荃來久談傍夕希
庵來談至一更三點去清理文件溫項羽本紀日來綿綿

見客不能專心治事又不能溫讀熟書氣浮而神濁
殊為愧恧

初五日

早飯後清理文件見客三次衙門期也旋与柯筱泉圍棋一局又見客三次習字一紙午後見客二次洪琹西李申夫坐皆久中飯後見客皆立談未坐作覆奏御史朱潮一摺請 欽派大員至廣東抽釐充餉至二更三點作畢

初六日

早飯後清理文件核改摺片共五件 看刻點林字營千人之名銜單冊許畢 下棋一局中飯後清理文件見客二次坐對時希庵來少荃亦來同坐至二更方去清理文件至二更四點粗畢接信閱成大吉接賴子師初二日小挫一次為之焦灼

初七日

早飯後出城至洋船一看親兵營韓正國八百人坐一船
周良才五百人坐一船開字營程學啟千三百人坐一船
看畢吩咐一番渠等即於辰刻巳刻開行歸至希庵
公館一敘巳正後清理文件核改摺稿一件 見客六
次雪琴自黃皮夾來一談未刻請徐毅甫方存之等便
飯申正散少荃來辭行暢談一切旋至眉生家送吳
彤雲周壽山一敘倦甚擱頭小睡 夜清理文件 溫杜
詩五律朗誦數十首

初八日

早飯後清理文件 寫季弟信一件九弟信一件 與筱
泉圍棋一局與陳虎臣等久談 核秋摺三件片四件
又代人遞謝 恩摺三件 寫左季高信一件中飯後
清理文件 核改信稿五件申刻剃頭希庵來久談
至二更末清理文件溫項羽本紀 渴睡殊甚

初九日

早飯後清理文件 旋与筱泉圍棋一局 習字一紙 見客
四次 潘鼎新談最久 閱叢書今世說 宋四六話 中飯
後添李輔堂信三頁 閱叢書中廣名將傳 見客
二次 楊利〻 張〻仲遠 耕談最久 後雪琴信 清理文件 夜清理咨
札稿 温項羽本紀 蕭相國世家 渴睡殊甚 睡後
竟夕不醒 是夕閱穎州解圍 劉尉董已往此 安徽
吏治軍政漸可統於一尊 不至兩路梗塞 政出多門
矣 本年冬春晴已久 昨今兩日風雨嚴寒 本日雨尤大 不
知少荃一軍附洋船赴上海 其途次平安否

初十日

早飯後見客二次 衙門期也 陳寬臣來談 与筱泉圍棋一局
与眉生久談 閱方子白讀書之聲甚勤 至其房少坐 陳作
梅來久談 寫沈幼丹信未畢 申甫來久談 中飯後見客
二次 將幼丹信寫畢 約千餘字 清理文件 申刻 希庵來
久談 至二更二點方去 余說話太多 困倦殊甚 倒床即已

成寐至黎明方醒 自以每日為應酬所困 公私廢閣
深以為愧

十日

早飯後清理文件 陳艾虎臣來久坐 旋至各看生雲如一
談 与筱泉圍棋一局 習字一紙 寫左季高信一件 見客
一次 寫郭雲仙信一件 雲仙信來已二十日 其言甚長 一
長沙編纂忠義錄之體例 一論上海洋稅宜酌撥一半
倩趙惠甫作稿復之 又自添數葉 中飯後清理文件 見
客二次 莫子偲贈余元和郡縣志一部 余答以陳刻通鑑
夜清理文件 核改信稿 至二更止 溫曹參世家 是日申刻
倦甚 小睡 傍夕又小睡 說話較少 夜間治事尚不疲乏

十二日

早飯後清理文件 出城閱林字營操 巳刻至三希庵
處久談 午刻歸 方存之 洪琴西來久談 未初請吳竹
莊 黃昌岐 王梓垣來便飯 申刻散 与趙惠甫談 清理

文件，夜核改信稿四件，二更後溫杜詩五律，倦甚，至
少荃函，又看生等案一條

十三日

早飯後清理文件，接家信二月廿四日所發，澄侯一件，紀
澤一件。見客三次，下棋一局，改抵征牌文一批，巳正二刻希
庵來久談，中飯後渠即在余處坐睡片晌，申刻寫對
聯一付，見客二次，酉刻出城至洋船送淮勇樹字營兩
營之行，傍夕始寫沅季二弟信一件，清理文件，夜初
更畢，溫杜詩五律，渴睡殊甚，二更三點睡，倒床
即已成寐。是日派吳竹莊至江陰看常陰沙洲可
辦圍否，又令黃鎮翼升附輪舟先至上海一行，察
看下游情形。

附記

趨王　襄王

淫王張洛刑 總首　導王陳仕榮 四眼狗部下　遵王賴文光 狗部

扶王陳學禮 狗部　啟王梁成富 狗部　祐王藍

敬王林大居　刑部又正秋傳　丞千歲
干王洪仁玕
侍王李世賢
御奉王古隆賢
匡王賴話郎　文河
贊王蒙時恩　得

畏王秦日南　刑部副秋　丞千歲
對王洪春元　猛千歲
保王童容海　石達開部下由廣西江西至汀州鉛山洪江至上海
護王陳坤書　元年十二月救援江北　常在常州副千歲
頓王吳汝孝
王何雅秀　十一年守銅城閘　爭集作　雅林　元年二月廿三日戰歿

章王林紹璋
輔王楊輔清　咸千歲
愛王黃金　崇發　刑部又副秋傳　吉千歲
勇王洪仁達　王次兄
衛王楊雄清　職協　掌千歲
直王

十四日

早飯後清理文件，旋寫一信與紀澤兒，與筱泉圍棋一局，見客七次，內雲棲與吳子序坐稍久。午正至希庵處送行，即在渠處中飯，申刻歸，見客二次，張仲遠坐最久。旋清理文件，接奉廷寄三道，與眉生少敘，傍夕作梅與希庵先後來，二更二點去，略清文件，睡後頗能成寐。

十五日

早飯後出城送希庵之行，辰刻歸，見客三次，與筱泉圍棋一局，寫沈幼丹信一件，中飯後寫沅弟信一毛

寄雲信一 吳子序来久坐約二冊許 清理文件 偏夕与眉生久談 夜清理文件 二更後温蘇詩七律 睡後不甚成寐

附記

○送張仲遠　○拜吳子序　○寫少荃信銀二万

○送周世兄銀　○上洋船看

十六日

早飯後清理文件 旋見客六次 与筱泉圍棋一局 寫摺扇一柄 接少荃上海来信 知渠於初十日到上海 滬上中外各軍於初六七日大獲勝仗 為之少慰 温古文傳誌類 楚元王世家 梁孝王世家 五宗世家 中飯後未正温畢 見客二次 寫左季高信一件 寫對聯十餘付 倦甚 偏夕至眉生處一談 萬篪軒 勒少仲在坐 夜清理文件 二更三點畢 涸睡殊甚 三四更成寐 五更仍醒

十七日

早飯後清理文件寫楊氏母碑額久不作篆生澀殊
甚乃知天下万事貴熟也　見客三次　寫李少荃信圍
棋一局　習字一紙　中飯後寫沅甫信　閱洋船過荃
湖來共言十二日三山夾火光燭天心以李弟營盤為
憂　本日沅弟寄到季十三日一信　乃為之慰喜　申正出
外拜客　又至河下看洋船　送袁宇堂鼎字堂赴滬
酉初二刻歸　清理文件　偏文　高吟黃山谷七律　在將科
房所呈批稿詩清釐一遍　精讀錄月餘積閣之件　余
既抄選十八家之詩　雖存他樂不請之懷　未免兒已自畫
之陋　乃近日意思尤為簡約　五古擬專讀陶潛謝朓兩家
七古擬專讀韓愈蘇軾兩家　五律專讀杜甫七律專讀杜
甫七律專讀黃庭堅　七絕專讀陸游　以一二家為主　而
他家則參觀互證　庶幾用志不紛　然老境侵尋　亦
能長吟以自娛　不能抗手以入古矣

十八日

早飯後清理文件 旋見客二次 與柯小泉圍棋一局 核改信
稿十餘件 習字一紙 洪琴西來久坐時許 戲言余有樸
面相法 謂初次一見即略知其人之梗概也 中飯後見客
三次 子序談最久 又與子序圍棋一局 申末至寫對聯
十付 宜蒼一聯 贈方存之云 斂氣乃宏才學識高文待續
方劉姚備 夕高吟山谷七律 夜清理文件 二更三點畢
昨數日夜眠倦殊甚 昨夜服歸脾湯一帖 本日神氣較
王 茲則藥物不可盡信 亦不可盡不信也

十九日

早飯後清理文件 旋見客四次 與幼眉生等談 核
改信稿八件 中飯請子序蔡芥舟甘子大曾祺便飯
申初畢 清理文件 寫沅浦信未畢 存之琴西來久談 旋
寫沅信畢 又寫雪琴信 昨閱青陽克復之信 尚未
深信 果已克復 為之一慰 夜清理文件 二更三點畢 睡
頗成寐

二十日

早清飯後見客二次 衙门期也 旋馬學使來会 清理文件 圍棋一局 寫季弟信一 左季高信一 沈幼丹信一 与眉生等久談 因倦殊甚 擬作奏疏 困倦不克執筆 中飯後温古文傳誌類中廉藺平原信陵諸篇 歐陽定果來 接沅弟信 知望城岡十五日獲一勝仗 与鄧守之論篆隸之法 夜清理文件 二更後温七古詩二十餘首

廿一日

早飯後清理文件 旋圍棋一局 見客一次 与李眉生穆海舫等談 温傳誌類中刺客傳 田單傳 習字一紙 中飯後清理文件 接少荃信 言上海事頗詳 寫沅弟信一件 夜清理文件 眉生來少談 二更三點清理畢 睡頗成寐 是日接奉 廷寄二件 諭旨二件 是因余二月廿二日之摺批迴也

廿二日

早飯後清理文件 旋与小泉圍棋一局 見客四次 萬篪軒坐最久 將作摺稿而久未下筆 寫澄侯信一件 毛寄雲信一件 中飯後作奏摺 至二更始畢 申正至眉生處 与子偲、愛山等談 作希庵信一件 二更後清理文件 至四點畢 腹痛 不甚成寐 亦因用心太過之故 是日構思之際 寫零字甚多 二更接奉 廷寄一件

廿三日

早飯後清理文件 旋与柯小泉圍棋一局 出門拜客三家 在周壽山處坐甚久 午初後見客三次 楊畏齋談頗久 中飯後与吳子序圍棋一局 雪琴來久談 申正後核改摺稿二件 燈後作片稿一件 核改片稿一件 清理文件 二更三點畢 是日接奉 廷寄一件 從楊軍門回營 又接奉報 知雍家鎮於十九日攻破云云

廿四日

早飯後清理文件 旋寫李少荃信一件 沅甫弟信一件 圍

棋一局見客三次寫沅弟信一件 午刻与甘子大圍棋一局 大雨如注自辰正至午未息申後見客二次至城外洋船上一看 慶字營淮勇赴上海又有鼎字一哨 林字二哨 酉刻後寫左季高信一件 夜清理文件倦甚 二更三點畢 是日接沅弟信於二十日克復巢縣含山西梁 夜接季弟信言克復繁昌縣城 酉刻發摺摺三件片一件清單一件 夜接奉 廷寄二件

廿五日

早起至萬壽宮行禮是日為 今上萬壽聖誕也 卯正拜客 飯後見客三次 旋又見客二次 吳竹莊自上海回 与之久談 竹莊十四日自皖赴滬 昨日始來 去來各僅二日 在滬尚住六七日 甚言洋船之神速也 与筱泉圍棋一局 清理文件 數形困倦 閱石埭克復 下半日又閱太平克復 寫季弟信一件 与鄧守之洪琴西方存之等談 倦甚 不能作事 因寫對聯八付以寄與 午刻唱

字一紙　傍夕小睡　夜清理文件　二更畢　溫杜公五律　倦
甚　豈以昨二日用心稍過之故耶

廿六日

早飯後清理文件　與筱泉圍棋一局　旋見客五次　申
夫坐較久　習字一紙　寫沅甫信一件　中飯後倦甚　小睡
坐見之客五次　內子序談最久　圍棋一局　寫左季高信
一件　夜寫零字甚多　清理文件　至二更三點畢
睡至三更後成寐　四更腹泄

廿七日

早飯後清理文件　旋見客二次　與筱泉圍棋一局
接信　聞和州克復　與李眉生等談　寫沅甫信一件
季洪信一件　中飯請程錫達曙吳炳崑李朝斌便飯
申初三刻畢　倦甚　略清文件　習字一紙　楊厚庵來
久談　傍夕方去　接惲信　知趙景賢守湖州三月初三日當
堅守無恙　可欽可敬　愧不能速派勁旅往救　纔逾

偏皇不知所以為計。夜清理文件，二更四點畢。

二十八日

早飯後清理文件（點驗營前左西營之名，千人，辰正畢），旋接九弟信，知至溪口、西梁山俱已攻克。與筱泉圍棋一局，與眉生等久談，見客三次，倦甚，習字一紙。手瘡、臍瘡、瘡殊增煩惱，遂不能多作事。寫希庵信一件。中飯後，意思蕭索。申刻至李眉生處久談。偏夕小睡。夜清理文件，二更畢。旋閱鹽河有搶劫鹽船之案，拏獲四人，首犯未見。本日身體不輕爽，爛於治事。酉初寫對聯六付，睡時悶甚，幸尚能成寐耳。

二十九日

早飯後清理文件，旋與筱泉圍棋一局，寫沅弟信一件。與眉生等久談，見客三次，讀墨子數篇。瘡痛不能多作事。中飯後習字一紙，接奉廷寄二件、諭旨一件，清理文件，至申正畢。程伯敷以旬日連克七城，縣四要隘，為詩稱賀，余作七絕四首答之。寫對聯六首，摘選元遺山七絕，請

理文件，二更四點，不甚成寐。夜寫沅信又一件。是日接沅弟三月初八、十二日兩信。

廿九日

早飯後清理文件，旋與筱泉圍棋一局，旋寫少荃信一件。見客，坐見之客六次。寫季高信。中飯後又寫少荃信一件。見客數次。出外拜客數家。至洋船送林字營之行。夜清理文件。二更四點畢。勞倦殊甚。是日未正剃頭一次。陳氏妾吐血。

三十日　病頗重。

四月初一日

早起，拜文武賀朔，至巳初方畢。旋與筱泉圍棋一局。見客二次。申甫坐頗久，倦甚。小睡不成寐。閱施愚山詩。中飯後復小睡成寐。寫季弟信一件。徧身瘡癬，且痛且癢，又與去年秋冬相類，至以為苦。至翁萼卿處一談，旋與周冕山談。夜改摺稿二件。閱李太白七言。是日接紀澤廿二日長沙信。傍夕清理本日文件。

初二日

黎明飯後點熊字垣字二營之名 至辰正畢 清理文件
見客三次黃翼升坐頗久 與筱泉圍棋一局 旋清理文件倦
甚小睡片刻 中飯後見客四次吳子序坐最久與之圍棋
一局 申正後寫對聯六付 因讀李太白杜子美各大家悟
作書之道亦須先有驚心動魄之處乃能漸入佳境果善
一向由靈妙處着意終不免描頭畫角伎倆 酉正清理
文件 傍夕至幕府生處一敘 夜改克復巢和含山摺稿
一件 二更後溫李詩 二點清理文件 四點畢 三更睡
倦極 是日接胡宮保沅弟信一 復宮帥二僉信一

初三日

早飯後清理文件 寫季弟信一件 與筱泉圍棋一局
見客四次周愛山談頗久 寫李筱泉信一件 中飯後見
客三次 習字一紙 清理文件 瘡疾大作痛癢交加 晡
時與尚齋筱泉伯勇邀談 夜作片稿一件 核改摺稿一

件 二更三點畢 清理文件 三更睡 不甚成寐 是日接奉
廷寄一件 諭旨一件 又總理各國事務衙門夾板一件
內恭親王暨軍機公信一封 言洋人與劉事

附記 桐城匪人
疏長庚 東
王寧旂 南
潘壽春 西
姚逢弼 北

初四日

早飯後清理文件 旋寫紀澤 見信一件 与筱泉圍棋一
局 雲棲來久坐 又見客二次 雲棲午正歸去 中飯後寫沅甫
信一件 言由采石南渡 妙處四端 險處二端 清理文件 核
批四摺一片 一清單 又代人逢謝恩摺二件 接左季高信
知偽侍王一股業經擊退 夜核改信稿十件 溫東坡七
古二十首 三更睡 頗能成寐 是日不剃 亦假寐半時許

初五日

早飯後見客二次旋与筱泉圍棋一局寫沅甫信一件又与程穎
芝圍棋一局孫慶恒來久坐中飯後寫沈幼丹信一件清理文件
申正核科房呈稿至批請摺一番積閣又十日矣傍夕至尚齋等
處一談夜清理文件二更畢倦甚不能治事假寐少歇三
更睡不能成寐

初六日

早飯後清理文件旋出西門觀楊占鰲陽華坤西營操
演其收隊之法係學多將軍隆阿其極為穩快其法仍用
四方陣四面均向外前面向敵且戰且退後面向內為護防賊抄尾
左面排列鎗砲防賊包左右面排列鎗砲防賊抄右收隊則皆在
方陣之中其兵處處行陣走如左前隊之第一排打鎗畢即縮入
由其兵處處走向左後隊之末排站隊左前隊第二排打鎗畢又縮入中
空處走向右後隊之末排站隊第三排亦然第四五等排亦然右
前隊之一二三四等排亦然行走一二十里始終有四方陣排列不

罰實服隊附等全無弊之良法也 已正叔與筱泉圍棋一局子序
來久談午正去小睡片刻中飯後寫沅弟信 又寫袁午樵
信清理文件 申正至多禮堂處談 旋寫對聯七付 傍夕小睡 夜
清理文件 溫太白七古 睡甚成寐 是日接 廷寄一件

初七日

早飯後清理文件 旋出門至穀米局 火藥局一看 旋至忠義
局堂談 歸與筱泉圍棋一局 見客三次 又立見者四次 小睡
片刻 請吳子序 楊畏齋便飯 飯畢與子序圍棋一局 畏齋
仍留久談 申刻清理文件 酉正畢 至幕府程尚齋等
處一談 小睡片刻 夜溫杜公七律 三更睡 是日住房鋪
地板 糊牆壁 終日未得安坐 接澄侯三月十九信 知祖
父母墓已修成矣

初八日

早飯後清理文件 寫扇一柄 圍棋一局 見客三次 吳竹莊
坐頗久談 及劉勇蟠於本日病故 悼惜久之 復沅弟信一

午初倦甚小睡中飯後見客二次陳舫仙坐談久本日風雨陰寒殊不似四月氣象余近日渴睡甚多不似往年之竟夕不寐每逢節氣輒服歸脾湯三帖本日值立夏節渴睡尤甚接沅弟信謂脾胃甚好之故豈果服藥之功耶抑春倦頹放暑景不能自振耶清理文件傍夕小睡夜閱苕溪漁隱叢話二更後復小睡三更入上房倒床甜臥黎明方醒是日申刻寫挽聯一付 對聯四付

初九日

早飯後清理文件旋寫季弟信一与筱泉圍棋一局潘伊卿來久坐午刻核改復恭親王信稿至申初改畢見客一次至李眉生處久坐暢談寫對聯六付清理文件 傍夕小睡夜清理文件溫阮陶二家詩 三更睡甚能成寐

初十日

早飯後接見司道旋出城看熊字營操演巳刻歸与筱泉圍棋一局習字一紙寫希庵信未畢 約陳湜潘鴻

壽過來吃便飯　申末正教將希庵信寫畢　擢差曾恒德自
京歸來閱京信及多叔本清理文件接少荃上海來信
言夷務事頗詳　旋閱護軍抬鎗小鎗兩隊將發往維字
營為弋致師書　酉初寫匾字及對聯　再閱京報略知近事
傍夕幼眉生來久談　夜清理文件至二更三點畢　本日見許
仙屏與沅弟信中多見到語　如云為治首務愛民　愛民
必察美惡　美惡要在知人　知人必在於聽言　竊料子以孟子所言
仁術　術字最有道理　愛而知其惡　惡而知其美　即術字之
的解也　又言蹈道則為君子　違之則為小人　觀人當就行事上
勘察　不在察聲與言論　當以精己識為先　訪人言為後　皆
閱歷有得之語

十一日

早飯後清理文件　旋與柯筱泉圍棋一局　吳竹莊來坐頗
久　寫沅弟信　涉閱廣東新刻叢書二種　一曰海山仙館叢
書　凡五十六種　潘仕成輯刻　一曰粵雅堂叢書　凡一百廿一種　伍

崇耀軒刻二共皆馮竹漁所贈也又涉閱正誼堂叢書凡
五十六種張清恪公輯刻吳竹莊所贈也因取正誼堂中清恪
公所輯程子二十篇讀之至晡時讀畢凡十卷取論語二十篇
之意編宋二程粹言略分門類為精當寫沅弟信一
件申刻調垣字營四隊來此操演鎗砲約一時許畢夜閱
張清恪公所輯朱子七篇每篇各分上下仿孟子七篇之意
張公蓋以程配孔以朱配孟也讀一卷未畢倦甚因閱陶
詩三更睡倒床即成寐矣是日又寫扁字二百餘個靜中
細思萬古今億萬年無有窮期人生其間數十寒暑僅
須臾耳大地數萬里不可紀極人於其中寢處游息晝僅
一室耳夜僅一榻耳古人書籍近人著述浩如煙海人生目光
之所能及者不過九牛之一毛耳事變萬端美名百
途人生才力之所能辦者不過太倉之一粒耳知天之長而吾
所歷者短則遇憂患橫逆之來當少忍以待其定知
地之大而吾所居者小則遇榮利爭奪之境當退讓

以守其雌知書籍之多而吾所見其寡則不敢以一得自喜而當思擇善而約守之知事變之多而吾所辦者少則不敢以功名自矜而當思舉賢而共圖之夫如是則自私自滿之見可漸漸蠲除矣

十二日

早飯後清理文件旋與柯小泉圍棋一局見客四次寫沅弟信一件習字一紙中飯後核改信稿清理文件與洪琴西論易經有聖人之道四而朱子專重以卜筮者尚其占由似未的當因言古人說經多斷章取義以意逆志不必定符本義傍夕小睡夜清理文件二更後溫古文辭雖頗三更睡是日接奉 廷寄二件

十三日

早飯後清理文件旋與柯小泉圍棋一局見客五次寫易丹信一件季高一件閱馮焯詩稿焯代州人字穉華其（七世祖如京官廣東左布政）六世祖雍以進士官至同知五世祖先裕以舉人官至湖南巡撫四世祖祁官編修曾

祖均弼以舉人〻歷官至湖北按察使祖咸以舉[illegible]官浙江知縣焯

為太潛山縣天堂巡檢又署屯溪巡檢刻詩四卷清穩不俗頗和余

詩八首今日閱之維伯舅始知其人因取其詩披閱數十首並

閱其曾祖及祖刻詩乃知其家世淵源有自也午正睡半時許中飯後清理

文件習字一紙申刻與琴西少談於溫霍光傳至二更畢

核改摺稿二件片稿一件清理文件三更睡甚能成寐

細思為政之道得人治事二者並重得人不外四事曰廣收慎用

勤教嚴繩治事不外四端曰經分綸合詳思約守操斯

八術以往其無所失乎

一一

早飯後清理文件旋寫澄侯弟信一件又寫季洪弟信一件

與柯小泉圍棋一局徐毅甫來久談渠善醫因請其診脈

據稱六脈虛弱宜服補劑又因陳氏妾吐血不能吃飯請其診視

午移去富西一廳稍為修葺前往看視過與洪琴西久談中

飯後清理文件習字一紙改摺一件楊畏齋來久談皖南

道程孫坐送詩四册略繙閱數十首　傍夕與李眉生程
尚齋等久坐談　夜清理文件　二更畢　溫古文簡本　三
更睡　倦極　卻不甚成寐　是日接奉　廷寄一件

十五日

早飯後見客十餘次　皆文武賀望者　已刻畢　旋與柯小泉圍
棋一局　寫陳季牧信一件　沅弟信一件　倦甚　閱余忠宣公
文集　午刻小睡　摺差王宏升自京師回　即二月初十日派去
送謝　恩摺八件　隨帶壽摺各件者　中飯後見客二次　清
理文件　至李眉生雲坡小坐　談　改信稿十餘件　傍夕眉
生來　又久談　夜清理文件　二更畢　溫古文簡本　倦甚　三
更睡　幸能成寐　是日已刻習字一紙

十六日

早飯後清理文件　旋與筱泉圍棋一局　寫沅弟信一件
雪琴信一件　見客二次　周弢甫坐最久　備述上海各事
旋清理文件　即上海帶來者　習字一紙　午刻小睡半時

許。中飯後見客五次，周縵雲侍御學濬來談最久。寫對聯六付，清理文件頗多。寫余忠宣公傳百餘字。雪琴處發龍磐石一方，其幕府友胡湘林敦促余寫字發刻。余因寫宋文憲所撰余忠宣公傳，將刻之以廣流傳，勸忠義也。燈下又寫數十字，清理文件，至二更畢。溫李廣傳。三更睡。

十七日

早飯後清理文件，旋見客四次，周弢甫、鄧彌之坐最久。與筱泉圍棋一局，寫李希庵信未畢。午刻小睡。中飯後將希庵信寫畢。旋趙惠甫來久坐。接家信，沅弟一件，澤兒一件，寄有耐庵文存，係賀耦庚先生所著，略一繙閱。清理文件，習字一紙。定城內城外發賑章程。因冒濫甚多，十六日發至四萬四千人之眾，後此斷難為繼，乃定為每人發小票一紙，十九日察看真正飢民，給與一票，廿二日持票領米；廿二日再加察看，給廿五日之米票，廿五日再

加甄別給廿八日之米票每三日一發上次給下次之票康衡之
免於冒濫又寫告示一紙發京信十餘件皆內鄉霞
信夜清理文件倦甚溫杜詩五律接希庵信知廬郡
於十五日克復二更三點睡

十六日

早飯後出城看熊字營操演兩大異常火繩槍不燃竟
不克操畢旋又進東门出北门看華蘅芳所作炸彈放
十餘砲皆無所見巳刻歸与筱泉圍棋一局清理文件
霓臣来談坐午正小睡中飯後寫希庵信一件清理
文件張甫来久談接汪梅村信寄所著水經注圖一卷
樹録一卷粗閱一遍夜清理文件二更後溫李陵傳
睡甚能成寐日内手上之瘡全愈惟為紅癢或慮再翻
耳腳上之癬亦稍舊又接家信知夫人之病已愈或系
好星命家所稱運氣好耶

十九日

早飯後清理文件寫左季高信一件与柯小泉圍棋一局見客三次接家信澄弟一件紀澤一件係三月廿九日所發知紀鴻縣試第一并將五場詩文付來雅又鳴季高信一件凱章信一件午正小睡中飯後見客二次清理文件甚多習字一紙即在溫李陵蘇武傳二更後清理文件接奉 廷寄二件 諭旨六件係因余三月廿四日奏摺批迴者

二十日

早飯後出城看垣字營操演約二刻許已刻畢拜周緩雲李壬耕鄧孫之芑正炳与柯小泉圍棋一局見客三次午正小睡片刻中飯後寫少荃信約千餘字見客一次至李眉生處久坐申夫來久談旋清理文件寫扇一柄夜清理文件一更四點畢溫杜蘇七古詩二更四點睡三更盡燭花落延燒衣物幾及房屋驚起撲救房中煙氣不熄良久更睡

（見司道一次）

廿一日

早飯後清理文件 旋見客三次 周縵雲坐甚久 寫沅弟信一件 旋接沅信 又添一葉 改信稿四件 與筱泉圍棋一局 午正小睡 中飯後清理文件 寫姜城甫信 見客一次 嚴仙舫信來 薦其內姪向師棣 果令器也 談論甚久 旋寫對聯挽幛等 與幕友論進兵之方 清理文件 傍夕畢 夜寫袁雪逵信一件 甚長 清理文批各件 二更三點畢

廿二日

早飯後清理文件 旋與筱泉圍棋一局 見客二次 寫沅弟信一件 勞倦殊甚 閱韓非子五篇 午刻小睡 中飯後見客二次 周弢甫坐甚久 清理文件 出城送至河干 送恒字營坐洋船至上海 返 傍夕與翁藹卿等一談 夜清理文件 二更後溫謝朓詩 是日上午習字一紙 下午寫余忠宣公傳二百餘字 申刻收四十九日所發米票 竟多假票弍千三百餘張 人心之壞殊可痛恨 睡後不甚成寐

廿三日

早飯後出城看熊字營操演乙正帰与筱泉围棋一局見客二次 午正小睡 將清整文件中飯後寫余忠宣公傳約六百餘字 旋清理文件 寫對聯三付 扁二方 并挽幛之類 傷夕与洪琴西談假米票之事 擬設法禁止 又与莼卿尚齋等久談 夜清理文件甚多 二更畢 溫杜詩五律 是日午刻略閱韓非子 本日寫字過多 眼蒙殊甚 三更後睡 尚能成寐

附記

牧雲款書與

嚴瀛請飭紀入邑志交歐陽利

蕭可卿奠儀挽聯交歐陽利

朱鳳台生日補禮

寅皆師謝百金

澄弟金権皆何

京中閱書薦事

廿四日

早飯後清理文件寫沅弟信一件圍棋一局寫黄南坡
信一件見客二次寫歐陽牧雲信一件與幕府諸君鬯談
午正倦甚小睡中飯後習字一紙張甫来久談圍棋一局旋
清理文件接家信係四月初十所發者因季弟四信
早間俱已寄去又寫信與紀澤並季弟由驛寄去楊
畏高来久談傍夕向師棣来公館住又與洪琹西談夜清
理文件二更後温古文簡本三更睡不甚成寐

廿五日

早飯後清理文件旋見客二次衙門期也與筱泉圍棋一局接
雲琹信知金陵於廿一日亥刻克復寫雲琹信一件沅弟信一
件寫余忠宣公傳約六百餘字午刻小睡中飯後見客二次
又寫余忠宣公傳習字一紙清理文件接雲琹信知蓮湖東梁
山皆於廿一夜克復與英帥中談客久談傍夕小睡夜清理文件
温蕭望之傳二更三點睡倦甚是日接袁帥復信備述與勝

師樵無恙始末又接希庵復信條余十八日所差去者

廿六日

早飯後清理文件与筱泉圍棋一局寫季午橋信五葉希庵信四葉見客四次内有彭宗瀾号悟飄乙酉舉人乙未大挑為弋陽教官八年咸豐辛亥年　召進京看第年者也今文宗之定陵即彭所擇也在京前後三年餘又在徽軍二年餘再見類有道之士今來安徽為候補知縣与之久談午刻閱江鄭堂漢學師承記中飯後見客二次琴西來談甚久清理文件趙惠甫送曲阜孔氏所種刻戴東原各種又借閱莊方耕宗伯存与遺書因涉獵久之旋寫雪琴信一件天氣熱甚疲倦甚倦夕思睡已為蚊所苦夜清理文件二更溫蕭望之傳畢

廿七日

早飯後清理文件見客三次与筱泉圍棋一局寫季弟信一件与易眉生等久談寫凱章信一件中飯後見客二次鄧子

客來久談。送其尊甫錢警石先生泰吉文稿（泰吉為香樹先生之曾孫，衎石先生之弟，為海寧教官二十七年，又在海寧為山長九年，現避亂寓江西新建鄉間，生平最喜校書，所校各本題識，名曰曝書雜記）。因粗為涉覽數十頁。清理文件。酉刻與洪琴西談。倦甚，小睡。夜因新得戴氏水經注，將汪梅村水經注圖校勘澧水、沅水、延江水、資水。二更後清理文件。是日巳刻習字一紙。

附記

○梅村修金

○廬鄉館地

○雨亭來皖

廿六日

早飯後至東城外看熊字營操演。巳初歸。清理文件。與筱泉圍棋一局。習字一紙。見客一次。閱戴氏水經中湘水、漣水、深水、鍾水、耒水、洣水、漉水、瀏水、溳水，與汪氏圖一校。午刻與眉

生等一敘。中飯後寫沅弟信一件。清理文件。弢甫、惠甫來
久談。旋寫扁對，傍夕與少荃等暢談，溫《班超傳》。二更
後清理文件，寫冊葉五紙，洗澡一次。近日手上瘡已大
愈，下身癬亦舊，竟能洗澡，不甚痛癢，自去年四月以
來，未有如此佳境也。

廿九日

早飯後清理文件，旋與筱泉圍棋一局，見客二次，寫季弟
信一件，寫沅弟信一件，雪琴信一件。閱《水經注·漆水》、《滻水》、《沮
水》，與汪圖校對。過中飯，請客便飯，李壬叔、周縵雲、錢子密、
周弢甫、向伯常、吳在佳、朱正散。清理文件，甚多，內有
李少泉咨劄奏摺數件。酉刻與幕府諸公暢談，在
寫零字甚多，改信稿數件，清理文件，溫《班超傳》畢。
天氣漸熱，睡不甚成寐。

五月初一日

早間各文武員弁賀朔，至巳初應酬始畢。與柯筱泉圍棋

一局 清理文件 旋又見客三次 閱水經江水與汪圖校對未
畢 午正小睡 中飯後寫郭雲仙信一件 見客三次 清理文件
甚多 傍夕未畢 夜清理文件 改信稿一件 又改一摺未畢
是日接奉 批摺 係四月初四日所發者計 廷寄一件 明發
諭旨一件 又 諭旨一件 曾國荃從優議敘 曾貞幹賞迅勇巴
圖魯名號

五月初二日

早飯後清理文件 旋作摺數行 與筱泉圍棋一局 見客一次
改摺 又午初畢 寫少荃信一件 出城至江干船 送熊字營赴上
海 日未正中飯後見客一次 改信稿一件 清理文件 甚多 與李
眉生等暢談 旋又與洪琴西久談 傍夕小睡 夜改克復蕪湖
摺稿 至二更四點畢 睡不甚成寐 是日接筠仙寄雲舅冉
希庵各信

初三日

早飯後清理文件 旋寫沅弟信 與筱泉圍棋一局見客

四次，寫左季高信一件。午正改信稿一件。中飯西樓晏客便飯。飯後將本日應發之二摺二片細核一遍。清理文件。習字一紙。與李眉生等談。將昨日積閣之文件清理一遍。傍夕發報。與洪琴西談。夜溫放翁七絕。是日接多將軍信，知四眼狗被苗黨捆送勝帥大營，檻送進京矣。

初四日

早飯後清理文件。旋見客，先後六次。與柯小泉圍棋一局。寫家信一件、希庵信一件。午正睡片刻。中飯後習字一紙。見客一次。清理文件。至帥府與諸君談。清理文件，酉正粗畢。剃頭一次。夜寫要字頗多。寫沅弟信一件。清理文件。洗澡一次。睡不甚成寐。陳氏妾本日吐血甚多，自午至夜所吐以數椀計，夜間呻吟不止，病勢殊重。

初五日

早起，各員弁賀節，止見公館以內廿餘人，俱不見。旋飯後見客

數後与筱泉圍棋一局 寫雪琴信一件 清理文件 寫寄
冊信一件 長鈔千餘字 習字一紙 中飯後請吳彤雲便飯
与之暢談 申初散 閱水經江水与汪圖校對一遍 酉初又与
吳彤雲洪琴西暢談 清理文件 核改江西所詳丁漕所詳
柔章 細閱一遍 二更後溫古文數首 陳氏妾之病日增 余鐘
倦不得酣寢

附片

派黄翼升署江南提督

初八日

早飯後清理文件 与筱泉圍棋一局 見客甚多 坐見者
七次 立見者六次 殊困乏也 習字一紙 中飯後閱水經注
江水畢 与汪圖校對 又校漾水夏水 約二時許 閱本文
百餘件 寫鮑春霆信一件 疲倦甚 將溫古文而渴睡不
止 即在座側小睡 二更三點入內室 妾之病未少愈 是日接
家信 澄弟一件 紀澤兒一件

初七日

早飯後出城看陸軍右後兩營操演，旋拜客二家，巳正二刻歸，見客二次，與筱泉圍棋一局，與幕府諸君暢談，曾生言及洋務。余以辦洋務人不宜在關稅之多寡、禮節之恭倨上着眼，即內地民人處處媚夷、重夷而鄙華、借夷而壓華，雖極可恨可惡，而遠識者尚不宜在此等着眼，（若非第一着眼之地）雖所爭在此也。洋人十年八月入京，不傷毀我宗廟社稷，目下在上海、寧波等處助我攻剿髮匪，二者皆有德於我，我中國不宜忘其大者，而怨其小者，欲求自強之道，總以修政事、求賢才為急務，以學作炸砲、學造輪舟等具為下手工夫。但使彼之所長，我皆有之，順則報德有其具，逆則報怨亦有其具。若在我無挾持之具，則曲固罪也，直亦罪也，怨之罪也，德之亦罪也。內地之民，人人媚夷，吾國無能制之；人人仇夷，吾亦不能用之也。中飯後寫沅、季信一件，閱《水經》與注圖校對羌水、涪水、梓潼水、涔水、南漳水、青衣水、延江水、沖水、蘄水，清理文件，倦甚。

小睡見客一次接雪琴信知九洑洲於初二日克復向師棣

作策對甚佳與之久談夜清理文件温古文序跋類

初八日

早飯後清理文件旋見客一次與筱泉圍棋一局寫雪琴

信一件雪琴又有信來言初二夜之所克者非九洑洲也又

見客一次將水經校對汪圖看沔水十五葉中飯後又看十葉

旋清理文件酉初張甫來久談旋接少泉上海來信及公

牘各件細看一遍偽名與幕府諸公鑒談夜核課卷廿餘篇

盖初六日余出策題一道擬告示一道令忠義局及各員應課

丞呈始交卷也粗閱一過二更後清理文件旋温太史公自

序倦甚睡尚成寐

初九日

早飯後清理文件旋見客六次圍棋一局習字一紙與眉

生等鑒談午正小睡閱范文正公集近名論與余之所見

相符中飯後閱水經校汪圖凡十二葉清理文件甚

又見客二次 与洪琴西一談 夜寫沅季信一件 溫臧洪傳 二更後清理文件 三點睡 是日接奉 廷寄一件

初十日

早飯後清理文件 旋見客五次 圍棋一局 寫沅季信一件 李少泉信一件 午正小睡片刻 中飯後寫雪琴信一件 見客四次 清理文件 改信稿六件 与幕府諸公一談 將茶捐茶釐三票細核一過 將使皖南茶務宜一畫一章程 庶使官商兩便 薄暮核畢 与万篪軒一談 夜溫諸葛亮傳 清理文件 二更三點睡 是日接奉 諭旨二件 廷寄一件 並因余四月十五日之 摺批迴來

十一日

早飯後出城送洋船之行 蓋寧營尚有兩哨在此未去也 卯正歸 見客二次 与甘子大圍棋一局 旋又見客二次 申刻坐頗久 倦甚 會客時不免渴睡 傲蕩之氣積於中 不克自強 如此 深用自愧 旋閱水經注 校汪圖渭水畢 又校漾水丹水

昀叔還水倦甚 小睡半時許 中飯後至眉生處談 旋清理文件 至申正畢 酉刻核改告示稿札稿 即昨日所定鹽引章程也 傍夕與邢雲琹西處談 核改信稿四件 二更三點畢 三更睡

附記 韋營之餉

鄂省三成每月解四千兩 約餘二百金

皖省七成每月約須九千兩內

安慶釐四千串

大通釐二成約三千八百串

荻港釐二成約二千四百串

樅陽王家套約二千串

十二日

早飯後清理文件 旋與筱泉圍棋一局 寫季高信一件 希庵信一件 與眉生處談 午正小睡片刻 中飯後讀蔡中彭 趙炳麐范次典便飯 飯後習字一紙 天熱倦甚 清理文件

中正畢在竹床小睡片刻將余忠宣公傳畢約共千八百
字傍夕閱湖州失守趙景賢竹生以一在籍紳士苦守
孤城四面援絕至半年之久城陷身殉尤可痛憫擬爲
一疏歷叙其賢行勛績而自請不能赴援之咎與幕府
諸友談湖州事因議增募湖防兵在清理文件至二更
三點畢睡竟夕不寐或因日間小睡及天熱之咎

十三日

早飯後清理文件　旋見客一次圍棋一局寫毛寄雲
信一件寫沅弟信一件請莫子偲吳彤雲閱卷即
余初六日出題課委員共卷六十九本見客二次寫黃
南坡趙玉班信一件午刻小睡未刻請子偲彤雲便飯
中飯後倦甚未能治事申刻清理文件旋寫勤
少仲挂屏四幅對四付與幕府李眉生等久談傍
夕與子偲彤雲久談夜寫零字甚多天熱一不能治
事二更後溫杜詩五律　洗澡一次是日接奉　廷

寄二件 知郭雲仙放蘇松糧道

十四日

早飯後清理文件 旋見客三次 与筱泉圍棋一局 与子偲邢雲商取各卷 寫紀澤信一件 改信稿十餘件 清理文件 午正小睡片刻 中飯後將各卷加批 取定八卷 傍夕清理本日文件 酉正与幕府諸公鬯談 夜熱甚 在院中露坐乘涼 二更後清理文件 三更睡 甚酣成寐

十五日

早飯前後見文武賀朔 至巳初畢 旋圍棋一局 又見客二次 至李眉生處鬯談 寫沅弟信一件 論人滿天概之道甚詳 寫雪琴信一件 中飯後倦甚 小睡 申刻閱本日新到文件 改信稿四件 寫挽聯一 挽幛一對 聯六付偏 夕与幕府鬯談 夜熱甚 在院中露坐 小睡 二更後清理文件 至三點畢 是日閱官帥咨到摺稿 於今多禮

畢核改摺稿一件

十六日

早飯後清理文件與筱泉圍棋一局旋見客三次倦甚在竹床久睡酣甚午正後改摺一件作片一件中飯後作一密片清理本日新到文件見客三次與幕府鬯談夜作密片至三更畢倦極不甚成寐

十七日

早飯後清理文件旋與筱泉圍棋一局與幕府諸君商本日應發摺件大多改為兩次排發又改摺片一件接奉廷寄一件至別院小睡乘涼倦甚懶於治事中飯後見客一次小睡片刻旋清理文件核改江西兩室丁漕減征疏二章作一告示稿至二更作畢清理文件二更四點畢是日辰刻出外拜客三家巳刻後申刻發報二摺三片

十八日

早飯後至城隍廟燒香求雨歸署清理文件與筱泉圍

棋一局天氣亢熱深以為苦寫官中堂信一件　雪琴信一件在竹床上久睡閱古文書疏讀至十四條止中飯後又閱十五十六條旋清理文件核改謝恩摺四件　作稿三件傍夕與幕府鬯談旋核對各摺單　閱疏讀第十七條

十九日

早飯後清理文件旋與筱泉圍棋一局天氣熱甚不能辦事即在竹床久睡閱古文書疏讀十七十八十九二十廿一二三等條申正閱畢午刻寫少泉信雪琴信見客四次與陳虎臣論老莊自然之道申刻清理文件數多至亥正方畢熱極與幕府諸公久談寫陳作梅信一件夜大雨亢旱之餘得此甘霖人心大快改札稿一件　即定江西丁漕永革之札也未畢二更三點畢睡雨後新涼稍能成寐是日發報二摺三片一郵單二條單

廿日

早飯後見客二次旋圍棋一局閱古文尚書疏證二十四五六七條三十一二條寫希庵信一件見客四次寫沅弟信一件郭雲仙信一件中飯後見客四二次閱尚書疏證中四十九五十五十一二條清理文件至酉刻畢核改信稿札稿旋清理文件再改札稿即江西丁漕永章一案也是日接家信澄侯一件極道紀鴻兒之佳紀澤一件言袁婿之劣頗為可慮

廿一日

早飯後清理文件旋圍棋一局改丁漕永章之批二件改信稿一件見客五次午刻出一策題問老莊淮南管商申韓諸子約二百餘字中飯後小睡閱書傳補商旋清理文件天氣鬱熱接澄侯在衡州發信一件寫毛寄雲信一件傍夕与幕府諸公暢談旋清理文件洗澡一次是日閱尚書疏證中四五十三四五六七等條

廿二日

早飯後清理文件 萬篪軒來久談 旋圍棋一局 寫沈幼丹信一件 約近千字 將丁漕永章一一核定封發 閱古文為書疏類五十八條至六十四條止 陸續看至三更始畢 申刻清理文件 至幕府與程伯敷久談 酉刻寫左季高信 傍夕與洪琴西久談 夜清理文件 溫古文一首 是日大雨傾盆 竟日不息 久旱之後得此膏澤 農民其少蘇乎

附記 四信速復

○李小泉
○嚴渭春
○姚秋浦
○嚴仙舫

廿二日

早飯後清理文件 與筱泉圍棋一局 寫沅甫信一件 姚秋浦信一件 與幕府諸公久談 午刻出城接厚庵 渠新自家中來也 旋與同至余公館 留共中飯 飯後寫希庵

信一件 雲琴信一件 核改信稿二件 清理本日文件 出外拜楊厚庵 汪秋屏 見客一次 溫杜詩七古 若有所會 核寫李筱泉信一件 是日眼蒙 右眼微紅 不能多辦事 閱古文尚書疏證六十五、六兩條 午刻接奉 廷寄一件

二十四日

早飯後清理文件 旋圍棋一局 見客一次 周念慈來談頗久 寫家信與紀澤 見寫嚴渭春信一件 閱古文尚書疏證中六十八、九條 見客二次 與幕府諸君暢談 午刻小睡 未刻請客 楊厚庵 周念慈 馬學政三人同席 申刻散 清理文件 閱尚書疏證 傍夕與幕府暢談 夜溫古文序跋類

二十五日

早飯後見客一次 旋清理文件 與筱泉圍棋一局 又見客二次 核批雲門 此案取奏 寫沅弟信二件 閱尚書疏證中六九、七十

七十一二三四條 倦甚 屢在竹床酣睡 中飯後再閱疏證 與
幕府久談 清理文件 傍夕溫杜韓七古 高聲朗誦 桓
溫太史公自序 是日接奉密寄〇〇諭旨一件 抄一分專
人送希庵處

附記

〇復意城信

〇寄鴻兒信 并銀四百兩為印卷等用

二十六日

早飯後清理文件 旋圍棋一局 見客先後五次 內李申夫坐最
久 寫沅弟信一件 接奉 廷寄四件 內因余奏克復太平
蕪湖批摺 寄諭一件 另有密諭三件 與幕府諸公座
談良久 中飯後閱古文尚書疏證中七十五六條 清理文
件 至傍夕方畢 二十一日出一策題 連日有文卷出入 隨到隨
看 夜閱希庵信 并渠二十三日密摺稿 立言甚為得體 二
更後洗澡一次 是日夏至節 巳刻出城拜周念慈觀察

二十七日

早飯後清理文件 旋圍棋一局 見客二次 寫紀鴻兒信一件

郭雲仙意城一件 鄧寅皆一件 午刻陳虎臣來久談 閱

古文尚書疏證七十七、八、九條 中飯後至李眉生處一談 旋清理

文件 寫希庵信一件 厚庵信一件 本日公文甚多 酉正畢

傍夕溫杜詩七古 夜洪琴西來久談 二更後清理文件 三點

睡 倦甚 是日未刻拜發疏件 題本一條 七月十二日

慈安皇太后之萬壽賀表 奏匣一條 謝沅季優敘 季弟

勇號之恩 又龍超營中咨摺四件 日內因人才缺乏 印委

各缺紛紛亟缺待人 思所以造就之法 擬每日接見州縣佐

雜之人 與之坐談 而獎誨之

二十八日

早飯後寫小行書挂屏四幅 與筱泉圍棋一局 旋見客數次 寫

沅甫信一件 閱古文尚書疏證第八十條 午刻與黎壽民久談

旋小睡片刻 中飯後至幕府鬯談 吳彤雲亦來談 旋清

理文件 倦甚若不克自振 接官帥等信 知山陝亦甚
忙亂 多單斷 不能束爲之悵然 見客二次 改信稿三件
傍夕溫杜詩 夜寫零字稍多 倦極不能治事 二更後
奄奄就臥 不知何以疲困若此 殆老境侵尋耶

二十九日

早飯後清理文件 旋圍棋一局 寫魯午橋密信一 見客二次
許瑤先生甚久 雪琴自銅陵來 未久談 午正至寫左季高信一
中飯後閱洪稚存詩 接廷寄二件 諭旨一件 係因余行
文户部 誤將三月廿七日廷寄錄去 中有交涉外國事須秘密
此事□□言 將余交部議處 趙惠甫來久談 清理文件數多
至酉正畢 溫杜詩七古 夜溫漢書藝文志 二更二點洗澡一次
是日閱英吉利法郎西二國將調五印度兵大舉 會剿江浙人民
從此殆蹂躪無噍類矣 爲之喟嘆

三十日

早飯後清理文件 旋圍棋一局 陳虎臣來久坐 閱洪稚存

話倦甚在竹床久睡午刻至李眉生處談未初請許雪門便飯申初散再閱北江詩話清理文件閱課卷即二十一日所出之課題閱至二更三點止尚未完畢在睡不甚成寐

六月初一日

早間各文武員弁賀朔至巳刻方畢圍棋一局與黎壽民久談小睡雪琴來久談至翁藉卿處與之論覆奏事務多件清理文件見客三次因久不接上海信焦灼之至午正小睡中飯後清理文件寫希庵信一件將各卷閱畢請程伯敷幫同一閱寫對聯十付傍夕溫七古夜溫古文困倦異常竟不能作一事竹床靜睡動輒成寐二更三點至內室亦復在酣眠不知果心腎之易交與抑頹散不能自振與

初二日

早飯後清理文件與筱泉圍棋一局核見客四次久不接

上海信懸系之至本日辰刻接少荃十一十六日二次信
但知青浦再為賊占而又無實在打仗信息尤為焦灼此外
不甚寫沅甫信一計七葉本日傳候補人員言南金蕃
周甫文三人令其手寫履歷久候不能寫畢程五中飯以
後始傳入与三人坐談良久申初散清理文件　甚多續到
少荃一信韓正國一函知上海於廿一日大獲勝仗為之喜慰
見客一次清理文件至酉正畢与幕府諸君圍談財務夜
清理文件寫冊頁二開是日部文中見翁琦齡所陳財政
十二事約計万餘言多可見之施行文筆亦雅健暢達
末條請崇宋學而抑漢學　似与各條不類

初三日

早飯後清理文件見客一次出城拜彭雪琴值渠新
修余忠宣公墓告成致祭余適遇其地因与同行二跪六叩
禮旋至雪琴船上久坐歸寫清理文件雪琴旋來圍談
傍見候補班楊名朗順桂中行及江蘇知縣趙秉鎔三人午

刻至幕府小敘，午正三刻小睡。中飯後見客一次，旋清理文件，寫冊頁四開，見客二次。因上海解來浙江敗將袁遂芳等二人，奉旨查辦，無處收押，與臬司商另置房屋以作監禁。偏夕剃頭一次，旋清理文件。二更後温藝文志畢。

初四日

早飯後見客三次，旋圍棋一局，清理文件，寫澄侯信一件，作安徽署缺各員摺稿，見候補班劉星炳、趙克縉、陳泳三人。旋又見客一次，至幕友處一談。中飯後作江浙不能兼顧事務覆奏摺稿，至二更四點畢。申刻見客一次，至[illegible]至幕府一談，清理本日文件。是日所作二摺，覺用心太過，神情昏倦，行路若畏顛墜共然。

初五日

早飯後見司道一次，旋見客三次，清理文件，圍棋一局，傳見紉彩、劉世彰、沈懋德、宋垚三人，核改片稿二件，至幕府一談

中飯後清理文件 將近日積壓之件清釐一次 甫畢
与李眉生談頗久 旋將江西丁漕減征告示再改一次 因沈中
丞言宜当收銀不可收錢也 寫沈信一件 二更三點睡 後倦
甚 天氣溽暑 殊困人耳

初六日

早飯後清理文件 旋見客五次 寫李少荃信一件 巳
刻傳見鄒嗣龍、薛臣、陳德明、王壽祺三人 寫希庵信一
件 中飯後加少荃信三葉 閱本日新到文件 旋核改信
稿約二十件 至幕府一談 核改信稿四件 溫古文序跋
類 倦極 早睡 是日發報軍務二摺 三片 一清單 地方二摺
一片 一清單 唐刻圍棋一局

初七日

早飯後清理文件 旋圍棋一局 見客一次 倦甚 思睡 因取
漁隱叢話 閱杜工部二卷 韓退之二卷 寫九弟信一件 見
鄒嗣祿 盧 馮元霆 孫樹 劉之文 午刻見客一次 小睡半時

中飯後清理文件 習字一紙 接上海各信 清理文件
至傍夕未畢 夜又撿點 改摺 改核 改至二更三點始畢

初八日

早飯後清理文件 旋見客三次 圍棋一局 閱漁隱叢
話 倦甚 傳見儲質芝 程煥 胡錦 三人 午刻陳寬臣
來久坐 習字一紙 中飯後寫沅弟信一 希庵信一 閱漁
隱叢話 倦甚 若不克自持 與莫子偲 李眉生
談 傍夕與馬日卯談相法 夜清理本日文件 夜閱漁
隱叢話 二更後洗澡一次 日間溽暑困人 余向畏暑
故日內精力不克自振

初九日

早飯後清理文件 旋見客三次 圍棋一局 寫沅弟信一
封 專人送去 左季高信一件 習字一紙 傳見佐雜董海
清 王焜 楊光祖 三人 交幕府一敘 午刻小睡 中飯後清
理文件 寫嚴仙舫信 申刻寫對聯十付 戌刻溫東坡

七古多有生來談看寓雲字數多 清理文件

附記

○渭妻信添一葉言四子

初十日

早飯後見客二次 衙門期也 於園棋一局 吴竹莊來談 清
理文件 寫沅弟信一件 傳見佐雜陳正常 周溶楷 向穀三人
至幕府一敘 閱文獻通考職官考 中飯後清理文件 趙惠
甫來久坐 習字一紙 天熱異常 竹床乘涼 不能多作事 余所
買威林密輪船在漢口下來 言明裝火藥五千斤赴滬
乃洋人貪帶茶葉 不肯裝藥 竟將委員逐出 不准在船
凶横如此 殊可恨也 傍夕接 廷寄一件 恭親王信一件
夜熱甚 不能治事 洗澡一次 溫古文二首

十一日

早飯後清理文件 見客二次 圍棋一局 出門拜客一手 劉
秀端之喪 一至馬雨農處 與雲處并拜黃子偲 謝其案

頭々手稼軒集〃歸，寫楊筆門信一件，見客一次，傍
見佐雜周慶熊、吳鍾、楊蓀吳三人，閱稼軒詞，中飯後
閱稼軒集，清理文件，至李省生處小坐，天熱非常，有
銷金鑠石之象，五刻以後徘徊庭院，少卻暑氣，
竟不能作一字，甚矣余之憊也，夜洗澡一次，三更後始
略成寐。

十二日

是日為先太夫人忌日，至是見背十年，余之別母則二十餘年
矣。飯後寫沅弟信一件，清理文件，見客二次，圍棋一局，
寫季高信一件、李少荃信一件，巳刻傳見佐雜金大
榮、胡給文、朱雲龍三人，至幕府與諸君一談，吳兩靈在座。
午正小睡五刻許，中飯後見客二次，閱本日新到文件，閱
文獻通考官數三公，至酉初止，清理文件，燭後寫咏大江東
去數遍，熱甚，在閣不能作字，二更四點睡。

十三日

早飯後清理文件 見客四次 圍棋一局 寫希庵信一件
至幕府一談 午刻小睡 中飯後閱文獻通考職官三公
官屬宰相篇 清理文件 核改復恭親王信稿 傍夕身
體不爽 若似傷暑者然 至二更盡未愈

十四日

早飯後清理文件 腹泄數次 寫澄侯信一件 圍棋一局 寫
沅甫信一件 接奉廷寄一件 諭旨四件 寄恭親王信四
葉 閱文獻通考門下省 傳見宋階和 袁鶴瑞 鄧瑞品
三次 中飯後至幕府暢談 莫子偲在此 清理本日文件
甚多 又核批等件 戌初未畢 旋又清理文件 至二
更畢 洗澡一次 閱核左季高信 論事甚為有見

十五日

早飯後見客十餘次 多文武員弁賀朔望也 已初畢 旋
圍棋一局 至幕府一談 傳見佐雜賀寶勳 張更新 龐楝典三人
閱文獻通考門下省 渴睡殊甚 寫希庵信一件 中飯後

清理文件 申正閱門下省篇至燈初閱畢清理文件受暑濕病身不爽快是日接奉呂批摺是五月十九所發批

十六日

早飯後清理文件見客一次圍棋一局寫沈幼丹信一彭雪琴信一閱文獻通考中書省篇傳見高列三查寶信廣守慶三人午刻小睡中飯後與吳彤雲久談旋至幕府與尚齋伯勇等久談清理文件 酉初再閱尚書省篇未畢晡時剃頭一次復在院東涼清理文件 日內天氣奇熱余每令人搖扇終日不停而二日以來傷暑二更大不爽快也老年腠理空疎為扇風所傷耶 二更四點睡久不成寐日內應奏之事甚多因畏熱不能舉筆起草

十七日

早飯後清理文件圍棋一局見客一次寫左季高信一件 傳見姬光國鄧鈞陳珂三人趙惠甫來久坐閱尚書省篇中飯後至幕府鬯談清理本日文件 酉刻再

閱尚書省藩史士良來久坐戌刻莫子偲來坐在棻
西來久坐是日暑熱異常二更後身體不爽快至三更未
盦積閣公件甚多不能清楚至以為愧

十八日

早飯後清理文件史士良來久談圍棋一局見客一次
寫沅甫信一件傳見張燧軒景隆曹秀萱三人午
初閱文獻通考尚書省門至未初畢至幕府談
吳枚雲等來談申刻清理文件至酉初畢熱甚
在庭院乘涼夜溫古文序跋類二首洗澡一次夜熱甚
不能睡至四更始成寐

十九日

早飯後清理文件圍棋一局見客三次閱通考御史臺
門巳刻傳見李振聲常運煌程遠三人午正閱御史臺
門畢中飯後至幕府談清理本日文件閱學士院
門至傍夕止是日炎熱異常竟日幾不能治事勉閱通

考汗下如雨竟夜未能登床即在竹床上睡不甚成寐

二十日

早飯後見司道一次旋出門拜史士良澤 清理文件 圍棋一局

寫沅甫信一件 閱通考學士院門 未附諸閣職 傳見倪人垲

靳學洙沈道萬三人 小睡片刻 中飯後至幕府鬯談

見客一次 清理本日文件 趙惠甫來久談 酉刻閱通考

諸卿門 傍夕與紀相生鬯談 夜核改信稿四件 天氣稍

涼 為之小舒

二十一日

早飯後清理文件 見客一次 圍棋一局 至幕府一談 擬作

一摺 因頭可閱白無多 未能動筆 傳見張鍾澍 郝同瑩

劉洛三人 午刻小睡 中飯後見客一次 候補道許厚如自

李芸忠處而來 與之久談 清理本日文件 申正作摺 傍

夕洪琴西莫子偲來久談 摺件至二更四點脫稿 夜不

甚成寐 是日閱寧國府城於十四夜克復 為之欣慰

附記
發文二〇一捌三〇〇件
官〇信
彭〇信
沅〇信

二十二日

早飯後清理文件 見客一次 圍棋一局 史士良馬學使來久坐 改行稿兩件 作行稿兩件 傳見張蓀 黃翼中 延醫久之 午刻清理文件 中飯后與吳彤雲 洪琴西一談 閱本日文件 見客一次 寫信沅甫一件 雪琴一件 希庵一件 判科房稿件 傍夕改行稿一件 至幕府與尚齋等一談 夜閱各文件至二更三點畢 日內積閣之文本日稍為之廓清

二十三日

早飯後清理文件 旋見客一次 圍棋一局 寫沅弟信 約千餘字 中言鹽務頗詳 傳見東征局陳艾 汪瀚村 華輔三

人羅少村來久談中飯後見客一次閱本日文件閱通考衛尉卿太僕宗正至初畢至幕府鬯談陳氏妾久病不愈兩日內全不吃飯其父知醫理請之診視〻病已沉篤據云非藥力所能痊夜閱批稿數十件二更三點即上房竟夕不能成寐室中呻吟聲不止

廿四日

早飯後清理文件旋見客一次圍棋一局寫澄弟信一件傳見方觀察徐子苓曹翰田三人趙惠甫來談巳正閱通考鴻臚卿司農卿太府卿秘書監未初請客便飯史士良羅少村等數人申初畢至幕府鬯談閱本日文件較甚忙下不止清改批稿各件酉正畢溫讀杜詩七古傍夕隋龍淵來久談夜閱文數件洗澡一次溫宦者傳論

廿五日

早飯後見客二次衙門期也旋圍棋一局又見客三次傳見王恩錫趙世還周咸三人寫左季高信午刻見客一次吳點

竟常勞倦殊甚午刻小睡中飯後至幕府巷談清
理本日文件核稿畢閱批稿各件核稿畢誦東坡
詞夜倦極四睡洪琴西來巷談旋在竹床久睡委頓不克自
強殊以為愧

廿六日

早飯後清理文件圍棋一局見客二次寫李少泉信傳
見許恩培江有蘭楊文粹三人見客又二次閱通考殿中監
少府監將作監國子監軍器監都水監畢午正小睡中飯
後至幕府巷談清理本日文件又閱各批件酉正見客一次
傍夕散步庭除未能治事夜改信稿三件二更後溫古文
序跋類四首

廿七日

早飯後見客一次旋圍棋一局寫郭霽民信一香人至東巷一為
省視又見客二次傳見查貴輔章華邦元汪士珍三人閱通考
內侍省樞密院中飯後至幕府巷敘閱通考將軍總敘清理

文件 核各批稿 傍夕入內室一坐 核溫序跋類歐陽公
文篇 洗澡一次

廿八日

早飯後清理文件 旋見客一次 圍棋一局 寫左季高信一件
見客二次 傳見程煜、陳達、吳彬三人 閱通考十六衛、三衛中
飯後至幕府久談 閱本日文件 申正畢 閱通考大將
軍、都督等篇 是日接家信 知紀鴻兒於六月十五日院試
十六日取第五名入學 傍夕在庭院乘涼 念家國之事 不
勝感慨 燈後核改信稿數件 溫古文歐文序跋類

廿九日

早飯後清理文件 旋圍棋一局 寫沅弟信一件 閱通考
中郎將、節度使等篇 傳見程光國、戴鴻恩、章運鴻、歐
三人 自六月初六日傳見外縣佐雜武官、紳士 本日見畢
旋又圍一次 閱通考東宮官篇 未畢 中飯後至幕
府久談 清理本日文件 見客一次 接鮑春霆克復寧國

之牘并言借係王壹容海帶衆六万接識之可料理
各可傍夕粗畢吳彤雲來久坐至一更四點去改信稿數
件洗澡一次

廿日

早清理文件飯後料理雜務圍棋一局作覆奏查辦
江西釐務摺至未初作畢中飯後至幕府鬯談作請留江
西奏撥各款一片至二更四點畢頗覺用心太苦天氣殊
甚是夜不入內室即在書房就寢竟夕不能成寐

七月初一日

早因昨日事苦本日事又極多而不見客飯後清理文件
核作咨行一件圍棋一局寫沅甫弟信一件巳正改克復
寧國摺稿一件未刻畢核各清單中飯後至幕府鬯
談閱本日新到文件申刻作片稿一件傍夕清理文
件剃頭一次接奉廷寄一件係六月六日發摺之批迴在
熱甚久在庭院乘涼清理文件二更三點洗澡一次睡至四

更四點成寐

初二日

早飯後清理文件 旋圍棋一局 見客三次 改摺稿一件
寫沅信一件 改片稿一件 午刻出外至舟上弔祭張
勝祿鎮軍 未刻歸 中飯後至幕府圍談 旋核對各
摺各片各單 清理本日文件 申正寫摺 因有密片 當
面寫書 酉刻發摺 共計摺四件 片七件 清單三件
又清理科房各批稿 傍夕倦甚 至上房小睡 旋核改
批件 溫曾子固序跋三首

初三日

早飯後清理文件 旋圍棋一局 見客三次 閱通考東
宮官屬六院四轄宮觀使 中飯後至幕府圍談 閱本日新
到文件 閱通考司隸校尉篇 酉刻清理文件 旋又清理數
件 溫曾王序跋數首

初四日

早飯後清理文件　史士良來久坐　旋圍棋二局　寫岳父信一件　莫子偲吳彤雲來幫看經解各卷　未刻畢　寫澄侯信一件　陳霓臣來久坐　中飯後華衡芳徐壽所作火輪船之機來此試演　其法以火蒸水　氣貫入筒　筒中三竅　閉前二竅則氣入前竅　其機自退　而輪行上弦　閉後二竅則氣入後竅　其機自進　而輪行下弦　火愈大則氣愈盛　機之進退如飛　輪行亦如飛　約試演一時　竊喜洋人之智巧我中國人亦能為之　彼不能傲我以其所不知矣　申正寫希庵信一件　閱希庵近日病勢甚重技牧出入無以為靈　倦甚小睡　清理文件　夜又清文件　溫文獻通考序　是日接奉　廷寄一件

初五日

早飯後見客二次　衙門期也　旋圍棋一局　閱通考轉運使以下至知縣止　未初畢　中飯後至幕府久談　旋閱本日文件　酉刻批閱課卷　至二更批畢　清理文件　是日陰雨涼

冷，要常有似八月風景雖於蝗蟲之害少可減除而亦恐於秋收有傷 已刻寫沅弟信一件

初六日

早飯後清理文件 於見客二次圍棋一局閱通考源尹郡守縣令等卷 中飯後至幕府小坐英麂軒未久談 清理本日文件 出一策題約三百字 天氣甚涼而著厚棉 熹思散湯精神 不振申酉間 不能作一事 戌初寫信 成官銀號清單之式 夜清理文件 倦息尤甚 風雨作寒亦尤甚 未至二更三點即已睡矣

初七日

早飯後清理文件 於圍棋一局 見客一次 史士良久談寫季弟信一件 希庵信一件 陳虎臣未久坐 清理文件 中飯後至幕府運申夫久談 申刻閱本日文件 核改信稿四件 酉刻閱通考文散官 核閱武散官 後清檢彭到文件 溫序跋類二首

初八日

早飯後清理文件，於圍棋一局。甘子大來，又與之圍棋一局。閱通考散官祿秩。天氣陰雨，久不開霽，已二伏，着涼，深恐有礙秋收，焦灼之至。寫少泉信一件。中飯後至幕府談談。見客二次，皆久談。閱本日文件甚多。傍夕又清理信件。核改批札，二更後溫古文序跋類。

初九日

早飯後清理文件，與程朴生圍棋一局，又觀其與柯筱泉圍棋一局。見客一次。閱通考四祿秩官品。中飯後至幕府久談。旋閱本日文件。極少，倦甚，至上房歇息。酉刻接信，知希庵中丞之母蕭太夫人於六月十六日病故。希庵於七月初六日閱訃，咨請開缺奔喪回籍，並請派員接署撫篆。余因定仿照胡文忠公丁憂，官督帥並署撫篆之例，咨令起程，以後派員賚撫篆赴省並署。燈後寫信一件唁之，於

又清理文件二更三點畢腹脹不能安眠
初十日
早飯後清理文件與程石泉圍棋一局又觀程與柯一
局旋改摺稿二件閱通考官品見客二次中飯後至幕
府鬯談作摺稿一件閱明史職官志傍夕小睡戌正發摺三
摺二片正摺係按李中丞丁憂也燈下寫希庵信一件於
查本月餉銀出入手自營記二更後溫序跋類一首陰雨十
日本日晴霽方以為喜而飛蝗蔽天深以為憂
十一日
早飯後清理文件旋與筱泉圍棋一局見客一次閱明史職
官志六部都察院寫沅季信一件午刻劉南雲來久坐中飯後至幕府
一敘閱本日文件將七月各稿批清整一次傍夕出門至萬壽
宮一閱以明日係慈安皇太后萬壽須行禮也夜清理文
件溫序跋類三首洗澡一次公館內只一高亭將傾圮矣本日
拆去萬雀失所亦栖覆巢毀卵紛紛可憐接家信二次

條澤見六月廿四六兩次發出

十二日

黎明至萬壽宮拜牌是日為慈安皇太后聖誕學使及萬臬司皆因病未到禮畢回寓飯後圍棋一局見客二次閱明史職官志三十葉中飯後至幕府遂談閱本日文件習字一紙又清理積閣文件寫歐陽宮保信一件傍夕隨龢閒未久談燈後溫序跋類三首

十三日

早飯後點湘後左右兩營之名至辰正畢旋清理文件與柯小泉圍棋一局閱明史職官志直至未初中惟見客一次中飯後至幕府遂談習字一紙再與程石洲圍棋一局閱本日文件頗多戌初始畢復清理批札稿二更後溫古文序跋類是日畢申刻以後北風細雨已似深秋入秋風尤大殊有礙於秋收為之大懼

早飯後清理文件寫沅弟信一書与筱泉圍棋一局見客
二次寫紀澤信一件史士良來久坐午刻因紀澤見問吳
都賦有殷坻頹於前等句詳細答之又將其詩批點示
之中飯後至幕府鬯談料理寄家信澄弟及朱金
權等件鹿茸衣料等物申刻派人回家清理本日
文件天寒大雨心憂秋成之不可恃悶悶久之閱明史數葉
至內室小坐又清理文件閱明史職官志畢本日自
酉至亥因近來多有不如意處方寸鬱塞殊甚亦足見
器量之不閎養氣之不深也

十五日

早見客文武賀朔望者至巳刻畢与柯筱泉圍棋一局
又觀筱泉与程石洲一局閱皇朝文獻通考職官
類倦甚見客三次中飯後至幕府鬯談於閱本日文
件頗多接郭雲仙信內有示稿集稿等倦甚在庭
院散步逍遙剃頭一次核清理文件二更後溫江式文字

未四更後涼冷異常　深以秋成爲憂

十六日

早飯後清理文件寫沅弟信與程石洲圍棋一局　又與欽渠與筱泉一局寫郭意城信一左季高信一閱皇朝通考類官職　三卷中飯後至幕府談習字一紙寫少荃信一封清理本日文件甚多丕祐李筱泉來談至暝黑始去燈後將本日文件閱畢二更後倦甚不能作字誦陶韓詩數首

十七日

早飯後清理文件　旋接吳彤雲信係十六夜四更所寫因瘴病垂危以書託余照料後事大約刻其詩文集及周卹妻子及衣棺不必遷葬等語余覽之大駭即至其寓診視其病雖重尚不至遽有它變神氣尚完心力亦足因再三勸慰靜養　旋見客四次與程朴生圍棋一局閱皇朝通考職官中飯後至幕府談閱本日文件習字一紙

清理批札多稿件。傍夕溫阮步兵詩。莫子偲、洪琴西來談。夜改館壽屏，未久，多批溫古文奏議類三首。

十八日

早飯後見客一次，清理文件。旋與程石洲圍棋二局。陳虎臣、李筱泉來久坐。閱皇朝通考職官畢。中飯後至幕府久談，習字一紙，閱本日文件，極少。見客三次，倦甚，懶於治事。寫希庵信一件。眼紅，不敢多看字。傍夕李筱泉來談，至二更一點去。日內閱吳彤雲大廷之病日增沈重，深以為慮。

十九日

早飯後點護軍營勇之名，辰正畢。旋見客三次，與程朴生、石洲圍棋一局，閱通典兵類。午正又見客一次。中飯請李筱泉便飯，至申正散。清理本日新到文件，至幕府一敘。傍夕困甚，蓋天氣甚熱，而又陰寫太多，久缺食太過之咎。極清理文件，二更後極倦，竟不能作一字。

二十日

早飯後清理文件 司道來見一次 雪琴來久敘 馬學使來暢敘一次 與程石洲圍棋一局 閱通典兵一卷 寫沅弟信一書 中飯後又閱通典兵類 清理本日文件 閱批札各稿 奇熱異常 殊為難耐 至幼眉生處小坐 大雨如注 約一時許 夜閱稍涼 續閱武備志之戰略考 洗澡一次 是日接希庵咨知渠已補授 欽差大臣 請余代奏謝恩 并請辭 另簡大員接辦皖防 未刻袁午橋派游擊印榮解送金安清前來 賦性詭譎

二十一日

早飯後清理文件 見客二次 另改摺一件 旋出門拜客 郭少仲 李筱泉 段鏡湖三家 巳刻歸 與筱泉圍棋一局 畢作行一件 雪琴來久談 飯後同至幕府一敘 旋清理本日文件 閱通典兵類二十葉 酉刻發報三摺二片一清單 熱甚 汗出不止 至內室小坐 傍夕 莫子偲來小敘 夜改批札各稿

閱陳秋舫詩比興箋

廿二日

早飯後清理文件，見客二次，勒少仲、黄庚軒坐談片刻，與柯筱泉圍棋一局，閱通典兵類。午刻楊樸庵來，久談。疲極不能治事。寫希庵信一件，作梅信一件。中飯後閱本日文件。疲極，汗出不止。再閱通典數葉。趙惠甫來，久坐。至各處閑行，而暑氣難避，應辦之事俱置不能辦。燈後在庭院露臥，令人揮扇。二更後清理批札各稿。是日接奉　廷寄一件。

附記

三 營制

四 營規　愛民

七 攻 戰陣

八 防守　守城　守壘　守隘　安營

九 器械

十一 軍[illegible]

五 詭計 [illegible]　料敵　問諜　鄉導　詭詐

一 始計　規畫大局

二 選將

六 校藝 教練

十 [illegible] 糧 餉

十二 [illegible]

料敵　鄉導　偵諜　間[illegible]

覆戰

廿三日

早飯後見客一次 旋清理文件 与筱泉圍棋一局 又觀筱泉与石溯圍棋一局 雪琴來久談 閱通典兵類十五葉 寫沅弟信九葉 申刻始畢 清理本日文件 再閱通典數葉 奇熱異常 汗下如雨 傍夕至幕府久談 燈後在庭院小睡 令人搖扇 二更後清理批札各稿 讀孫子鷙鳥之疾至於毀折者節也句 悟作字之法 亦有所謂節者 無勢則節不緊 無節則勢不長

廿四日

早飯後清理文件 李筱泉來久坐 出城拜彭雪琴 巳刻始寫沅弟信一件 袁弟 彭毓宗來久談 雪琴來久談 寫歐陽牧雲信一件 中飯後寫單 閱通典邑類 奇熱 汗下如雨 申刻大雨傾盆 至內室小坐 植与彭膺七久談 在幕府坐良久 接少荃信 月餘不接上海信 方以為慮 茲得信 幸皆平安 閱新聞紙 知何根雲

於六月初七日正法，不知確否，為之惆悵，悚惶久之。

廿五日

早飯後見客二次，衙門期也。旋勤少仲來久談。清理文件。與筱泉圍棋一局。寫沅甫信一件，左季高信一件。閱通典兵類數葉。中飯後習字一紙。旋擺列棋勢后剃頭。閱本日文件，又（未）畢。陳莧臣來久談。又閱文件畢。傍夕至幕府一談。李筱泉來談，至二更二點始去。閱批札各稿。四點睡。

廿六日

早飯後清理文件。旋見客二次。與程石洲圍棋一局。清理文件。已剃首，聊未久坐。閱陳秋舫詩比興箋。午正小睡。中飯後核改曾沅甫信稿，核改各信約二十餘件。閱本日文件。傍夕至幕府圍談。核閱改批札各稿。二更三點畢。睡不甚成寐。

廿七日

早飯後清理文件 旋出門拜客三家 史士良本日起行赴寧波道之任 前往送行 因過馬雨農吳彤雲兩處 巳刻與程朴生圍棋一局 旋又見客三次 申甫坐甚久 閱通典十餘葉 中飯後閱本日文件 改勞辛階信稿 至夕方畢 至幕府一談 旋核改批札各稿 勞倦殊甚 二更後朗誦李義山杜牧之七律詩 本日涼冷殊甚 更着綿衣 大有不得於收斂 宿松鄉民稟報水灾蟲灾 將恐多雨相繼而至 憂灼之至 軍士買米而食 非細故也

早飯後見客二次 寫許仙屏信一件 與程石洲圍棋一局 又觀其與筱泉一局 見客二次 唐鶴九自廬州來 談甚久 寫九弟信一件 閱通典數葉 中飯後清理文件 改信稿數件 傍夕至幕府一談 旋李筱泉來久談 二更去 至庭院觀星 有彗星見於前星右樞之間 心以為憂 前廿四夜見一小星 逼近北極 漸有光芒 心切駭之 廿六夜見此星

移動數丈距帝星僅尺許光芒漸大直射帝星因呼
洪琹西來同看芒已在陰雲不見本體見之又移數尺已
過前星之外矣因請周志甫來同看志甫以為彗也華光
芒均小或不為災三更睡不能成寐

廿九日

早起清理文件旋與程尚齋圍棋一局寫許仙屏信一件摺
弁自京歸 係賀七月十二日 萬壽摺 於六日自京起程由
宿遷臨淮一路行走始到皖尚不甚遲閱京報多本寫
清理文件見客二次唐鶴九談甚久改摺稿一件黃翼升
謝恩摺信稿數件中飯後閱本日文件未畢趙惠甫來
久談旋葉介唐與唐鶴九來馬穀山方伯來談尤久將本日
文件閱畢 改信稿數件改批札各稿 傍夕至花中府營
談 夜加京信四葉皆託以寄將批札各稿閱畢 是日因
明日摺弁進京料理各項 傍夕袁午橋專人來信
十言其病勢難支特接紀澤兒信寄 兩作擬莊三首

毅能善談名理亦略曉通訓詁音字之學

同治元年八月初一日

早起，各文武員弁賀朔，見客十餘次，至巳正畢。旋將簽增表賀兩宮皇太后徽號禮成，行三跪九叩禮。又見客二次，與程石淑圍棋一局，寫沅弟信一件，閱六七兩个月京报粉○○。諭旨中有交余查辦之件，一一鈔出，以部文有到有不到也。閱金眉生條陳兩淮鹽田水利之宜。中飯後閱本日文件。旋清理科房批稿各件，未畢。傷久益甚，幕府談極清。理批札各件，未畢。眼蒙殊甚，知太勞苦，因不復治事，而閱吟杜牧之詩數章。是日大雨，竟日陰寒，寒意常，大有碍於收穫，寔切隱憂。

初二日

早飯後見客三次，方伯坐甚久，旋圍棋一局，又見客二次，說話太多，倦甚。閱通典，不甚耐煩，不能久看。中飯後陳作梅、陳宪臣來，坐久，談時許。閱本日文件，傷久方畢。申刻作告示令四鄉捕蝗自行寓刻晡時至葦甫府与眉生久談在閣批札多稿眼已豪殊甚不敢多治事讀詩比興箋中庸信江漣多葦甫葦甫庵中丞那日已到集賢閣本日因雨泥濘未進城余与城中各官皆預備維事也陰雨作似秋末之氣象大有碍於收穫更為之憂

附記

○趙寄褒岑信

○要函秋水集

○批澤攤莊

初三日

早飯後清理文件見客二次与何小泉圍棋一局閱通典至類八葉已正葦庵進城長至其寓所之迨談二時許未刻歸請唐宗九葉介唐便飯申刻散清理文件接少泉上海信知周弢甫在滬淪逝老年一薦[illegible]遷被參劾抑

鬱瘟倒以死悠悠毀譽竟足殺人亦可憐傷蘅公送益
晡未畢与幕府諸君鬯談在暗清文件眼蒙不能作
字連日陰雨作寒大損收穫是日微雨二更後淫霖竟夕
睡不斷實堪憂慮

初四日

早飯後清理文件旋寫紀澤信批改其擬作三首見客
三次与柯小泉圍棋一局寫沅弟信午初至希庵處因
留便飯渠於是早接奉廷寄不准回籍賞銀八百
兩治喪飭地方官妥為照料君恩極隆而希庵迫思
奔喪擬具摺自行陳情觀其病勢必須回家靜養為
可二惟僉申刻歸見客兩次清理文件至晡未畢燈後
但未閱在幕府鬯談核閱批札各稿二更三點未畢因
眼蒙早睡是日卯辰間大雨如注巳刻放晴為之稍慰
幸秋收之成無損也核觀彗星已出紫微垣外十餘丈

光芒甚小遠射織女是日接奉　廷寄一件

附記

周國凱與李文才爭鬪

初五日

早飯後見客二次衙門書期也稍又見客二次過內室小坐寫李少荃信一件午刻出門拜馬穀山署方伯至希庵處久坐未刻歸飯後李筱泉來久坐清理文件申刻莫子偲來久坐改信札公文稿傍夕至英中府送談夜閱科房各稿件未畢是日天氣大晴夜見彗星在貫索之北三尺許光芒甚小不及二尺夜初與柯小泉圍棋一局申刻接奉　廷寄一件

附記

○多隆阿一軍不必赴江南應駐南陽一條鄧一清除三西路一使粵捻不得竄入楚一條驅捕剿　七月十九日　有旨沥當調

派 二十四日 旨多派留調度

□裏下河宜防 六月十八寄旨潘作奏 十九日旨又飭保裏

下河 少荃一奏一函 紅單船不能來李奏勞逸 僧預

防清江浦 六月十四日因都興阿奏寄諭 不防忠侍洪兩

防輔古陳

□鎮江暫不可戰 滬上不可離李

□派員接陳由三千鄭已固止

□李世忠 六月初四日寄寄 七月初八日 廷寄 因函

一夜畢整函

□奏撥江西漕折

初六日

早飯後清理文件 旋見客二次 圍棋一局 巳刻見客二次 閱

通鑑典數葉 寫對聯六付 巳正見客一次 申夫來久坐 午初馬

方伯來久坐 又閱通典數葉 中飯後清理本日文件 閱

通典 申刻閱批札各稿 酉刻剃頭一次 至希庵處

小坐刻許 在清理文件 溫古文詞令類 是夜彗星光
尤小 已入貫索之內 漸次南行 再一二日當抵天市垣矣

初七日

早飯後見客一次 清理文件 與程石洲圍棋一局 旋又見客
二次 閱通典數頁 午刻至幕府鬯談 又閱通典 中飯後
清理文件 又改批札信稿各件 趙惠甫來久坐 天
氣甚熱 蚊蟲亦多 不勝其擾 臥不復治事 傍夕至
內室小坐 在彼改各批稿 二更後閱河豚詩 渴睡
殊甚 是日巳刻寫沅弟信一件 夜陰雲密布 彗星
不甚見

初八日

早飯後點親兵營之名 旋見客二次 與程石洲圍棋一局
閱通典 巳刻見客二次 午初至幕府鬯談刻許 中飯
後至內室小坐 清理本日文件 天氣熱甚 批料理

諸務而鬱鬱為患又數出極多不耐久坐酉初下雨
至希庵處一坐與商定渠陳情一疏燈後將清理文件
寫厚庵信一件二更後溫陶詩四更後陰寒殊甚聞晴
聞雨乍熱乍寒既有傷於秋收而軍行多病尤以為
苦深以為憂是夜因雲不見彗星

初九日

早飯後見客二次旗縣青文武官二員與程石洲
圍棋一局又觀渠與柯根泉一局見客二次撰作
復奎軍務摺稿構思就羅伯宜來久談一時許
中飯後至莘中府營談清理本日文件申刻作摺稿
至二更三點止未畢傍夕至程伯旉處小敘是夜
腹痛體中不快

初十日

早飯後見客二次衙門期也旗與程石洲圍棋一局作

昨日之摺午正未畢中飯後清理本日文件甚多於
又作摺至酉初始畢見客一次至幕府鬯談於清理數
日內批札各件是日體中不快又右手背上酸疼至夜
尤甚不能握筆矣是夜彗星在天市垣內 巴蜀二星
之上

十一日

早飯後見客一次圍棋一局清理文件改摺稿一件片
稿二件出門拜客二家在薌庵處中飯下半日見客三
次清理本日文件傍夕至幕府鬯談於核批札稿手疼
殊甚

十二日

早飯後手疼不能作字醫者以為風濕非腫毒也與程
石洲圍棋一局旋至幕府久坐與李筱泉圍棋二局午初手
貼膏藥閱通典中飯後見客一次清理本日文件至

至初止 至筱帥府晤談 夜核批札稿 手痠眼蒙 尚不能作字 是夜在天市垣梁楚二星之西 巴蜀二星之東 彗芒不甚可辨

十三日

早飯後清理文件 与柯小泉圍棋一局 見客五次 寫沅弟信一件 少泉信一件 又見客三次 中飯後 李眉生來坐談久之 子密來 閱本日文件甚多 至酉初畢 羅伯宜來久談 夜核批札各稿 二更四點畢 是日手疼已愈 因手時貼膏藥 尚不甚能寫字

十四日

早飯後清理文件 旋見客數次未坐 又見馬學政等四次 皆坐談 与柯筱泉圍棋一局 寫沅弟信一件 左季高信一件 至筱帥府一談 中飯後 睡甚 閱本日文件甚多 申正出門 至邵世兄家 即蕙西之子 自上海逃難來此 奉其母与

其弟妹共四人來此相依因於署傍覓屋數間居之 旋因事
筱泉希庵二處 酉正爲鄭 雲仙 親家來與之畧談
至二更止清理批札各稿 四點睡 不甚成寐

十五日

早飯後清理文件 是日賀節者甚多皆謝不見 雲仙來畧談
辰刻寫沅甫信一件 閱通典食貨類 巳正核科房批札
各稿 未刻請鄭雲仙 萸室 汀羅伯宜 左孟辛 中飯 申
正畢 清本日彭到文件 閱通典食貨類畢 天氣燥熱
心緒煩悶 核科房批札各稿 二更後筱仙自外歸 畧談
至四點睡 不甚成寐

附記

寄札糧道 每月提解四萬
批西藩司 五千串 以上乙卡 初一通報

十六日

早飯後見客三次，與程石洲圍棋一局，巳刻又見客一次，倦甚，若有病然，天熱鬱燥異常，不能作事。中飯後至荃帥府久談，又與柯以眾圍棋一局，又自作棋勢，竟日不能作事。與二瘡疹之象相似，在與雲仙鬯談，二更四點散。略清文件，以本日公事極少也。

十七日

早飯後見客二次，旋與程石洲圍棋一局，與雲仙久談二時許。見客一次，寫沅甫信一件、凱章信一件。閱中飯後閱本日文件，申刻至荃帥府鬯談，旋閱批札各稿，未畢。傍夕至莆庵處鬯談一更四點，歸。核批札稿，是日閱沅弟左手跋，磨能亦風氣之啓，必當靈之。

十八日

早飯後見客一次，清理文件，旋出門考驗武職游擊藍毅江西送來，例應送部引見者也。下河拜客黃望汀，與之久談。雲仙尚在船上，本日即將搬至岸上。巳正歸，圍棋二局，見客三次。中飯後清理本日文件。至幕府鬯談半時許。改信稿數件，尚有二稿未改畢。傍夕雲仙歸，與之鬯談至二更四點。本日應了之事遂未完畢。

十九日

早飯後清理文件，旋圍棋二局，見客二次，與筠仙鬯談。寫左季高信一件，核改信稿數件。中飯後至幕府鬯談，清理本日文件。李竹屋來久談，核改各批札稿。傍夕至幕府與竹屋鬯談，檢核批札稿及科房批稿。二更後温阮嗣宗詩。是日奇熱，鬱蒸難耐，夜大雨傾盆，稍散煩襟。近日公事不甚認真，人客較多，志趣較前散漫。大約吏事、軍事、餉事、文事，每日須以精心果力，獨造幽奧，直湊單微，以求進境。一日無進境，則日日漸退矣。以後每日留心吏事，須從勤見員僚屬多問外事下手當心軍事須從教訓將領屢閱操練下手餉事須從慎擇卡員比較入數下手文事須從恬吟聲調廣徵古訓下手每日午前於吏事軍事加意午後於餉事加意燈後於文事加意以一縷精心運用於幽微之境縱不日進或可免於退乎

附記

上半日　見客審貌聽言　作摺核保單
點名看操　寫親筆信
看書　習字

下半日　閱本日文件　改信稿
核批札稿　查記銀錢帳目

夜間　溫詩古文　核批札稿
查應奏事目

廿日

早飯後見客二次旋與黃荇汀程石洲圍棋二局見客又
二次寫挂屏二付中飯後見客一次清理本日文件天氣
奇熱因入內室久睡酉刻核信稿傍夕至莘府李竹
屋處鬯談旋核批札稿信稿二更三點粗畢

廿一日

早飯後清理文件旋見客二次寫沅甫信一封圍棋一
局午正在竹床小睡未正請吳子序等中飯奇熱不
可耐滿坐汗下如雨中飯後清理本日文件申
刻與竹屋暢談良久傍夕至莘庵處談旋與雲
仙久談

附記

胡心齋 三十八歲江蘇吳縣人壬子舉人取式教習學
正取內閣中書由此次截取同知分發浙江委左寧紹

辦捐先守後道台張札仝至閩請兵措資以資粵東　晷札
留道台辦釐
汪承緒　湖北江夏人三十二歲捐從九分發浙江屬保
知縣加同知銜在寧紹辦捐先守後補道以廣東
委留浙辦釐　札粵

廿二日

早飯後出門至西門外點馬隊之名　炳後見客一次圍棋
一局又觀劇小泉与程右瀛一局又見客二次与雲仙
久談中飯後至芝巾府与李竹屋久談清理本日文件
傍夕雲仙歸久談在接　廷寄四件　係七月廿四廿
六七八等日所發其件係六月廿二七月初二初十日三次
摺件批回又一件因官帥奏多軍入陝而諭及廿七
月初二日所奏請鄂江西撥捐款二百餘萬不妥部議
而特旨允准讀之感激無已自古以來孰有似我　朝

之寬仁者 二更四點睡 是日涼氣殊甚 蕭然有秋意
矣

廿三日

早飯後清理文件 旋見客二次 與程尚齋圍棋一局 寫
信三件 未初至希庵處中飯 與雲仙錢楞仙同席 申
刻歸 清理文件 至戌初畢 與李竹屋暢談 核清理
批札各稿 二更三點畢 是日接奉七月廿五日 廷寄一
件 又接 諭旨 僧王節制直隸山東山西河南四省督
撫提鎮 并調度蘇皖之徐宿蒙古軍

廿四日

早飯後清理文件 旋圍棋一局 見客二次 寫沅甫
信一件 鮑春霆信一件 午刻見客二次 中飯後見客一次
與李竹屋暢談 見客一次 閱本日新到文件極多 傍夕
始畢 核稿 批札稿 與雲仙久談 是日閱韓正國於八月

廿四日在上海傷亡，錢志自立可憫可惜。

廿五日

早飯後見客二次，衙門期也。旋圍棋一局，寫李少荃信一件。中飯後見客二次，清理本日文件。申正至李竹屋處迄談，候傍夕始散。核作一摺稿，一至二更三點未畢，核改批札各稿。是夕接廷寄一件，希庵賞假百日，俾唐方訓到皖署理撫篆，再行起程；又飭候李續宜假滿，於皖接受欽差大臣關防，袁甲三再行回籍。

廿六日

早飯後清理文件，旋與程朴生圍棋一局，又觀人一局。見客一次。作摺稿數行。與雲仙午刻至希庵處一談。未刻請客便飯。申刻清理本日文件。傍夕至希帥府一談。核將摺稿作畢。二更後核批札稿，朗誦九辯。

廿七日

早飯後與程朴生圍棋二局，旋見客，郭雨三之胞弟用中與其子階，自東台來，談家階字慕徐，其業師爲揚州劉孟瞻之淇之子，經學已有師法矣。旋見客二次，清理文件，中飯後與雲仙、筱泉談，閱李日新所到文件，閱郭階所著周易漢讀考及丁拓唐寄來說經各種，至幕府與李眉生等鬯談，因接舒墨林等知凱章即思回湘，深爲憂慮。旋作摺稿一件，至二更三點畢，核批札各稿。

廿八日

早飯後清理文件，寫挽幛字二幅，與程朴生圍棋一局，見客二次，作摺片一件，中飯後見客二次，出門拜周軍門天培、福觀察銳之壽，彭自寧國檢君四月扶櫬來此，旋至希庵署內一談，申正清理本日文件，偶與雲仙、竹屋等鬯談，旋作奏片一件，二更後核咨札各稿，二眼蒙殊甚，老境已至，不耐勞苦矣，思矣。

廿九日

早飯後圍棋一局，旋清理文件，作片稿一件。又二次與
沅賢弟信，言抽釐之法，勸以防偷漏、和以安商旅。午刻閱姚
秋浦之稟，深以爲憂。姚自去年五月署皖南道，至今年餘，
無日不在艱危困苦之中，許以疲病，四日不起，可勝悲悼。中
飯後至幕府處談，旋與竹莊久談，清理本日文件。酉刻
催寫各摺片，至二更始寫畢。將發摺核批於各稿，與
雲仙久談。日內共作二摺三片，用心較多，不勝其乏甚
矣，吾衰矣。是日發摺，共三摺四片。

卅日

早飯後與柯小泉圍棋一局，旋清理文件，見客二次。寫
沅弟信一件，左季高信一件。中飯後至幕府談，清
理本日文件，見客二次，寫對聯二付。傍夕接奉廷寄二件，
一係因余八月十二日之摺批迴，一係抄示御史吳焯之奏

旋與雲仙邑侯談，閱嚴秋農先君識面後文藝論。嚴君咸仙舫通政之子，樂園廬訪之孫，年十八中道光咸豐丁巳舉人，今僅二十二歲，而史事爛熟，識見遠大，洵吾鄉英俊也。旋清理文件，二更後眼蒙不能作字。

附記

○寫句帳

○送吳行　○送禮

○寫送官信

●添楊信

閏八月初一日

早起因脚腫，旋不甚爽快，未見客。賀朔之客飯後圍棋一局，旋見客三次。加楊厚庵密信三葉，寫官帥信六葉。中飯後清理文件，閱本日彭到各文。出門拜客二家，至希庵處久坐，至槿伯、甫男房中久坐，與莫子偲談。

夜核批札各稿，二更四點畢。

附記

○閣各清供

○親審劉青雲案

○左信

○李信

○派楊先祖往進山接各文書

○清核科房積件

初二日

早飯後清理文件，與柯小泉圍棋一局，旋見客六次，頗覺疲乏。中飯後與李竹屋談約一時半之久，一面閱本日文件，至申正畢。核批札各稿，尚多未畢，夜再核辦，二更畢。溫古文詔令類。二更四點睡。思每日應辦之事積閣甚多，當於清早單開本日應了之件

日內了之如農家早起分派本日之事並本日不了者
應積壓較少

初三日

早飯後清理文件旋圍棋一局与雲仙久談見客
三次吳彤雲坐最久閱劉青雲一案各卷中飯後
再閱是卷申刻傳集人證親自審訊至酉正止未審
潯瑞倪瑞紉並外委兩次當堂裝作瘋癲殊屬
難於結案委員劉世彭來商論此事閱本日文件傍
夕至竹屋坐談一談旋清理文件二更後与雲仙談
談是日因說話太多神氣疲倦余自三十歲即不能
多說話說至數十句便氣不接續神尤困倦今已二十
餘年故態不改亦不加甚故知身體之強弱千態
萬變來書一事之倔強而還信者壽徵一事之倔弱
而還信者敗徵也

附記

家信

沅信

希信

初四日

早飯後圍棋一局旋見客五次寫澄侯信一件沅甫信一件未刻請客吃便飯申刻清理本日文件核改各信稿及批札各稿核科房各件与雲仙談至子偲在坐傍夕至竹屋處談極核科房各件二更後溫孟子莊子四更四點睡

初五日

早飯後見客二次衙门期也巳刻与郭舜民等談送渠姊姪二人赴宣遠尋雨三尸骸圍棋一局寫季高信一少泉信一件午刻見客一次中飯後見客一次清理文件核

批札稿　核科房各稿　閱伍華瀚大病　談服大黃
至斤餘之多　殆必不起　可傷其可惜　又閱希庵本日
吐血數口　尤以為虛　因取命駕至希庵公館看視　初
更始核辦各批札稿之純有一信與張鍊渠商議苗
沛霖事　因逐條為之批覆　二更後雪仙來久談　三點
倦甚早睡　是日申初至馬高處坐談　又與竹屋一談
接家信　八月初所發

附記

○送左題本

○送甘信

○寄江西釐局章程

○派吳紹剛充湘後右營幫辦

閱蔣光焴送三書

核能營保單

初六日

早飯後清理文件，旋與柯竹泉圍棋二局，見客二次，寫李季高信一件，接上海李少荃信及各文件，又接澄沅二弟兩處信。中飯後至幕府鬯談，旋清理本日文件，未畢。酉刻寫挂屏對聯數付。燈後再閱本日文件，核批札各稿。是日繙閱衎石齋記事續稾。二更三點睡。右肩酸疼，貼一膏藥，疑從此右手長有二病二痛然。

初七日

早飯後見客三次，旋與柯竹泉圍棋一局，又觀張與程世兄一局，尚高之子名錦和也。寫對聯挂屏十餘件。又見客二次，李申夫坐頗久。中飯後見客二次，閱本日文件，接李季高信二件，言林福祥、米興朝已正法矣。核批札各稿，至幕府一談，旋閱郡蘭日本外雜發疏。傍夕閱鮑春霆病重，深以為慮。核清理文件。二更後，意思困倦。日內因各軍患病，憂心如焚，又因江西釐金全無起色，益為焦慮，竟日繞屋彷徨，不能作事。

附記

寫少荃信　○霆營本職　○派營頭　○吳亞紳

接呈有功　○寄雲采信

○寫沅信　○抄左信二　叔霆病合寄藥

曾有升　都司　○王載馴

劉步瀛　守備　○彭星占　現帶湘字三營在毛有銘統下

何忠才　都司

黃家　守備

○李達聰　守備

初八日

早飯後清理文件 旋見客四次 圍棋二局 巳正又見客三次 倦甚 不能說話 午刻小睡 閱王而農莊子解 未刻至希庵處便飯 申刻歸 閱本日文件 酉刻至幕府一談 傍夕與雲仙鬯談 夜添寫沅甫信一葉 寫清理文件 二更四點畢

附記

吳清如 崇明書院

札宋國永 撥谷二萬石

初九日

早飯後清理文件 旋圍棋一局 朱鐵橋來拜 雲仙即在此早飯 見客四次 又立見者五次 寫掛屏二付 對聯三付[illegible]聯贈郭雲仙云 好人半自苦中來 莫圖便益 世事多因忙裏錯 且更從容 未刻請客 莫子偲 李申夫等送雲仙往上海之行 申刻散 寫少荃信一封 酉刻出城送

雲仙至上海在舟次一談歸寓已燈矣清理本日
到文件甚多至二更四點始畢

初十日

早飯後見客二次衙門期也旋寫沅浦信一件圍棋一
局午刻申夫霞臣來久坐巳刻至甘子大處看病渠
自寧國染疫疾而歸途次旋發狂已七日不食余與久
談尚清楚也於樸學跋一次午正又見客一次申飯後
閱本日文件申刻至竹莊處雲崧送談片時因各處
疫病太多憂灼之至繞室二刻皇意繼憐核改
摺稿一件約改三百餘字二更三點畢核批札稿

十一日

早飯後清理文件旋見客二次圍棋一局寫對聯頗多
桐城方植之戴存莊蘇厚子文鍾甫諸賢六人亂後淪喪余
於五月出錢令桐人甘紹盤玉亭買地葬之頃已葬畢

本日寫碑六紙，將鐫三塊，上又減牧庵、忠壯營將士在桐殉難之鐫一碑，識其葬處。午正寫畢，中飯後至花中府一談，旋清理文件。酉刻作奏片一件，傍夕至花中府密談，因皖南疾疫太多，心膽俱碎，擬切實奏明，請簡派在京大臣來南，與余會辦諸務，以挽厄運，而分責任。旋作奏片一件，約六百字，二更三點畢。旋核批札各稿，接少荃信，知蘇錢十餘萬來攻鮑軍，寸心如焚，終夜不能成寐。

十二日

早飯後清理文件，旋見客二次，又立見者四次，與筱泉圍棋一局，寫昨日碑之跋。午刻發報一摺二片。本日因憂念皖南各軍之病者多，不能治事。中飯後至竹屋處一談，閱本日文件甚多，見客一次，傍夕至希庵處一敘。燈後改核批札各稿，二更後溫古文簡編，是日在睡稍成寐。

附記

閱金安清卷

○寫凱章信

○寫左信　楊少泉信

○催洛田劉壽雲票

○寫意城信

○寫寄雲信

十三日

早飯後清理文件。圍棋一局。見客四次。寫凱章信一、李翁信一。中飯後，申夫來言劉壽雲案略已定。坐閱本日文件，至初更畢。至幕府一敘。核批札稿，未畢。核至二更三點始畢。科房各積件亦粗了。坐溫孟子數章。數日未接寧國信，不知春霆病勢何如，深以為慮。因思作書之法，古人師歐李柳黃，今人師鄧鄭劉王

附記
寫官帥信 言吳軒臣事
寫馬起升扁對
寫家信

十四日

早飯後清理文件 旋見客二次 圍棋一局 寫沅弟信 郭萬人來久坐 閱金安清卷 中飯後閱甘子大之稿 甚垂痛心以爲真 又閱本日文件 至英中丞府一叙 秉少山岩來久談 言隋龍淵丁父憂 寫官帥信一件 傍夕風雨淒其 意緒無聊 自至內室擺棋勢以自遣 夜閱甘子大臣逝 殊爲傷感 作書與少仲霽參 後又清理文件 核劉青雲一某咨稿 江西局務申飭札稿 三更睡 竟夕不甚成寐 天氣漸寒矣

十五日

早起，又武考貢弁賀望者，刻畢。出門拜甘子大之喪，又
又粮台隋龍淵處，謝於昨日閱卜丁外艱也。又至希庵
處久談。巳正，圍棋一局。見客二次。寫毛寄雲信。中飯後清
理本日文件。寫郭意城信。至幕府一談。聞許世兄
病危，往探之。故世兄名敦身，其母為住師之子，由杭州避
亂，移家來皖相訪者也。意緒甚惡，不復能作
了。覆核批札各稿，二更三點畢。

附記

○十九日摺差　趙清益　李長寧

○廿四日摺差　李鼎榮　滿茂元

參戎寧紳局　杜甫金林

吳仲仙說龔耀倫事

十六日

早飯後，清理文件。見客二次。圍棋一局。寫少泉信一、雲仙信

一中飯後寫沅甫信一 至薌麓軒家送喜渠第三子完婚
取夏憩亭之女 後清理本日文件 至芝帥府談請程
伯專看診脉 在核批札稿 二更後溫古文解嘲進學解
等篇 是日未刻寫扇一柄橫披一幅

附記

復李君梅信

復吴竹如信

復翁寅暘信

復歐淩雲信

十七日

早飯後清理文件 與筱泉圍棋一局 出門弔許世兄喪
甘子大又至希庵處久坐 巳刻歸見客三次 核改信稿數
件 中飯後至芝帥府一敘 芝子佃來久談 清理文件 核咨
札批稿 在閱程春海侍郎遺集 南雷文定 久不閱

紀澤兒述病狀，寸心歉而且惶。

十八日

早飯後清理文件，旋出門至北城外送許世兄出殯，歸圍棋一局，見客二次，閱惠定宇易漢學，習字一紙，接奉初九日廷寄，係余八月廿九所發之摺批迴。中飯後寫挂屏七幅，清理本日文件，至幕府一談，夜寫零字頗久。撰聯挽希庵之母，久而未成。二更四點睡。

十九日

早飯後清理文件，旋圍棋一局，見客五次，馬學政坐頗久。作就李母挽聯，寫之。又寫綠幛大字四幅，并款。申寫紀澤兒信，習字一紙。中飯後至幕府一談，清理本日文件，寫沅弟信，約六百字，見客一次。副都統明與極陳黑龍江西丹受病之多，因定遣之回旗。傍夕又至幕府一談，核批札稿，二更二點後溫蘇詩七古。

附記

黃鳴鐸　壽州人

朱宗鼎　壽州人　揚州左軍守備

廿日

早飯後清理文件　旋見客二次　衙門期也　又見客四次　有揚州營守備朱家鼎　狀極魁梧　予愛之　寫左季高信一件　中飯後清理本日文件　寫挂屏三幅　陳作梅來久坐　至幕府久談　傍夕至希庵處一敘　更初改溫弟之傳誌類　是日巳刻圍棋一局　習字一紙　寫團扇一柄

附記

○李鼎榮至倭宅送信

○程迪昌咨回江西

○司道薪水單

○顏知全守到任

○希庵与余談事多　○查革恩裕條

廿日

早飯後清理文件　旋見客一次　圍棋一局　接奉　廷寄言会剿亳州捻匪及苗沛霖事　繹讀良久　作函与希庵一商　見客二次　羅伯宜坐最久　中飯後寫沅弟信一件　清閱本日文件　至幕府坐談　閱余兄弟及希庵請奏清單　傍夕寫告示一張　核批札各稿　二更後溫李義山七律　眼蒙殊甚　戴老花鏡二層　從此老境侵尋　殆不復能於燈下讀書矣

附記　五河縣知縣沈沕樵叔

參將李奎

游擊謝茂成　三隊共約千名　原駐五河

都司鄭秉忠

總兵朱元興　帶隊千數百名　八月底駐五河

隊官馬金枝
許方平　共帶降衆七八百名 前駐雙溝鎮 現移五河
以上皆李世忠豫勝營之部下

廿二日

早飯後清理文件 旋見客二次 圍棋二局 已刻見客一次 習
字一紙 午刻申夫來談片刻 旋至希庵處便飯 申
刻歸 見客二次 閱本日新到文件 核批札各稿 傍
夕至幕府談 夜溫古文論著類 因讀洪範 閱王子壽
所著之文鈔書說中洪範 乾 召誥 微子 盤庚諸篇 近
日癖之 膀大旨頗為雜耐本莊 尚能成篇 至四更末
聖經或以推太長之故耶

廿三日

早飯後清理文件 擬出門送希庵而渠已於五更下河
坐圍棋一局 擬出城接唐中丞 已正到 在城外公所叙談

午刻渠同來余公館邀談即在此中飯約方泉司等來陪

中刻散閱本日彭刻文件寫晏彤甫信吴竹如信倘

夕至英中府邀談梓核批札各稿 二更四點睡眼蒙殊甚

五更醒不復成寐 蓋老境不耐長夜也

附記 廿四日來文

楊慶琛等三月十日洋船撞沈鎗船斃命一案 周家圩諸洋人与廣勇起衅六月十二十四等日洋人擒去廣勇三名焚船三只 另是一案李於八月廿日会奏

鎮江關洋人於五月十七日在保徵老虎頸地方鎗傷船户任殿甲順五月十九日身死 另是一案 廿三日據詳咨

姚濬昌等泗源溝撈獲賊匪一案

丹徒令田祚等附近并無開設洋行一案

廿五日

早飯後清理文件 拜發題本一件 十月初十日 慈禧皇太后

萬壽賀本也 旋寫周子佩信一件 閱單 淮揚道李鼎

榮進京 出門拜唐中丞 歸寫紀澤信一件 沅甫信一件

見客四次 中飯後至英中府一談 拜閱本日文件 中刻寫

挂屏二付八幅約四百字 傍夕寫雲仙信一件 是日已

剃圍棋一局 極唐中丞來久談 二更二點 出核批札各稿
三更睡 五更醒 睡味殊未足也

廿五日

早飯後清理文件 見司道府縣二次 旋圍棋一局 寫左季高
信一件 接上海左李少荃信 指孝目京回 接京信各件 見
客一次 甲午貴州同年彤雲徐渭生名維城 將之官貴州 過
比一談 至所為詩集略一繙閱 未刻讀馬方伯等 中飯
中刻 散花子俚某久坐 贈詩二章 閱日文件 未畢
傍夕至幕府一坐 夜閱七月下旬八月京報 清閱本日
文件 核批札各稿 二更三點後溫孟子梁惠王上 三更
醒不甚成寐

附記

○批朱雲岩詳

○寫少荃信

○先將摺稿前半發繕
○至唐中丞署道喜
○作摺
○遣發黑龍江馬隊四旗一片

廿六日

早飯後清理文件 旋見客四次 圍棋一局 寫李少荃信
午刻至唐中丞署賀渠本日接印 未刻歸 中飯後至
龔中府邑談 閱本日新到文件 作覆奏摺 酉刻家渠
來久談 燈後作摺至二更四點畢 接鮑春霆信 紀澤
字四副營与峯字營於二十日在彭河莊小挫寧國府
僅隔五十里可危之至 竟夕不能成寐 憂心如焚

附記馬方伯交三名 壽合早
胡玉坦 運同銜候補同知
沈鏞 同知銜候補知縣

○問永泰　知州銜候補知縣

○寫信與厚庵，留李質堂并調淮揚兩營上來

○寫信覆沅弟

○石清吉不必能去

○鉛小鎗子　抬鎗子　大砲群子　帳棚

廿七日

早飯後清理文件。接沅甫弟信，知偽忠王大股援賊撲金陵營壘，廿日已撲一次，趨重季弟江邊一路，糧道所關，郭集之營恐難堅守，深以為憂，寸心如焚。旋作近日軍情一片。圍棋一局，見客二次。念金陵、寧國兩處危急，焦灼不可言狀。因占二卦，金陵卦遇否之井遯，寧國卦遇屯之益。與幕友談，議川生不留。午後寫沅弟信一件，厚庵信一件。中飯後見客三次，清理本日文件。酉刻發報，二摺四片。至幕府談，核批札各稿。夜因憂勞過甚

不復覊勒僅寫沅弟一片竹莊一片合喻吉三派百人去
江濱與季弟守壘閱辛稼軒詞二更三點睡頗成寐
惟常醒耳

附記　抄寄希庵

〇廿七日一摺
〇僧王一信一咨
〇僧王與翁札
〇喻李守池州
〇曾守湖口
〇孫守景鎮　〇劉守吳城都昌
◎如果寧國失則朱遜守祁門　徽唐守

廿八日

早飯後見客三次接沅弟廿一夜信廿三日巳刻信　信均尚屬支
稍得佳音為之少慰　未刻　又接廿三夜一信　糧臺而危寸心

將劉國派護軍二百人去助守江濱之壘，湘後營二百人去助守
雨花台之壘。寫沅弟信二件。見客四次。圍棋一局。中飯後
至幕府一敘。清理本日文件甚多。商皇續屢焦灼
萬狀。再與筱泉圍棋一局，以紓其無聊之緒。見客五次。植
樓雪琴處遞信，寧國益形危急。改信稿。寫左
季高信。竟夕不克成寐，四更末即披衣起坐。

廿九日

早飯後寫李鴻濤信一件，朱雲岩、唐桂生信一件。核
咨札稿二件。見客二次。因心中懸念金陵大營，故多
謝客不見。與希庵信一件。至幕府小敘。中飯後清理本日
文件。已刻圍棋一局，未刻見客一次，申刻寫座右銘一通。俞
蔭甫寄陳宣紙四三寸，擬〔求〕作擘窠書，因心緒惡劣，百字
之內中錯寫四行。酉刻至城外試驗炸彈炸砲。馮竹漁
彰自廣東買來者，將寄至金陵一用，故親往一試，果能落

地炸裂火光大然燈附焉本日不接沅弟信恐文報已斷粮
路已梗憂灼之至不能作字請竹屋來暢談二更三點睡
三四更成寐
九月初一日
早飯後因心緒不佳傳止客之賀朔辰正接奉 廷
寄二件一言馬方伯軫統臨淮之軍一言余前奏請派親
信大臣温旨慰勞言疾疫流行非余一人之咎或共朝
政闕失上干天怒君臣當痛自刻責云云讀之感激
涕零旋見客三次圍棋一局又立見之客多次寫李
少荃信一件沅弟信一件午刻接沅弟廿四夜信言餉
固守中飯後接凱章信知寧國之城守已固為之稍慰
見客二次清理本日文件核批札各稿寫掛屏四幅剃
頭一次傍夕至幕府一談核改信稿二件約四百字二
更三點閱陳碩甫詩疏

初二日

早飯後清理文件，旋與筱泉圍棋一局，見客四次，接沅弟廿八日信，金陵已穩守七日，夜為之少慰。又聞賊以炸砲轟打入壘內，為之驚心動魄。接厚庵信，渠力疾至金柱關，而兵船太單，深以為憂，心緒作惡。午刻又與柯竹泉圍棋一局，寫九弟信一件。中飯後至幕府鬯談，見客二次，清理本日文件，念及水師恐挂全局，注到花，憂心如焚，繞室彷徨，不能自主。改信札稿數件，至內銀錢所一敘，旋與竹屋畢談良久。二更後繙閱詩人徵略，稍以自娛遣。二更三點至後院，憂灼，禱睡，不成寐。

初三日

早飯後清理文件，寫沅弟信一件，沈幼丹信一件，約五百餘字。與柯竹泉圍棋二局。出門拜客，送隋龍淵之行，而[illegible]仲仲之母喪，又拜李蓀高，歸。中飯後見客一次，清閱本日文

件。至莊中府久談。申刻後接對聯十餘付，在寫冊頁

閱詩人徵略。是日接沅弟之信，金陵大營至廿七日已堅守

八日，在此後應可保全。惟帶大枝勁旅援賊外來，寧終恐不

易解圍耳。

初四日

早飯後清理文件。旋寫沅弟信一件，見客三次，寫沅弟信

一件。圍棋二局。中飯，請李蘇高、鐵子、塞等便飯。閱本日

郵到文件。因犀手解。瑩共太少與申夫、東石勿造犀

子之法。接筱鄰泉公文，知楊侍郎於十四日由湖江東援金

陵。沅弟現支持一股，楊歷之五，焉能再支持一股。憂

灼莫名。因函商少泉派程學啟來軍堅守。又函商季

高派鄰泉防劉寧國，騰出鮑軍援救金陵。作季高

信一件、鄰泉信一件。傍夕至莊中府一談，在樓倦甚，不

能作事。三更睡，頗能成寐。是日寫五信，每信約五百字。

附記

王可陞 號峯臣

周万倬 号漢卿

初五日

早飯後見客三次，衙門期也。立見之客又四次。寫與學庵、竹莊信各一件，沅弟信一件。圍棋二局。近五日每日接沅弟信，本日午刻不接沅信，懸系之至。中飯後清理本日文件。至旌帥府邕談，繞室旁皇，莫知所以為計。不知沅弟所以無信來者，本身受傷乎？抑全軍決裂乎？寫宣紙對數付。晡焦灼萬狀。夜約竹莊、申夫、眉生來一談，至二更三點去。睡不能成寐，竟極候沅弟廿九日信，竟無音耗，寸心如焚。

附記

三河尖 九十里 固始縣 六十里 李家集 二十五里 葉家集 十五里
開順集 分路往左至一百四十里 霍山縣 共三百三十里 至英山縣 又二百七十里
三河尖 九十里 固始縣 六十里 石婆店 九十里 朱福巷 八十里
落兒嶺 共三百廿里 又五十里 卡防嶺 八十里 界嶺 八十里
全家嶺鋪 四十里 英山縣 從落兒嶺一路川去較之從霍山川去近三十里

諭旨

早飯後清理文件，寫少荃信一件，沅弟信一件，下棋二局。湘後閱之勇自金陵歸，接沅弟廿九日信，為之少慰。見客二次，唐中丞在此久坐，中飯後至幕府久談，還莫子偲處敘，渠勸我刻通鑑目錄，補胡刻之未備。至閱本日文件甚多，申正寫挂屏六幅，接雪琴信，言下游金陵大營、寧國大營及蕪湖、金柱關皆已穩固，為之少慰。傍夕至幕府久談，旋清理文件，二更後誦東坡七古一首。夏燮昨日夏燮到之至，懇沅弟身或突

傷本日接信沅弟於廿八日被洋鎗子彈入唇口上嘴有
微傷出血頗多且見手天倫血脈或觸息息相通

初七日

早飯後清理文件 寫沅弟信一件 季高信一件 圍棋
一局 見客二次 接九弟初一日信為屬平安旋又接初二日
信 述言吉後營危險之狀閱之憂灼難名中飯後
清理本日文件極多 至莘帥府与竹屋暢談 見客二次
至刻念沅弟營中危險憂急無已 又寫一信与沅弟
曾恒德送去季高言 偽侍王并未赴南京 為之少
慰 与曾恒德談告之 傍夕又至莘帥府一談 至印部世兄
處看病 夜念沅弟處危險萬狀憂心如焚 至內
室擺列棋勢纏屋甫 自二更至三更睡不能成寐 至五更成
寐又得噩夢 不知我沅弟之傷 平安否

附記

○寫左信
○寫沅信
○看城 看應添砲之處
看新到洋砲
○辦摺子

初八日

早飯後清理文件 於出城周遭閱視 惟東北一隅未經履
勘 以其外有菱湖 易於置守也 巳刻歸 圍棋一局 見客二
次 寫左季高信一件 沅甫信一件 中飯後唐中丞與吳彤
雲葉介唐來久談 議救援皇陵 并皖北後防之事 閱
本日文件 心緒慌亂 閱看文書不能仔細 念因閱皇陵
大營群子與皮紙缺乏 焦灼之至 繞屋彷徨 不知為計
因寫信一件與沈幼丹 請其由陸路運子藥至九江
而雇洋船拖帶至皇陵 旋又寫李中丞信一件 点

請其用洋船拖火輪前往金陵接沅弟初三四日信
危險之至憂灼無已與李眉生議派九江雇洋船至
蕪湖載陸營往援金陵核批札各稿二更三點
出查街道拿犯在共文門牌與人數不合共五人

初九日

早飯後清理文件見客立見者六次坐見者三次圍棋
二局寫茀庵信一件沅弟信一件中飯後至幕府
一談見客一次清理文件寫挂屏三幅傍夕吴彤
雲來久談夜定始去疲乏殊甚因昨夕不能成寐
本日又說話太多也未刻周芳明自金陵歸接九
弟初八日信局勢稍穩為之一慰睡稍成寐四更五
點醒近日常態如此

初十日

早飯後清理文件見客二次衙門期也旋寫沅弟信一

件围棋一局写挂屏一幅見客二次接九弟初五日二信知
初五早大獲勝仗為之一慰至幕府暢談午刻核改摺
稿未刻請葉介唐吳彤雲吳纘先便飯申初散昨日深
夜金陵子藥闕乏本日悶甚（悶）幾成之子藥已於昨日酉刻
附輪船拖帶東下坐閱本日文件酉刻至幕府一
談正摺作畢至唐中丞處送敘極又核改奏片一
件清核批札各稿尚有未畢者二更四點睡不甚成
寐五更後尤不能耐枕蓋老境侵尋然耳

附記

鄂士林 霓臣保其第三千人

○鄭玉軒 名 廣東

鄭蕙 霓臣力稱之

劉貽 號穀陶 丁巳拔貢

劉體重 梅坪之子 鍾秀識

石贊清 號襄臣 戊戌進士 貴州

現任順天府尹

○王治覃 醴陵人李廬才正保知縣

二人皆唐識

○何璟修 東安人庠生

十一日

早飯後清理文件，旋寫希庵信一件，沅弟信一件。見客甚多，立見者七次，坐見者六次。至幕府一談。中飯後清理本日文件。皇皇如不自主，坐臥不安，至竹屋處一敘，寸心慌亂，總有它變。倘又接信，知寧國郡城於初八日失守，深以徽州、旌德二城為慮。是夜與申夫久談，二更一點去。核批札稿，徹夜不能成寐。

十二日

早飯後清理文件，旋作摺片一件。圍棋二局。見客，立見者五次，坐見者二次。寫沅弟信一件。午刻至後局看鑄群子，又至子彈局、彰藩舊二局，現皆打造群子。又至撫署拜其幕友，未刻歸。中飯後至幕府鬯敘。閱本日文件，發報彙奏近日軍情。寫翁薌泉信一件，批朱雲岩小牢一件，寫對聯付在寄雲仙信一件，少泉信一件，核批札各稿，是日在睡頗酣暢，直至五更方睡醒，近日所僅見者。本日接朱雲岩信，張守雅德庸等徽州似尚略有把握。

十三日

早飯後清理文件。旋見客，立見者，坐見者四次。圍棋一局。寫李勉林信一件，沅弟信一件。中飯後至希庵中府坐談。旋與陳宪臣久談。清理本日文件。見客一次。本日接左季高信，知偽侍王實已赴金陵，又未接沅弟信，憂灼之至。又因沅中丞奏截留江西漕折銀兩，每月少此四萬，士卒更苦，焦慮靡已。寫掛屏兩幅。夜中又未甚談。二更二點去核信札各稿，睡尚成寐，五更醒，追思坐起，不能久寐，此老態也。

附記

○家信　附沅信二件

○專哨勇至龍霧

○專驛勇赴金陵

○片調李榮

十四日

早飯後清理文件，寫鮑春霆信一件，圍棋一局，見客二次。巳刻出城看演放砲位，開圍一試，約步行七里，辰途遇王星

午刻後寫家信一件，又寫沅弟信一件。中飯後至黃中府

巡護清理本日文件，申正寫挂屏四付，對聯二付。

本日早接沅弟初十日信，守子似有把握，為之少慰。然

以江西撥藩二人，似亦處處与我為難之意，寸心鬱鬱

不自得。因思日內金陵寧國危險之狀，直覺憂灼過度，又

以江西諸事掣肘，悶損不堪，皆由平日於養氣上欠工

夫，故不能不動心。欲求養氣，不外自反而縮，行慊於心

兩者；欲求行慊於心，不外清、慎、勤三字。因將此三字

多綴數語為之疏解。疏清字曰名利兩淡，寡欲清心，一介不苟，鬼伏神欽。慎字曰戰戰兢兢，死而後已，行有不得，反求諸己。勤字曰手眼俱到，心力交瘁，困知勉行，夜以繼日。此十二語者，吾當守之終身，遇大憂患大拂逆之時，庶幾免於尤悔耳。核閱梅信三、詩文集，核批札各稿。二更三點將睡，睡疲困殊甚，幸尚成寐，五更醒。從此為常態矣。

附記

○專送左信，並題鏡翁同打小丹陽

二十五日

早飯後文武員弁賀朔，見客十餘次。至巳刻，平圍棋二局。寫季高信、沅甫信，各五百字。中飯後見客二次。至葆中府久談。閱本日文件。至刻寫對聯六付、偏。夕再至葆中府一談。核閱顧亭林年譜，倦甚。至內室假寐。二更三點出。

外。閱沅甫與吳竹莊信，恐賊勢趨重寧國，因調梁美材三營、周万倬四營去迎鮑軍。自寫澄沅信一緘，又作咨札稿，三更辦畢。

十六日

早飯後清理文件，圍棋一局，見客二次，唐中丞來，談頗久。寫沅弟信、沈幼丹信、李少泉信，各一件，約千四百字。中飯後至芝帥處談，閱本日文件，寫對聯八付，稍久至郎世兄處，核校批札信稿，趙惠甫來一談，三更睡，頗能成寐，五更醒。是日聞黎壽民病甚重，深為懸慮。

附記　與上海商之件

○李朝三營西臣令賴陳赴滬

○白齊文宜在上下打，不宜入滬

○竹莊暫不能赴寧波　○借在皖火藥

十七日

早飯後清理文件，旋見客二次，圍棋二局。接李少荃信，知
巳克復嘉定，不能攜程學啓來援金陵，而擬派洋人帶
常勝軍之白齊文來援。申後，旋寫沅弟信一件，甚長。
接沅弟十二夜信，知十二日未刻賊所掘之地道二處皆穿，
幸得保全，欣慰之餘，彌覺憂懼，慮賊之多且悍也。
接奉九月八日廷寄一件，是日旋又接初九日廷寄一件。中
飯後至幕府，遂談良久。李昭慶自上海歸，久談。清
理文件，未畢，倦。夕，羅伯宜自金柱關歸，與談極久。
核再閱本日文件，二更畢。閱咨札稿。馮敬亭名桂
芬寄校邠廬抗議二冊，共議四十二篇，粗讀十數篇，
雖多難見之施行，然自是名儒之論。

十八日

早飯後清理文件，旋見客，立見者十餘次，坐見者兩次

寫沅弟信一件 古季高信一件 午刻方〻虎軒來久談中
飯後閱本日文件至莪中府坐談旋又將本日文件閱畢
寫對聯七付 夜寫楊厚庵信一件 核改咨札信稿 二更
三更入內室閱梅伯言詩文集 三更睡 五更醒 輾轉不能
成寐 蓋寸心為金陵寧國之賊憂悸者十分之八 而因
僚屬不和順恩怨憤懣者十之二三 實則處大亂之世
余所遇之僚屬多不十分傲慢無禮 而鄙懷忿恚
若此 甚矣 余之隘也 余天性褊激 痛自刻責懲治者
有年 而有觸即發 仍不可遏 殆將終身不改矣
愧悚何已 是日接沅弟十四日信 眷屬平安

附記

○析壽田還翎頂

○歐陽宜采家信

○錫仙家信

十九日

早飯後清理文件 旋見客一次 圍棋一局 寫沅弟信一件 希庵信一件 午刻閱文獻通考漢南北軍之制 中飯後至幕府處談 旋閱本日文件 見客一次 陳虎臣談頗多 又閱本日文件至晡未畢 燈後始畢 核批札各稿 二更末溫詩經周南 是日接沅弟十三日二信 十四日一信 十五日一信 均尚平安 為之一慰

附記

○錄句擬三紙

○寫少荃信

○意城信

○午橋信

二十日

早飯後見客二次 衙門堂期也 旋與柯筱泉圍棋一局

寫少荃信一件 意城信一件 沅弟信一件 三共千餘字
午刻馬學使來圍棋一局 中飯後王孝甫中府邑談閱
本日郵到文件 周芳明自金陵歸 接沅弟十六七信 為
屬平安 中有偽文數件 知賊之來援金陵 曾於五六月
大會二次集議全局 并有刊刻會議輯略一書 偽忠王[illegible]馭
為之序 乃知賊中處心積慮以求逞於我 而我或拄
心深入牢 意浪戰 其為害止潰敗決裂 實天幸也 酉
刻將糧台近三次旬摺單 清查賸寫一過 接 廷寄一道
恭親王信一件 夜核批札信稿 至二更三點畢 入
內室溫古文簡本 三更睡 尚能成寐 五更醒

附記

○再止調李世忠軍

二十日

早飯後清理文件 旋寫改唐宰九等信稿 與柯小泉

圍棋二局　見客一次　又立見者數次　寫九弟信一件　勸其俟
戰解圍去後即以追為退　改由東堤進呈　午刻閱通
考粵志　中飯後至幕府談　閱本日文件　易〻丹甫信
二廣東前後察勞年皆各摺及集自辦一疏　閱之久而
未畢　傍夕至內銀錢所一談　在閱梅伯言文集　嘆其
鑽研之久　工力之深　寫零字甚多　二更後誦古文辭
雅類三點　後入內室　又溫古文論著類　三更睡　是日
接沅弟來信　不知十七以後平安否

附記

○再催湖北用洋船拖火藥
○札李昭慶至蕪湖一帶照料五營操演紮壘
○令李子恆抄馮敬亭議　蘇手詞
○逢三八日各局單案
○寫信與鄂寅皆

周成南 湘鄉 蔣之純請 甘晉
沈寶成 總兵 朱雲岩請 姚體備
郭明鑑 提督 楊厚庵請 黎福疇
張運桂 總兵 張凱章請
黃慶 提督 馮來叔來
伍華瀛 知府

廿二日

早飯後清理文件 圍棋一局 見客三次 寫沅弟信一件 雲仙信一件 添少泉信一葉 寫竹莊信一件 唐中丞李申夫先後來久談 中飯後至幕府一敘 接吳竹莊信 知十六日水陸於上樅陽大獲勝仗 奪賊礮船馬匹 為之欣慰 閱本日文件 核二日批札各稿 核改信稿四件 將各處蕪湖圖一對本日所收吳竹莊周萬倬報仗之筆地名 似系可尋 與幕府諸人鬯談 二更三點入內室 溫古文論著類

讀原毀伯夷頌獲麟解龍雜說諱辯岸然想見古
人獨立千古確乎不拔之象本日與昨日皆未接金陵
沅弟來信心為懸懸坐不安三更睡頗能成寐五更
後展轉憂灼不知天意竟復何如

附記

○札季九撤圍止
○函官公調吳廷華
○楊葛與沅信

廿三日

早飯後清理文件見客二次旋出外閱看礮車廣東所解
來者圍棋一局寫季高信一沅甫信一左孟辛來久坐中
飯後至幕府一談清理本日文件羅伯宜來坐甚久
餔時核批札稿數件旋核江西藩司摺稿一批約四百字
本日風雨甚大念軍中將士之苦與金陵危險之狀寸

心殊煩二更三點入內室閱步師 素諸篇 三更睡少減
寐四更末醒聞風雨之聲深盡檠中之老苦難於移
久

附
涔。寅。沅寄。 宦寄

廿四
早飯後清理文件 旅拜蔭長丞賀 素見客二次圍棋一
局寫鄂 寅皆信一件 涔侯信一件 沅甫信一件 見客
一次中飯後至蔭中府老談 閱本日文件 申刻至城外
嘗咸林寨洋船一閱 歸寫挂屏二幅 傍夕至李竹屋
處談 核批札稿至二更四點畢 入內室溫古文於簡本
數首三更睡不甚成寐 本日接沅弟十九日二信二十日
一信 為之少慰 然風雨交加夜黑如墨 賊若深以防守為重
本日接 素午橋信 內寄苗沛霖與僧王各信稿於函余

及希庵楚軍各事痛加詆毀閱之詫嘆

廿五日

早飯後清理文件見客一次旋圍棋一局寫沅弟信一件沅甫信一件作摺稿二百字至馮竹漁寓弔喪其父於二月死於伊犁其庶母弟妹均在伊犁煢煢無依賴又無資可扶以奔喪萬里迎接眷屬哀痛迥異尋常中飯後再作摺閱本日文件見客一次酉刻將摺作畢約千餘字寫挂屏四幅傍夕至幕府鬯談旋核批札稿至二更三點畢四點入內室腰甚不復能溫書矣是日未接沅甫信寸心懸懸午刻天稍開霽為之少慰晡時陰雨如故念金陵將士晝夜苦守憂系無已日內因江西藩司有意掣肘心為忿恚細思古人辦事掣肘之處拂逆之端世世有之人人不免惡其拂逆而必欲順從設法以誅鋤異己者

權臣之行徑也聽其拂逆而動心忍性委曲求全且以
無敵國外患而亡者靈共聖賢之用心也吾正可
惜人之拂逆以磨礪我之德性其庶幾乎
廿六日
早飯後清理文件旋閱穆壽民福疇死於淫雨愴惻之
至圍棋一局寫復秀相信一件寫沅弟信一件又寫李
少泉信一件午刻羅伯宜來談極久深嘆穆壽民之敦
厚而早逝為可惜中飯後至幕府與李眉生遂談
清理本日文件極多酉刻寫掛屏二幅校閱梅伯
言詩文集略核批札稿二更三點即睡是日接沅
弟廿一日信尚屬平安惟廿三四五六等日連夜狂風
雨深黑不知能堅守無恙否心為懸懸
廿七日
早飯後清理文件見客三次寫沅弟信圍棋一局因念

金陵大營被圍已久總不放心繞室旁皇接奉
廷寄一件將江西漕折准本省截數留用心爲之懌
中飯後至幕府鬯談清理本日文件申刻寸
心焦灼皇皇如有所失因再與柯筱泉圍棋一局
酉刻盛四自金陵歸具言守禦嚴密實可放
心爲之大慰夜寫雲字甚多核批札稿閱梅
伯言集姚惜抱集嘆其讀書之多火候之熟良
不可及吾年已老精力已衰平生好文之癖殆不
復能自達其志矣

廿日

早飯後清理文件見客二次圍棋一局寫沅浦弟信一
件天氣驟冷若不可耐午刻陳寃臣來鬯談將沅弟募
太保案刪核中飯後唐中丞來鬯談閱本日文件至幕
府久談日未接沅弟信憂系無已擺列棋勢以自

排遣晡時接沅甫廿四日守局平穩為之一慰又接周
萬倬信知廿五日攻剋太平府大獲勝仗從此中段
稍鬆或亦可為金陵抽釜底之薪 核寫零字數
多核改保案一單 二更三點畢 核改批札稿 三更
睡尚能成寐是日午刻接奉 廷寄一件 霈澍見
雪數點

附記
莫◦ 羅◦ 陳◦ 周◦ 曹◦

廿九日
早飯後清理文件寫黃南坡信一件圍棋一局寫沅弟信
一件見客二次午刻羅伯宜來久坐寫希庵信一件中
飯後至幕府一敘旋出外至黎壽民家弔喪又至唐
中丞處一坐申刻歸清理本日文件核科房批札各
稿夜又核批札稿至二更始畢倦甚朗誦東坡七

古詩二更三點入內室早睡 是日未接沅甫弟信心為懸懸 接雪琴及吳竹莊等信報廿一日寧國等處勝仗為之少慰 接張凱章信病勢甚重為之大慼 因批令速來安慶回籍養病

廿日

早飯後清理文件 旋見客二次 李質堂坐甚久 寫沅弟信一件 接奉 廷寄一件 寸心憂悶之至 不解何故 中飯後至花中府一談 旋見客二次 閱本日文件 傍夕接鮑春霆信 知二十一日似有小挫之象 焦灼萬狀 繞室旁皇 夜寫一信與義渠中丞 商撥何紹彩一軍赴皖南 又寫一信與春霆 屬其不必速戰 唐義渠來談至二更四點始去 是夕憂心殷殷 不能成寐

十月初一日

早起因心緒不佳 停止各文武賀朔 又昨夕腹泄 早飯時嘔

吐，亦不能容。酉刻後清理文件，寫紀澤信一件、沅甫信一件。圍棋一局。見客二次。中飯後又見客二次。譚信籙談甚久。清本日文件。至幕府坐談。於寫對聯五付。本日未接沅甫信，懸係之至。極核批札稿至二更畢。李竹屋來久談。二更三點睡，尚能成寐。

附記

○厚庵信

○提漕咨

○左帥信

初二日

早飯後清理文件。旋見客三次。圍棋一局。立見之客又七次。寫沅甫弟信一件。改信稿三件。中飯後至幕府一敘。見客一次。閱本日文件。出城至鹽河看黃南坡所鑄大砲，共解金陵共五萬內，萬三千斤共一尊，萬斤共二

者六千斤，共二號，又至韓正國船上一看，憫其志盛
而殉難也。申刻歸，因兩日不接沅弟信，旁皇憂灼，
若無所措，擺列棋勢以自遣。傍夕接沅弟廿三、廿六、
廿七日三信，為之少慰。夜核批札各稿，倦甚。是日未刻習
字一紙，久不着筆，帖手又生矣。

初三日

早飯後清理文件，旋見客二次，圍棋一局，寫沅甫信
一件，改江西提漕咨稿一件，改信稿數件。中飯後
黃中府卷談，旋見客二次，陳虎臣談最久。閱本日文
件頗多，傍夕惦念寧國軍事，憂灼殊甚。夜閱孫觀
察長綬與勿庵先生一信，心緒為之鬱抑。閱梅伯言文集。
核批札各稿。大風雨雪，念前敵防守之苦，寸心欲碎。是
日辰刻接奉廷寄一件，接沅弟廿八日信，尚屬平安，
為之一慰。

附記

○復右信

○与鮑信

○滬信

○沅信

○核保單

初四日

早飯後清理文件　旋寫信沅弟一件　紀澤一件　李壽
帥一件　鮑春霆一件　圍棋一局　見客坐見一次立見者四
次至英帥府邸談　午正至馬學使處赴宴　至初散
歸接上海信　知九月廿三日大獲勝仗　殺斃淹斃之
賊實有萬餘　聽王授首　為之一慰　清理本日文件　核
批札各稿　二更三點入內室　溫古文數首　三更睡　二點
成寐　四更二點即醒　蓋本日閱江西擢藩於此間

大形齟齬，心爲不懌。又因軍事可憂灼，太久心血虧損，故屢轉不能成寐。

初五日

早飯後清理文件。旋見客二次，衙門坐期也。又見客三次。圍棋一局。寫沅弟信一件，又寫少荃信，未畢。請客便飯，唐中丞、馬學使、周縵雲、朱星槎、吳申甫。清理本日文件。至黃昏畢，與幕府諸公鬯談。鐙後將少荃信寫畢。核批札各稿。核季洪蓋湖保單，核春霆青陽保單，未畢。三更睡。五更醒。是日接沅弟信，金陵守局穩固，爲之欣慰。閱春霆廿一日之仗，傷亡千人，又爲之憂灼無已。

附記 十二日奏事單

○金陵（校閲）戰守情形一摺

○賴西勦捻一摺

○鮑青陽保案一摺○一單
○沅甫太保案一摺○單
○諭旨飭獎勵并言二人以其未和一片
釐金不可歸地方一片
○近日遇　情一片
移咨

早飯後清理文件 旋寫沅弟信一件 圍棋一局 見客立見者五次 坐見者三次 陳心泉 吳光鷺坐甚久 寫少荃信一件 鮑春霆信一件 中飯後至幕府邀談 剃頭一次 閱本日文件 至酉刻畢 日內因江西官場於余處嘖有煩言甚多 忿恚 或竟日糾纏於心 未能稍釋 甚覺褊衷之難化也 心火上炎 右手疼痛不可忍 深以為苦 又因寧國餉單不穩 尤增憂灼 寸心懍懍不寧 在改頻西剿捻摺一件 核餉單保單畢

初七日

早飯後清理文件 旋圍棋二局 寫沅弟信一件 午疲殊甚 改信稿二件 添夏吉彝信三葉 午刻見客一次 小睡半時 未初至黃中府一談 旋至唐中丞處中飯 酉初歸 接閱本日文件 未畢 燈後閱畢 核批札各稿 二更三點粗畢 入內室 溫謝宣城詩 是日接沅弟初三日信 尚屬平安 惟久未接紀澤信 心甚懸懸

初八日

早飯後清理文件 旋見客三次 圍棋一局 寫沅弟信一件 核改信稿二件 午刻見客一次 中飯後至黃中府一敘 閱本日文件極少 入內室小睡片刻 酉刻至竹屋處鬯談 閱吳彤雲所為文 渠求我批改也 旋又閱十餘篇 是日未接沅弟信 旋接紀澤信 大致似尚平穩

附記
○沅信
○希信
○二竹
○邢集
○星聯
○金汪案
○陳貴吳案

初九日

早飯後清理文件 旋見客一次 又立見者四次 圍棋一局
寫沅甫信一件 希庵信一件 接家信 係九月廿日所發
中飯後至黃申府處談 旋與陳寔臣汪潤溪卷敘閱
本日文件 寫對聯五付 閱吳邢雲文集加批數處 夜
又為〻寫〻扇一柄 核批札各稿 二更四點睡 竟夕

不能成寐蓋因江西撫藩有意掣肘稿來為之不
平又因本日接吳竹莊信寧國之賊上犯有三山南陵之
意而沅弟前日業來信尤為懸懸也

初十日

早飯黎明至懷寧縣學宮慶賀万壽是日為○○○
慈禧皇太后聖節也卯正禮畢早飯後見客二次
圍棋二局又立見之客三次寫沅甫信一件核批札稿
數件天雨淋漓深以金陵寧國軍事為慮午正小
睡片刻請吳月溪潘伊卿便飯未正散旋核改金
柱關勝仗摺閱本日文件改信稿三件傍夕賓客以
余明日生日或來慶賀因入內室避之燈後作奏片二
件各三百餘字又改摺稿二件二更後寫信一封與吳
竹莊信一件四點入內室閱王而農所注張子正蒙於盡
性知命之旨略有所會蓋盡其所可知者於己性也

聽其不可知者於天命也易繫辭尺蠖之屈八句盡
性也過此以往四句知命也農夫之服田力穡勤者有
秋惰者歉收性也為穰湯世纔猶燧燗命也愛人治人禮
人性也愛之而不親治之而不治禮之而不答命也聖人
之不可及處在盡性以至於命盡性從下學之事至於
命則上達矣當盡性之時功力已至十分而效驗或有
應有不應聖人於此淡然泊然若知之若不知之若着力若不
着力此中消息最難驗體若於性分當盡之事百倍其
功~~之事而信其~~以赴之而俟命之學則以淡如泊如為宗庶幾
其近道乎

十日

是日為余五十二生日概不見客率署之人一概辭卻唐中丞於
是日起程赴臨淮余未出城送行再核改摺稿寫沅甫信圍
棋二局寫李季高信接吳竹莊初八信鮑春霆初七

信知灣沚之賊竄過清弋江之西岸將據西河斷我餉道鮑軍狂勝賊中深為可慮焦灼莫名幸接沅弟信初五日獲大勝仗偽忠王等已退金陵將解圍矣為之一慰中飯後寸心憂灼更甚閱本日文件閱郝蘭皋爾雅義疏又別寫挽幛四幅夜閱郝疏爾雅溫杜牧之蘇子瞻七律二更三點入內室早睡而竟能成寐是日竟日未見一客夜間向伯常來談極久接季 逢寄一件

十二日

早飯後清理文件旋見客坐見者六次立見者七次寫沅弟信一件發報共四摺二片二清單中飯後改信稿二件旋出城至河干弔沈寶成伍華瀛之喪又拜客二處午刻歸寓吳彤雲來久談燈後李竹屋來久談二更三點睡是日未見寧國信而水師王朝治自三山來聞清弋江西岸之賊已退為之少慰

十三日

早飯後清理文件，旋見客，坐見者三次，立見者四次，寫沅甫信一件，約五百字，圍棋一局。中飯後清理本日文件，至幕府鬯談。江西咨文中有不愜於余心者，閱之憤鬱不平。至內室擬到棋勢以自遣。寫鄂意城信一件，旋李竹屋來久坐，客去，憤鬱殊甚。二更後申夫來久談，五點去。是日巳刻寫對聯三付，下款十餘付，皆送竹屋者。近日心緒之惡，襟懷之隘，可鄙可恥，甚矣變化氣質之難也。

十四日

早飯後清理文件，旋見客，坐見者三次，立見者二次，寫沅弟信一件，紀澤兒信一件，添景彤甫信一件，寫李少荃信一件。中飯請李竹屋、李申夫、眉生便飯，巳刻圍棋一局。中飯後閱本日文件，接鮑春霆初十日二信一書善來一發騎進極言糧路將斷軍情緊急為之憂灼無已又以江西掣肘之事縈繞心中屢夢憤懣至內室擺列棋勢旋羅伯宜來久談二更二點去旋閱段說文四點睡尚能成寐五更醒近日五更無不醒者

十五日

是日因心緒惡劣停止各文武賀朔望早飯後清理文件旋圍棋一局旋見客二次寫沅甫信一件季高信一件午刻又見客一次中飯後接李少荃鄧壽仙等信閱本日文件甚多添陳季牧信一葉酉刻至張中府處談核閱批札稿申甫來久談二更四點去入內室閱段氏說文三更睡尚能成寐是日未接沅弟信接吳竹莊信知饒軍甚危急也

十六日

早飯後金丹階太守來暢談時許　旋清理文件　圍棋
一局　陳心泉來久談　寫沅弟信一件　季弟信一件　又見
客二次　中飯後至黃中府一談　旋閱本日文件　不接寧
國信息　心中憂悶　又江西諸事棘手　時方寸縈繞不釋
見客二次　偏夕寫李少荃信　燈後寫畢　又寫歐陽
定果信　閱段氏說文　三更睡　四更三點醒　褊衷
極自鬱憤不已

十七日

早飯後清理文件　旋寫沅弟信一件　見客二次　圍棋一局
閱段氏說文　午刻柳星橋廉士來久談時許　柳名延妻
長沙人　閏八月初一日出京　由山東、河南、潁州而來　將回湘一
行　再入京散館也　中飯後至黃中府暢談　閱本日文件
核批札各稿　偏夕至內室擺列棋勢以自遣　檢閱
段氏說文　二更三點睡　四更五點醒　頗能成寐　是

是日早飯嘔吐胃氣不和蓋因日內肝鬱之故接
袁靈信言請弋江壘葉經札寔為之少慰

十八日

早飯後清理文件旋見客二次凱章自寧國來言府城
甚可固守余觀其病亦尚飛不起之症為之少慰寫沅
弟信一件又見客二次午刻至河干送甘子大靈柩
又至柳莊常處一坐中飯後至幕府一敘徐仲泉
來久坐閱本日文件又見客二次核批札各稿與
柯小泉圍棋一局因幕府客說及江西制軍府之端寸
心鬱鬱久之寫對聯五付夜接沈幼丹信有迴挽
回前事之意將批札各稿核畢改霞蓀親王信
未畢入內室閱梅伯言文集三更睡

十九日

早飯後清理文件旋見客九次內坐見者四次立見者

五次圍棋一局　寫沅弟信一件　希庵信一件　午正請客吃中飯　中飯後閱本日文件　傍夕至幕府一談　旋与凱章久談　核批札各稿　二更後接沅弟信　言及江西索財之事　觸余憂怒　又為鬱鬱久之　至於耳熱心顫　甚矣余之隘也　二更三點入內室　核改与僧茶孰王信稿　至三更三點畢　竟夕不能成寐

廿日

早飯後清理文件　旋見客四次　圍棋一局　与凱章久談　改僧王信稿　中飯後至幕府閒談　旋又見客二次　閱本日文件　寫沅弟信一件　是日大雨傾盆　竟日不息　深以寧國軍事為憂　極寫吳翰臣信一件　核批札各稿　二更後核凱章徽鄉保單　至三更未畢　睡尚成寐

廿一日

早飯後清理文件　旋見李朝斌及太湖水師彭璧玄哨官　核科房批札各稿　至午正二刻核畢　中又見客二次　中飯後至幕府一敘　閱本日文件　寫對聯五付　作黎壽民挽聯　久而不成　燈後始成　秉燭書之　核批札信稿　倦甚　二更溫杜牧之詩　三更入內室　閱劉長卿五律　睡不甚成寐　是日大風如吼　夜間大雨如注　接奉　廷寄一件　諭旨一件

廿二日

早飯後清理文件　旋寫左季高信　見客坐見者五次　立見者三次　圍棋一局　午刻至黎壽民處弔喪　昨粗作一挽聯云　旋又作一聯　以其太鮮豔未書也　聯云　湘妃白眼隨秋長　有德延遠道相從　一曲鸞飛不得見支墳　鞭絲帽影尚眊青山帶病看　嘆使君到處還逝

千年望遐，可還祀宣郡城鄉人民。中飯後至幕府
鬯談。閱本日文件，核改李藩司批一件，未畢，更初
改畢。又核批札稿頗多。二更三點入內室，核張凱
章保單畢。是日閱朱雲岩於十五日打一敗仗，
旌德危急，為之憂系，業已檄援。手寫一件。睡
後思勞謙二字之道，精力雖止八分，卻須用到十分；
權勢雖有十分，只可使出五分，庶幾近之。

廿三日

早飯後清理文件。旋見客，坐見者三次，立見者
四次。寫沅弟信一件，澄弟信一件，與敏圍棋二局。中
飯後至幕府鬯談。閱本日文件，核徽州一案保單。又
核水師保單，未畢。接滕嗣林等言霆營只一二日
米糧。又接鮑霆十九日等危急之至，寸心如焚。請東
大來營一談。核批唐義訶等。與花甫友談唐王兩軍

然烏沿閱以救旌德寫王鈐峯信因寧國旌德
萬緊倉皇不知所為二更四點睡幸尚成寐

廿四日

早飯後清理文件圍棋一局曾芋田王氏兩甥從
金陵來與之久談令來公館小住旬日午刻見客二次
中飯後至幕府坐談寫紀澤信一件寫沅弟
信一件閱本日文件與芋田及兩甥久談接沅弟兩
信知季弟病勢甚重憂系之至接李世忠咨
知賊匪此渡九洑洲十分吃重又大雨懸念鮑軍
陸運米糧必不能動寸心如焚傍夕與兩甥等
久談夜改金陵解圍詳細戰狀摺稿又核信
獎單卹單二更後核批札各稿四點入內室三更
睡是日接奉　廷寄一件

廿五日

早飯後清理文件。見司道一次。圍棋一局。寫沅弟信一件。寫沅弟信一件。見客，坐見者一次，立見者六次。中飯後至幕府談。旋見客一次。閱本日文件。核楊彭保單。與筆墨兩幕府談。旋核批札各稿。午後疲殊甚。又與兩幕府談。是日上半日晴，雲。又閱鮑營陸運尚通，為之少慰。下半日陰，雨。接沅弟信，言季高路金又派撥千人北渡，守西梁山、玉溪口，亦足慰也。

附記

○近日軍情一片

○調壽州正陽兵一片

廿六日

早飯後清理文件。旋圍棋一局。寫沅弟信一件，吳竹莊信一件，李少荃信一件。見客三次。與筆墨兩幕談。中飯後作片稿三件，約千六七百字。直至二更四點。

方畢。未刻，王義甫來談。申刻閱本日文件。是日有哨官粟維善廿三日過三山，言堅壁陸運之米每日運二三百石，為之少慰。又閱季弟之病稍愈，尤慰幸也。

廿七日

早飯後清理文件。旋至義甫處小叙，圍棋一局。寫沅弟信一件。見客三次，又立見者二次。中飯請見溪甫、禧筆田与卿錫一宴。中飯後見客劉開生等，坐甚久。申刻未一叙。閱本日文件，核批五摺四片三清單，核登札各稿，傍夕畢。擬將上三旬銀錢清單彙謄一編，又謄發報摺片單。二更三點入內室，閱王而農先生《通鑑論》數首，論先主、武侯、魯子敬諸人甚當。是日接沅弟廿二日信，知季弟病已平穩，為之大慰。接朱雲石廿二日等，知雅德業已解圍，尤為欣慰。

早飯後清理文件，旋圍棋二局，寫官帥信一件，沅甫信一件，見客二次，中飯後又見客二次，至幕府鬯談，閱本日文件，核批札各稿，改信稿數件。天氣陰雨，念前敵陸運艱難，焦灼之至。夜溫韓詩七古。二更三點入內室，閱王而農《通鑑論》楊儀、孫資諸篇。是日接李世忠咨，九洑洲賊勢浩大，深以為慮。

附記

嵩中 歐陽勝英 廿一至安慶

嵩右 董家祥 廿三至安慶

嵩左 何有能 廿五湖北

以上嵩渠彰格帶赴臨淮

襄陽 舒保 馬隊
藍斯明 飛虎三營
金國琛 六營留三

隨州（垂防小林店） 歐陽正墉 六營

孝感（小河司） 穆正春 馬步八營

花凌阿 馬隊

應山 孟防三関 閻鳳山 七營

麻城 兩路口 梁作梓 五營

猎標 楊朝林 六營

撫標 王桐柏 六營

趙既發 毅健六營

以上皆秀帥十月十六日摺中布置情形 其趙既

以上共五十二營 內馬隊三營

發係嚴中丞之信 想尚未成軍

廿九日

早飯後清理文件 旋圍棋一局 見客坐見者三次 立見者三次 寫沅弟信一件 核改信稿數件 中飯後接沅弟信 知賊於廿四日渡江 衝過九洑洲 江浦李營直上犯和州一帶 為之駭嘆憂憤 寫吳竹莊信一件 沅弟一件 辦公牘數件 調蕭軍門慶衍防剿廬州 張樹聲等守豐壽州 午刻寫希庵信一件 酉刻閱本日文件 至更初始畢 寫嚴中丞信五葉 核批札稿

稿二更四點入內室閱通鑑論何晏等篇是日閱
悉寧江北之信又聞季弟之病重寧國糧路未通為
之憂灼不能成寐

十一月初一日

早飯後各員弁賀朔辰正畢寫沅季信派人送達
營九孙與兩弟因以季弟傷寒之病甚也寫左季高
信一件寫莆郎之純信一件圍棋二局摺弁李鼎榮等
自京師回中飯後出外拜客二家坊閱本日文件至
差帥府一談徐石泉來又與之談圍棋一局閱京報
數十本核再閱之始畢核批札各稿二更三點入
內室閱通鑑論數首是日摺弁帶回鹽政敕書
下游寧國江浦等處本日並未來信

初二日

是日冬至節黎明借聖廟為萬壽宮率屬行禮歸

後各文武員弁慶賀至屋正畢天寒大雪清理文件圍棋一局寫沅弟信一件雪琴信一件吳竹莊信一件閱和州含山兩城失守焦灼之迴異尋常改公牘數件調兵分守廬巢寫唐望九信一件中飯後請劉開生方便飯飯後至英王府一談閱本日文件核批札各稿傍夕又至英王府鬯談擬寫零字甚多閱段說文數頁是日上半日大雪下半日大雨二更末四點焦憤實深

初三日

是日恭逢先妣江太夫人七十八冥壽因心緒惡劣未辦祭祀早飯後見客三次清理文件圍棋一局寫沅弟信一件彭雪琴信一件至英王府鬯談上半日晴雲氣象極好下半日後陰森愁慘中飯後接沅弟二信吳竹莊二信知九洑洲此股之賊日多深為焦慮不寐殊甚

寸心如煎因入內室擺列棋勢以自娛批沅弟廿八日一信
傍夕又至幕府鬯談寫吳竹莊信一件二更接廬州
府廬江縣稟知縣城於廿六巳刻失守殊堪焦灼親批廬
江來稟又令解大砲等於吳竹莊解子藥銀兩於廬
江縣二更四點睡幸尚成寐五更醒

初四日

早飯後清理文件立見客六次坐見二次寫沅甫信一件紀澤
信一件圍棋一局又寫吳竹莊信一件中飯後至幕府
一談由東門登城周歷北門一帶至西門下城至城外
看鹽河一帶傍夕歸閱本日文件燈後閱含
山來稟知含巢縣於廿七八日失守核批札各稿倦甚
不能治事二更四點睡四更四點醒五更後牙疼殊甚

初五日

早飯後清理文件是日因牙疼巳刻方起旋見客一次

圍棋一局寫沅甫信一件官帥信一件雪琴信添二行
中飯後至希帥處鬯談閱本日文件見客立見者二次
坐見者二次傍夕又至希帥處一談夜寫毛寄雲信一
件接吳竹莊初一二夜信知其字五營業由白茆嘴
渡江守無為州為之少慰閱通鑑論數首

初六日

是日午瘧仍晏起早飯後見客三次圍棋一局寫
沅甫信一件李少荃信一件中飯後見客一次至
希帥處久談閱本日文件夜瘧殊甚不能治事
再圍棋一局夜核批札各稿溫古文書牘類二更
末閱通鑑論是夜聞無為州有兵入守為之一慰

初七日

黎明起仍照往日之常早飯後清理文件旋至希帥
處議蕭毛兩軍應駐之地與張鳳翥議咨令駐舒城圍

棋一局寫沅弟信一件 見客三次孫閣仙坐談最久 核札稿有、數件中飯後閱賊贏太平愁悶之至 癬癢殊甚行坐不安與劉開生圍棋一局傍夕又至幕府談 在核批札稿頗多 二更三點閱通鑑論三首 半瘡癢異常 上床後殊覺癢不可忍至三更四點略愈成寐更許

初八日

早飯後清理文件 旋見客立見者七次坐見者三次李雨亭談最久寫沅甫信一件 吳竹莊信一件 中飯後見客坐見者二次立見者三次陸光祖談最久添蕭慶衍信二葉閱本日文件出城看鹽河濠溝 至暮歸 至幕府談 在核批札各件 二更寫左季高信一件 三點入內室閱通鑑論 本日未接沅弟信 不知下游若何 又聞賊匪入黟縣之信寸心憂灼

初九日

早飯後清理文件 旋見客坐見者五次立見者二次 圍棋一局 寫沅弟信一件 希庵信一件 中飯後至幕府鬯談 閱本日文件 核信稿數件 傷久又至幕府鬯談 寫扁對數件 旋核批札稿 二更後改信稿一件 三點入內室早睡 本日接沅弟信 季弟已大愈 一次病勢可保平安 為之大慰

初十日

早飯後清理文件 旋見客二次 卯正拜發元旦題本 又見客一次 與柯竹泉圍棋一局 又見客二次 寫沅甫信一件 吳竹莊信一件 中飯後至幕府鬯談 見客一次 幼楳庵來久談 閱本日文件 又見客一次 閱本日文件 至一更四點畢 改摺稿一件 二更三點入內室 擬改陳作梅等官銜摺 未能下筆 三更睡

十一日

早飯後清理文件，旋見客一次。接沅弟信，知李少荃病勢反復，甚為焦急。占一卦，遇剝之頤，似無大碍。寫沅弟信一件，與柯小泉、程石洲圍棋二局。旋閱祁門於初七日失守之咨，深為焦憤。作陳步高等賞卹一摺。中飯後至幕中府一談，見客三次。占祁門一卦，遇觀之晉。閱本日文件未畢。江達川方伯來久談。至夕又至幕中府一談。核批札各稿。二更後寫零字甚多。閱浙江蔡吳瑾等具詳包村義士殺賊始末。

十二日

早飯後清理文件，旋圍棋一局。見客四次。江方伯坐最久。寫沅弟信一件。將小岑來久坐。中飯後閱本日文件，至幕中府一談。閱彭雪琴之劈山炮，不甚合式。發報三摺、三片、二清單。核改各札稿。傍夕與黃昌岐久談。旋核

各批稿　二更後寫雲仙郭多閱通鑑論數首寫郭意城信一件

十三日

早飯後見客二次　旋清理文件　圍棋一局　寫沅弟信一件　又見客三次　出門拜客　至城外河下一坐　歷途看鹽河濠溝　中飯後至幕府暢談　閱本日文件　批朱唐等二件　剃頭一次　傍夕至幕府又一談　核閱本日文件畢　寫雪琴信一件　倦甚　閱通鑑論數首　三更睡　不甚成寐　昨日聞祁門失守之信　本日聞李申甫病重之信　憂灼之至　牙疼殊甚

十四日

早飯後清理文件　旋見客六次　內坐見者一次　寫沅弟信一件　圍棋一局　寫澄弟信一件　中飯請客五人　午正三刻入席　申初散　接信知祁門之賊已退　欣慰之至

至幕府一談 閱本日文件 傍夕与萬心山久談 在清核批札各件 已刻核科房批稿 二更再与心山一談 寫零字甚多 三點入內室溫古文論著類 三更睡 頗能成寐 五點更醒

附記

解黃獅子藥

解金陵蝦蟆洋鎗

四家硝磺宜識

十五日

早起 各員弁賀望 至辰正畢 清理文件 与柯竹泉程石舟圍棋二局 見客二次 寫沅甫信一件 至幕府一談 中飯後清理本日文件 寫對聯十一付 扁一面 傍夕又至幕府一談 在清核批札各稿 二更与萬心山久談 四點睡 五更一點睡 頗能成寐 本日未接沅弟信 不

知季弟之病何如心為懸懸惟閔王可陞已在黃麻渡扎穩餉軍糧路可通為之一慰

十六日

早飯後清理文件 旋見客二次 圍棋一局 寫沅弟信一件 派人解洋鎗二百支并洋藥等件至沅弟處 出城看鹽河濠溝 又至東門寶塔下看濠 攏粉西南隅賊所修月城 拆去改修之鹽河濠傍之城 用丈量月城凡一百四十一丈 鹽河應修之地凡一百八十六丈 歸 請鄧小芸陳泰初程鄂南等便飯 申初散 見客三次 清理文件 本日文件 至亥中 府營務處夕与葛畢山談 申夫雨亭來久談 核批札各稿 二更三點畢 閱通鑑論 三更睡

十七日

二日未接沅弟信 焦灼之至

早飯後清理文件 旋見客坐見者三次 立見者二次 接沅弟
十一月三日信 知季弟病尚沉重 沅亦憤鬱不平 詞旨甚激
寫復信一件甚長 旋見客坐見者一次 立見者三次 中飯
後筱泉軒來一談 清理本日文件 下對聯款十
餘付 至幕府一敘 將鹽河城工算明 趾與各營陳
舫仙來久談 旋與葛山談 核批札各稿 二更後倦
甚 改信稿二件 三更睡 四更四點醒 理件 疲殊甚

十六日

早飯後清理文件 接沅弟十二信 知季弟之病十分沉重
似已萬無轉機 不勝焦痛 寫沅弟信一件 見客六次 坐
見者一次 目疼殊甚 餘客均辭 不見 中飯後至幕府
府閒談 愁悶無聊 與程石舟圍棋一局 合上半日與筱
泉對奕凡三局 已清理本日文件 寫季弟 筱泉信一件 聞
蕭毛二軍進兵應至巢湖以南 乎以此乎 傍夕與幕府

府共談此事。燈後傳熟於廬渠之人細詢進兵之路，僉謂宜走渠湖之南，因定計，擬留牘告各處。傍夕又接沅弟十五日信、季弟十四日路程，寫左季高信一件。核改信札稿數件，午疲殊甚，加以眼蒙，批稿多不能核。是日接奉硃批摺，金陵擊退援賊一案，沅弟蒙恩賞黃馬褂、袍料、翎管、搬指等物，季弟蒙恩以知府用。

十九日

早飯後清理文件，旋見客，立見者五次，坐見者一次。陸光祖來久談。添沅弟丹信三葉，寫沅弟信一件。午刻見客三次。陳舫仙坐稍久，與筱泉圍棋一局。中飯後至義帥府一談。批朱雲岩、唐桂生稟等。清理本日文件。傍夕又至義帥府久坐，午疲殊甚，心緒作惡，因命人吹笛以散煩襟。夜核批札各稿，至二更畢。寫李希庵信一件。三點入內室，閱古文論辨類。三更睡，頗能成寐。

廿日

早飯後接見司道。午疲殊甚，旋又見客二次，清理文

件寫沅弟信一件圍棋一局已正英吉利總稅務司赫
德來見談安慶大通蕪湖彭澤三口之事午初余出城至
船上面拜中飯後至筱岑府一談昨日今日未接沅弟信不
知季病何如憂灼之至閱皇華聊與徐石泉圍棋
二局閱本日文件甚多晡時未畢又至筱岑府一談
核批本日文書閱畢接吳竹莊等信知蕪湖甚為吃
重因為一信後之手瘡殊甚不能作事二更三點睡
尚能成寐

廿一日

早飯後見客二次又坐見者一次清理文件寫沅弟信
出城至西門看修城之法歸至李雨亭處一談中飯
後見客二次與筱泉圍棋一局清理本日文件核批札各
稿傍夕至筱岑府一談核稿三次向探銀錢摺謄清
核批稿二更後溫七言古詩三更睡

廿二日

黎明起，接沅弟信，知季弟於十八日卯刻仙（溘）逝，慟哉。飯後定計自往金陵一行，一以慰視沅弟，一以撫季弟之靈櫬。寫沅弟信一件，澄弟信一件。見客數次，兩唱之客當多，不能見，甚傷感之，至不能治事。中飯後徐豪泉勉與圍棋，閱本日文件，核改批札各稿，偏久與葛[illegible]山㞢談，齒痛殊甚，在不克治事。至內室擺列棋[illegible]以自遣。二更後略閱公牘，未畢。是日始閱季[illegible]之計，高哉。不茹葷，擬滿七日，照溫甫弟喪之例。

廿三日

[illegible]飯後接沅弟信，知季弟靈柩定於廿四日坐舟來皖。余若來去，必在中途錯過，遂決計不赴金陵。寫沅弟信，寄潘文質送去，並以止劉連捷一軍不赴營為剿。見客五次，坐見者三次。寫澄弟信一件。核改信稿廿三件。中

飯後見客二次閱本日文件寫少泉信未畢寫對
聯六付夜寫少泉信至二更畢核批札各稿三點畢
入內室略閱李詩三更睡

廿四日

早飯後寫沅浦信一件紀澤信一件筠仙信一件添少
泉信一葉旋与柯筱泉圍棋一局　令葛纂山赴金
陵一行見客六次中飯後閱本日文件　改摺稿一件
接鮑春霆信知渠丁母艱正值軍心渙散之際而渠
思奔喪回籍憂灼之至因調朱雲岩出守青陽係
涇縣南陵之後路又閱鮑軍紛紛逃散寸心如焚在
坐甚聊之至与程尚齋圍棋二局寫朱雲岩信一
件清理批札各稿二更三點入內室擺列棋勢以
自遣三更睡徹夜不能成寐

廿五日

早飯後見客二次衙門期也清理文件寫沅甫信一封鮑春霆一封左季高一封午刻出城看修西門外新城旋至湖南會館一看將擬指為季弟停柩之所中飯後与柯筱泉圍棋一局閱本日文件見客二次寫易開俊吳廷華信一件核改批札各稿核改摺一件約千餘字二更三點入內室閱太白七古三更睡五更醒

二十六日

早飯後清理文件旋見客二次湖北恩施貢生楊炳軒來談頗久呈詩一首華尚清超圍棋一局寫沅甫信一件摺差胡達葊等自京回閱京報十月各本中飯後熱悶殊甚与柯竹泉圍棋二局倪豹岑來久坐申刻閱本日文件見左帥報嚴州克復則以為喜又見劉克庵不能來援婺一帶則以為戚傍夕以徽寧兩防同

竟憂煩之至在核改查辦金安清之案奏摺一件
二更後核批札各稿改楊彭信稿 三更睡略能成寐
五更醒後復小睡片刻

二十七日

早飯後清理文件 旋將金安清應賠款項至幕府核
算 將摺稿酌改數次 乃與圍棋一局 見客一次 寫沅弟信
一件 中飯後核改信稿 閱本日文件 傍夕茂叔一次 在
核批札各稿 改信稿數件 三更睡 五更醒 偶思作字
之法亦有所謂陽德之美陰德之美 余所得之意象
為陽德之美者四端 曰直曰觩曰勤曰努 為陰德之
美者四端 曰骫曰偃曰綿曰遠 兼此八者 庶幾其為
成四體之書 在我者以八德自勖 又於古人中擇八家以
為法 曰歐虞李黃鄧劉鄭王

二十八日

早飯後清理文件旋見客一次郭遠堂前輩柏蔭以壬

辰翰林因庫案革職旋 賞主事四品銜掌教鼇峰

書院近二十年本年卒 名進見京引見卒 宣發

玉侯瑩芙孝廉本日來談頗久與柯竹泉程石舟圍

棋局二局寫沅弟信一件李勉亭信一件中飯後午

睡二更後常又至芝帥府與柯竹泉圍棋一局閱本日

文件傍夕又至芝帥府邑侯在寫匾字甚多二更

三點入內室閱通鑑論漢武李陵等數篇是日倦

息頗甚餘多極少閱季弟之卦爲哉七日今已滿

生流先兆驗可怪可傷

附記

葉鳳來案

蔡國祥派充總兵

密考摺

。調脩龍淵行

廿九日

早飯後清理文件寫沅弟信沈幼丹信一件左季高信一件與柯竹泉圍棋二局寫希庵信一件中飯後至希帥府邸談旋寫季弟銘旌初西房時聞滿室檀香意為戈什哈等焚之備寫銘旌時致其誠敬之道既而問之並未焚香亦足異也旋寫對聯三付挂屏一付閱本日文件觀鮑超二十六日自霆字營所發之信知三山繁昌等處糧路均恐為賊所斷憂灼之至繞室旁皇在核批札各稿旋與程尚齋圍棋一局又觀程與柯一局日內公私憂迫懍焉如不終日固由治心素少工夫亦足見末世而當大任為人生之大不幸也閱通鑑論趙充國貢禹匡衡數首

十二月初一日

早飯後各文武賀朔者多彭有期服辭之旋見客二次圍棋二局寫沅弟信一件毛寄雲信一件楊厚庵信一件中飯後至幕府鬯談與庸晉卿圍棋二局閱本日文件大雪盈六寸許念鮑營餉路將斷而雪大如此勇丁恐遂潰散憂念無已核批札各稿寫零字數多潘文質自金陵回接沅弟廿六日信語太激厲為之不懌

初二日

早飯後清理文件旋見客二次圍棋二局寫沅弟信一封郭意城信一件中飯後見客二次至幕府鬯談閱本日文件核科房批稿簿是日天氣晴霽心為少舒又閱吳竹莊周漢卿廿七日有石碇之捷水師呂良坊之捷易開俊吳廷華廿六日有涇縣黃村之捷為之一慰而終以鮑軍為慮核閱陳碩甫詩說三更睡

初三日

早飯後見客二次　旋圍棋二局　寫沅弟信一件　午刻陳虎臣兄弟來久坐　天又大雪　念鮑營餉道已絕　為之大慮　中飯後至幕府一談　閱本日文件　核改吳城墊稿　局批稿信　夕與向伯常一談　閱汪縣廿七日敗仗之信　尤為憂恐　夜清核各稿　二更後閱古文箴銘類　三點入內室閱古文十餘篇　三更睡

初四日

早飯後清理文件　旋寫澄侯信一件　見客三次　呂湖南同知王承順自金陵歸　前於冬月初九日過此　解火藥五萬斤至沅甫營中　十六日抵金陵　十八日眼見季弟之逝　二十七日自金陵歸來　沅弟營中有此該員所解之火藥　又有十三日輪船拖到之火藥五万斤　從此當不患無軍火矣　旋出門拜客二家　在善後局倪豹岑

叚坐頗久午刻归与柯筱泉围棋二局中飯後
至幕府巷談觀錢子密家藏書畫冊二種一
為其曾高〻祖母陳太夫人畫冊凡十幀內一幀畫
一黑犬一幀畫一蝶未入花叢附一幀畫一蝦一蟹二小魚
一幀花籃一幀古柏一幀梅花仙女一幀修篁茂
林一幀梅楊梅枇杷二桃一幀喜雀一幀蘿蔔白
菜皆清華名貴秀絕人寰每幀有其夫錢綸光廣
江先生題詩二句乾隆三十一年其子文端公陳羣進呈每幀
御覽高宗於每幀題七絕一首并御題一跋於後
發還文端公及其子侍郎汝誠各作十詩恭和元韻
而汝誠詳跋於後以誌慶幸遠乾隆四十七年文端
与侍郎皆沒而高宗因閱錢選所畫寫大保憶陳
太夫人原冊遣人回浙取至京師再呈　御覽高宗再
題七律一首長跋一幀仍歸錢氏信名蹟奇遇也

其一種為直廬問寢圖、文端公早朝先至其世陳太夫人所問安之象為主筆 基所繪亦非俗筆 旋閱本日文件 核批札各稿 傍夕又至恭邸府一談 在核楨級霍邱保案 二更三點入內室 溫詩經 三更睡

初五日

早飯後見客二次 衙門期也 旋清理文件 出門看修西門城濠 午刻歸 馬學使來久坐 陳豊亭來詳示一切 與柯小泉圍棋一局 中飯後驗看舉子模一次 驗看小劈山砲一次 江達川來久坐 午燈再圍棋二局 至恭邸府一談 閱本日文件 傍夕核批札各稿 在溫詩經葛覃以下五章 三更睡 辰刻寫沅弟信一件

初六日

早飯後清理文件 旋與柯小泉圍棋二局 見客二次 寫對聯數首 寫沅弟信一件 中飯後柯竹泉來 又與圍棋

一局，於閱本日文件，核改批稿，料至各稿，傍夕至
蘭帥府一談，在寫覆覆字甚多，倦甚，閱毛詩疏兔
罝等五章

附記

徐壽 号雪村　龔之棠 号春海　斯桂 号魯生

殷家雋 号竹塢　吳嘉善 号子登

光學　重學　流學　化學　電氣學

磁石學　動物學　植物學

○東局保摺　○希部保摺　○李瑩杖伕摺

○覆奏派蔡國祥等摺　○病故象郵摺 并單○　任宏鑑片

○隋藏珠片

初七日

早飯後清理文件，於寫沅帥信一件，李少荃信一件，見客
二次，又至見芍三次，与筱泉圍棋一局，中飯後至蘭帥府邕
談，見客一次，閱本日文件，寫筠仙信一件，核批札各稿核

與金陵各員弁商畫一九洑洲圖 旋核東征局條案
單 二更後核批札各稿 溫詩鶺鴒 采薇二章 二更睡
四日未接金陵信 深為懸係 本日巳刻又接青陽
失守之信 心緒作惡 午後疲殊甚

附記
堵王黃文金
顯王藍仁德
納王郜
匡王賴文鴻
初八日

孝王胡鼎文
西王洪
慕王譚
奉王古隆賢

佑王李遠繼 或李繼
首王李元濤 遶元奇
兼王劉官方
聽王

早飯後清理文件 旋見客二次 至江達川處久坐 至東門
外看新修之卡 至學使處一談 午刻歸 寫沅弟信一件
寫對聯八付 中飯後至幕府一談 旋閱本日文件 東征
與柯竹泉圍棋一局 又觀柯與李壬舟一局 旋核
批札各稿 二更後溫詩草蟲等三章 寫朱雲岩
信一件 是夕聞李市霊擬距省不過二十里

初九日

早飯後略清文件旋出城至寶塔下接季弟之靈柩舟次撫
棺慟哭舟至臨河接柩登岸滿城文武官紳皆至河干迎接
用六十四人大轝舁入西門至湖南會館暫為安置各官紳
皆來行禮祭於申刻行家奠禮寫沅弟信一件 接澄弟
及紀澤兒家信接 廷寄二道閱本日文件核閱朱
雲岩已棄雅德不守為之不怡詳批唐桂生等
作挽聯一付挽季弟改覆奏派人管輪船一摺三更
睡不甚成寐

初十日

早飯後清理文件 來而季楓二客較多旋與李玉琳
圍棋二局接 廷寄一道見客數次中飯後見客二次寫沅弟
信一件希庵信一件 閱本日文件核改李世忠屬戰
摺稿核又改一摺二片 二更三點睡五更睡

十一日

早飯後清理文件。旋来上祭之客頗多，先後共八起。寫左季高信一件，沅弟信一件。核對各摺稿。与柯竹泉圍棋一局。中飯後見客二次，閱本日文件。黄翠山自金陵回，与之暢談。傍夕疲倦殊甚。核改東征局條稟摺稿。二更四點睡，四更四點睡，五更後又少睡片刻。

十二日

早飯後清理文件。在季弟靈櫬公館內三宿，是日回本署。至西門外一看彰城，巳正歸。旋至幕府一談，与柯小泉圍棋一局。寫沅弟信一件。中飯後見客二次，清閱本日文件。意緒蕭瑟，又至幕府一談。李善蘭来，与同圍棋一局。在温詩羔羊之皮等六章。二更三點。是日未刻發摺一次，復恭親王之信隨摺發去。

十三

早飯後清理文件 旋見客坐見者六次立見者三次 寫沅弟信一件 中飯後至筱帥府暢談 閱本日文件 核批札各稿 傍夕又至筱帥府一談 夜核改批札稿 二更後溫詩何彼穠矣之騶虞 柏舟 三更睡

十四日

早飯後清理文件 旋見客立見者四次 寫紀澤信一件 與柯竹泉圍棋二局 摺弁趙清益等自京歸來見客 坐見者二次立見者三次 中飯後至筱帥府暢談 旋閱本日文件 未畢 李壬叔來 再圍棋一局 至夜一更三點始將本日文件閱畢 閱核批札各稿 二更後溫詩綠衣 燕燕 日月 早睡

十五日

文武賀朔望者 因呂弟喪概行不見 旋寶眉生來見 久談 寫沅弟信一件 與柯筱泉圍棋一局 寫對聯六付 中

飯後至幕府鬯談 江達川來久坐 閱本日文件 竟日大雨
心緒作惡 擬列棋勢以自遣 偶與嵩山久談 在寫
字甚多 作季弟墓志未竟成 三更睡 是日辰刻至
季弟公館指示漆棺之法

十六日

早飯後清理文件 旋作季弟墓志 巳刻與柯竹泉
圍棋二局 閱龔之棠所作鎗砲 亦用自來火而機較結
實 中飯後至幕府一談 閱本日文件 後作墓志至
在二更作畢 久不作文 機軸極生 句法亦多不合 江
方伯申刻來久談 三更睡 五更醒

十七日

早飯後清理文件 旋至季弟公館 看漆棺之當否 核
改信稿甚多 寫沅弟信一件 見客三次 周開錫坐頗久
中飯後至幕府鬯談 閱本日文件 核改科房批

稿。未刻與柯小泉圍棋一局，寫對聯三付。夜核寫十九日行禮單，接奉廷寄二件。閱惜抱軒古文。二更三點入內室，閱韓文三首，三更睡。

十八日

早飯後清理文件。旋見客三次。新署合肥桂令、潛山王令談頗久。圍棋一局。核批札稿。萬篪軒來久坐。中飯後徐石泉來久坐。後圍棋二局。閱本日文件。武明良來見，談頗久。至幕府一談。傍夕至季弟停櫬公館。夜寫沅甫信一件。核批札稿。閱古文傳誌類下。二更三點睡。

十九日

是日為季弟開弔，黎明行告祭禮，竟日客來絡繹。至未刻稍息。與程四世兄圍棋三局，為高之子也。夜寫沅甫信一件。閱韓文三首。二更四點睡。手苦太甚，不能成寐。四更少睡，五更後醒。是日黎明行告祭禮，未刻行祖餞禮及還了應

行〻禮俱未敢直

二十日

五更起行題主禮〻畢黎明行遣奠禮飯後發引出西門巳刻至臨河安厝船上奠酒祭江畢余至整屋周更衣看新修〻之城未滿一月業已竣工修〻城周歷一編歸時方午初倦甚清理文件　中飯後至藩府邑談旋清閱昨今兩日文件傍夕畢　表弟江龍三病勢甚重派戚四送之歸在將季弟墓志刪改一過溫古文傳誌類下寫沅弟信一件　三更睡　是日因朱品隆不應來此慍怒良久然後與之一見

廿一日

早飯後清理文件旋見客三次坐見者一次寫李季高信一件（巳刻封印行禮）核改批信稿各件　思摺稿　中飯後至藩府邑談旋見客四次又立見者三次溫詩終風擊鼓凱風在溫古文傳誌

類下 將所作季弟墓志請錢警石先生一閱 渠指出數處有是處亦有不盡是處 三更睡 始能成寐

廿二日

早飯後清理文件 旋見客二次 出門拜客 約十九日來弔之客滿城及城外走遍 午刻歸 錢警石先生來久談 又見客坐見者二次 立見者二次 中飯後清理文件 至幕府鬯談 閱本日文件 寫沅弟信 未畢 與程世兄圍棋三局 旋將沅信寫畢 核批札各稿 二更後核定摺稿二件 溫詩經二章

廿三日

早飯後清理文件 旋見客九次 內坐見者三次 寫沅侯信添二葉 與柯小泉圍棋一局 中飯後柯竹泉來 又圍棋二局 閱本日文件 巳刻畢 至幕府鬯談 旋核改京信一稿 溫詩經五章 三更睡 不甚成寐

廿四日

早飯後清理文件，旋見客八次，程朴生坐頗久，圍棋二局，寫紀澤信一件，中飯後見客四次，姚濬昌、莫子偲二人談頗久，清理本日文件，日內因服熟肉、蒸肉，倦甚思睡，又因本日閱毛竹丹東閔之桂心為懸係，意緒作惡，小睡時許，巳刻寫京信，添許仙屏三葉、周子佩二葉，在心緒無聊，入內室擺棋勢以自遣，核批札各稿，閱嚴可均說文校議

廿五日

早飯後見客二次，衙門期也，旋清理文件，與程朴生圍棋二局，寫沅弟信一件，陳晃臣來久坐，又見客二次，中飯請瑜吉三、鄭陽和等便飯，以其修城之功而甚速也，中飯後閱本日文件，頗多，於[illegible]府[illegible]談，徐石泉來久敘，渠將以明日歸湘，因與圍棋一局，傷

夕歸去在張練渠來久談核批札各稿核改信
稿五件核東征局條單二更四點入內室閱惜抱文
數首三更睡甚能成寐

廿六日

早飯後清理文件旋見客一次与程石洲圍棋二局寫
李少荃信一件見客二次中飯後至莊中府處談李
勉亭來久談閱本日文件核改摺稿一件約改千五
百字至三更畢接奉 廷寄一件

附記

謄旬報單三　　謄奏摺單二

宋玉堂 彭曹貴

廿七日

早飯後清理文件見客一次方彥元徵等坐頗久旋改摺
片稿二件午刻寫沅弟信一件見客三次中飯後至

幕府一叙。莫子偲作李東京詞一首。旋与李壬叔围棋二局。見客二次。阅本日文件甚多。傍夕小睡。夜核對摺片，共七摺四片三清單。核批札各稿。二更三點畢。倦甚，早睡，不甚成寐。

廿六日

早飯後清理文件。旋習字一紙。出门拜客三家：錢謦石、楊樸庵、西君，處皆久坐。午正歸。中飯後至幕府一叙。旋謦石先生来，久談。李勉亭来，久坐。阅本日文件。核科房各稿，未畢。至夜方畢。又核批札稿。二更四點睡，尚未成寐。

附記　勉亭商写

高　史　表　　發楊岑好　　散卞均送景

鎮轉運局　山内設釐金局派績先　唐撤

廿七日

早飯後清理文件於出城弔彭星上之喪歸後見客
二次寫沅弟信未畢柯竹泉來圍棋一局馬學使來久
談趙岵存來久談中飯後至幕府一敘閱本日文件寫
沅弟信畢寫希庵信一件核批札稿未畢温
詩泉水三篇二更三點睡四更五點醒

廿日

早飯後清理文件於見客三次寫沅弟信一件與程四世
兄圍棋三局中飯請趙岵存便飯坐無他客與之談
未正散申刻至幕府一敘閱本日文件寫毛寄雲
信一封傍夕入內室一坐於寫澄侯信一封核批札各
稿謄十一月下旬十二月上旬銀錢兩款單温詩經靜女
以下三篇三更睡光景似箭冉冉又過一年念德業之
不進愧任名之久竊此後當於勤儉謹信四字之外
加以忍字渾字痛自箴砭以求益炳燭之明作補牢

同治二年正月初一日

黎明至學宮借作萬壽宮望闕行禮禮畢後文武員弁來賀至巳刻方畢清理文件李壬叔來圍棋二局將十二月中旬銀錢摺謄寫至幕府一談於請卷府五人與李勉亭中飯飯後出外拜客散家書二處少生歸後寫彭杏南表弟信一件閱本日文件頗多燈後方畢寫沅弟信一件寫零字甚多溫詩柏舟以下三章三更睡

附記

李瑩捆鹽之子原案
東台之葉原案并參郭達舊案江陰敘陸案
緝敘趙二案

初二日

早飯後清理文件旋見客二次出門拜客惟楊樸庵

趙岵存處久坐，餘俱親拜年初歸。見客二次。中飯後習字二紙。旋與方元徵、劉開生圍棋二局。閱本日文件甚多，旋始閱畢。旋寫零字甚多。溫詩集中帶下三葉。二更三點睡。是日剋接奉廷寄一件。申刻接軍機咨由內頒年終賞福字、荷包、銀錢、銀錁、食物，又加賞壽字一件。

初三日

早飯後清理文件。見五局[illegible]兩各委員。又見客二次。與柯竹泉圍棋二局。寫沅弟信一件。習字一紙。中飯後至幕府鬯談。旋見客一次。閱本日文件。寫對聯六付、挂屏四幅。傍夕倦甚，小睡。夜溫詩蟋蟀以下四葉。又寫沅弟信一件。二更後又小睡。三點入內室。目內作痒，或因用心太過，甜睡太少之故。本日小睡二次，目痒略愈。

初四日

早飯後清理文件 旋習字一紙 寫掛屏四幅 對聯二付 寫沅弟信一件 与柯竹泉圍棋二局 午刻後又見客二次 中飯後至幕府晤談 旋見客兵部郎中朱光城久坐 閱本日文件甚多 核改批札稿 二更後溫詩 湛奧下三篇 三更睡 倦甚 近日常覺人多不是 懣懣不平 毋乃明於責人而暗於責己乎

初五日

早飯後清理文件 旋習字一紙 寫對聯五付 寫霞仙信一件 見客三次 又立見者二次 中飯後至幕府暢談 旋見客一次 与劉開生、方元徵等圍棋二局 又觀諸客圍棋一局 耳痒殊甚 借此消遣 閱本日文件 倦甚畢 核核批札稿 溫詩經泯以下五篇 耳痒殊甚 不能安枕 蓋牽掣右邊頭疼也 三更三點始略成寐 而耳肘疼痛不止 至次早猶不少息

初六日

因午疲晏起，辰刻始早飯，飯後見客五次，又立見者二次。寫李少荃信一件，習字一紙，寫對聯五付，出門拜客數家。午刻至萬篪軒家赴宴，申刻散，歸閱本日文件畢，至幕府略談。傍夕略核批札稿。是日午疲尚劇，不能治事，在萬宅亦不能多食。酉刻馬學使送一方，曰鹽水一錢，燈後又合一錢，嚥之嚥之良久，吐出津液甚多，良得少愈。寫嚴渭春、官秀峰信，共六葉。溫詩自板以下四篇。二更三點入內室，午疲已愈，遂得甜睡。

初七日

早起，洗臉，飯後清理文件，習字一紙，見客三次，又立見者一次，與柯竹泉圍棋一局，又見竹泉與開生一局，見客二次。王琛魯園，懷寧人，由進士戶部出為衡州知府，退居數年，今八十矣，新自河南避亂而來，此久談。中飯後又見客一次至蘇帥府畫諾閱本日文件核改批札各稿傷夕又至蘇帥府一談核改信稿數件寄沅弟信一件二更後閱孫琴西詩集温詩經君子陽陽下二章

是日牙疼已愈身覺輕健

初八日

早飯後清理文件旋習字一紙見客二次洪江府蔡英瑞者自稱在蒲山之臣村曾立大功殺賊數十萬呈節略一紙近萬言去十一月投入京呈批旋去湖北余批令其知之此送信令其來見本日來謁語言雖多荒唐而頗有智略渠曾陷賊中兩月因與談及賊中消息巳刻至東城外看丁道杰演炸砲大小五礮其彈在半空炸裂不待落地而已開花矣午刻歸見客三次未刻至馬學使處赴宴申正歸閱本日文件至蘇帥府畫諾談核改信稿數件并批札稿二更温

詩經中谷有蓷下四篇 是日陰雨竟日

初九日

早飯後清理文件 旋見客二次 又出見者二次 習字一紙 與柯竹泉圍棋二局 核批札各稿 中飯後至幕府晤談 閱本日文件 申夫來久談 寫希庵信一件 溫詩經大車至緇衣三章 核寫沅弟信一件 改信稿十餘件 閱黃南貞所擬江西撫標批稿各件 未能閱畢 二更四點入內室

初十日

早飯後見客二次 衙門期也 旋又見客二次 清理文件 又見客周德曹壽三次 約久談 習字一紙 午刻又見客陳廣臣壽三次 午正至江方伯處赴宴 申刻散歸 閱本日文件 至幕府晤談 旋核批札稿 未畢 至夜核畢 作回季弟信 擬藩使謝恩摺 未畢 是日早間聞鮑春霆於

移皆在淮和大獲勝仗者之一歷

附記

偽慕王譚紹光 閏十二月在常熟打死　　偽聽王陳炳文

偽主將錢桂仁　　偽曹王黃金銳

偽相王陳清武　　偽朝將鄧光明

偽泗王高　　偽主將張大洲 侍天豫

偽天將黃良善　　偽首王范汝增

偽對王洪春元 子洪事福 事穆　　偽梯王練業坤 求於江北將一身之地安置家屬

偽載王黃呈忠 侍王令其守金坛 對王令其勿往 無因與侍王亦不和

十一日

早飯後清理文件，旋見客二次，又立見者二次，習字一紙，寫
澄侯弟信一件，將兩　恩摺稿作畢，午刻與厉元徽、劉
開生圍棋二局，中飯後見客三次，鄧伯昭、絲綫甫坐甚
久，旋寫沅弟信一封，又見之將之純一次，蔡與瑞來久坐

閱本日文件 傍夕畢至藩府一敘 燈後至聖三郎世兄處一敘 核批札稿改修稿二件 二更四點入內室

十二日

早飯後清理文件 旋見客五次又立見者二次 習字一紙 莫子偲來左翁生處與之遙談 午正請司道便飯 申刻散 閱本日文件極多 傍夕未畢 再至藩府一談 至酉刻與柯筱泉圍棋一局 旋將本日文件閱畢 核批札各稿 溫詩讀人篇 二更四點入內室 三更睡 是日發摺一次 接奉硃批諭旨 即十二月廿七所發之摺奉到批迴

十三日

早飯後清理文件 旋見客三次 習字一紙 又見客一次 倪豹岑坐頗久 與柯竹泉圍棋一局 寫沅甫信一件 湖南知縣湯煊來久坐 午正請客 馬學政等便飯 申刻散 閱本日文件 申正至各米局 閱周圍新做墻垣 將為晒谷之場 又

至火藥庫閱附近彩僱之屋至正爾至藩府晤談
檢溫詩經鄭丰東以下四葉二更三點後閱國史儒
林文苑二傳

十四日

早飯後清理文件 核習字一紙寫澄侯信一件沅甫
信一件圍棋一局午刻寫沈幼丹信一件中飯後見客
三次至藩府晤談倪豹岑在李眉生處談頗久閱
本日文件頗多 傍夕核批科房各稿 檢溫詩經校
童以下六葉二更四點入內室

十五日

早起文武賀望者紛集巳初畢 清理文件 習字一紙寫
沅甫信一件与程尚齋圍棋一局 柯竹泉圍棋二局午
刻閱國史循吏傳中飯後至藩府一敘 核見客二次
閱本日文件寫左季高信約七百字 是日大雨如注

竟日不息，愁悶殊甚，傍夕至內室小睡，校核批札各稿，温詩經揚之水以下四篇，鄭風温畢。

十六日

早飯後清理文件，旋見客二次，習字一紙，寫季少荃信未畢。倦甚，不能治事，因閱錢辛楣先生聲類一書。此書分釋詁、釋言、釋訓、釋語、釋天、釋地、名號之異等目，皆因聲得義，具足見古人先有聲音後有文字，余前昔意為之之書，而未果。錢氏此書乃未成之書，故未編入潛研堂叢書中。又閱江氏古韻標準、黃氏南雷文定，皆粵雅叢書中本也。午正請客，黃子懷等便飯，申刻散。閱本日文件，與少荃信寫畢，校核批札稿，至二更畢。温詩經雞鳴以下四篇，四點睡，傍夕至幕府暢敘移時。

十七日

早飯後清理文件，旋見客三次，倦於治事，与柯小泉圍棋二局，又見客二次，江方伯坐頗久。中飯後至幕府一敘，清理文件，見客一次，核改江西釐務長札一件，至二更三點尚未改畢。自十四日下午即雨，十五、十六二日竟日大雨如注，本日雨雪交霏，氣象陰森，寒氣侵人，不知今年歲事如何，軍事如何，為之悶然。夜接沅弟信。右腳癢痛尤為難熬。

十八日

早飯後清理文件，旋見客三次，又立見者二次，与柯竹泉圍棋二局，寫沅弟信一封，共五葉，午刻倪豹岑來久談。中飯後至幕府鬯談，旋閱本日文件，核批札各稿，傍夕誦蘇詩。燈後將清查江西釐務長札改畢。二更後朗誦古文數首。本日左眼澀紅，早睡，幸能成寐。

十九日

早飯後清理文件，旋見客，坐見者一次，立見者二次。寫毛寄雲信一件、鄧意臣信一件、李希庵信一件。溫詩東方未明以下三章。中飯後至幕府一談。清理本日文件。倦甚，不耐治事。溫詩至載驅篇之章止。眼紅澀疼。傍夕誦杜詩七古。夜因眼紅不能治事，而寸心鬱甚，以積閣之事太多也。略讀古文傳誌類。二更三點入內室早睡。

附記

四 家　五 左　六 李滬　七　八

九 李湘　十　一　二　三

曹屋沖 送鄧与丕胜漥

馬公塘必須葬 季

羅家致賻四十金 元和姻伯

廿日

早飯後清理文件，旋見客二次，衙門期也。又見客四次。寫沅弟信一件，極言忿怒與倨彊之分。與柯竹泉圍棋二局，旋與李少山等談頗久。寫對聯六付。中飯後至首府一談。閱本日文件，核批札各稿。酉刻剃頭一次。核定江西釐卡月摺、單月報、詳摺三式，至二更三點止，尚未完畢。眼紅且蒙，不敢久治事。是日天氣陰黯，氣象愁慘，殊以為慮。家中人來，言臘每谷一石已買至二千餘文，今年不知如何飢荒，尤為可憂懼。

附記
○江西釐金全案并信
○李世忠代奏摺
○葉圓來案摺
謝恩四摺○○○
○王輯道原案批
○安徽驛站三案
東台彭漨二案摺
○密考全案帶去
○志家十二、十三兩案摺

廿一日

早飯後清理文件寫諸侯信一件已初行開印禮旋出
門拜客五家均會晤在轎中思古聖人之道莫大乎與人為
善以言誨人是以善教人也以德薰人是以善養人也皆
與人為善之事也然徒與人則我之善有限故又貴取諸
人以為善人有善則取以益我我有善則與以益人連環
相生故善端無窮彼此挹注故善源不竭君相之道
莫大乎此師儒之道亦莫大乎此仲尼之學無常師
即取人為善也無行不與即與人為善也為之不厭
即取人為善也誨人不倦即與人為善也念吾忝竊
高位劇寇方張大難莫平惟有就吾之所見多覓
數人因取人之所長還攻吾短或共鼓盪斯世之
善機因以挽回天地之生機乎適訪晤石壎楊德亞仲
謐因其與我太過遠遂與談及一二午正擺中飯後至筱帥
府署談旋閱本日文件寫沅弟信一件核批札各

稿傷久久 至篪軒處一談 核定江西釐務月摺單畢

因眼紅發作 竟不敢多治事 二更三點睡

廿二日

早飯後清理文件 旋見客一次 閱詩經魏葛屨以下二章 與柯竹泉圍棋一局 見客三次 江方伯汪潤溪二人坐甚久 中飯後至篪軒處一敘 見客三次 內坐見者一次 李壬琳來談 圍棋一局 方存之來久談 申刻核改李輔堂復信稿 燈後始畢 核批札各稿 二更四點畢 三更睡 眼又加紅

廿三日

早飯後清理文件 旋見客二次 又立見者三次 核批札稿 寫對聯發付 午刻出門 拜客二家 中飯後至篪軒處一談 長沙黃曉岱錫彤來 皮筱船宗瀚 來時已係進士黃編修 皮孝廉也 談甚久 閱本日文件 核批札稿 陳

霓臣來久談 夜再清理各批稿 二更三點入內室

日內料〻間各務 將赴金陵一行 本日應清之事甚多 因見客躭閣 夜又以眼紅不敢多治事 在李壬叔處見陳〻宋泉法帖 見其草書題跋一首 飛舞變化 實覺莫及 惜余老年學書不復能副吾意之所至耳

廿四

早飯後見客一次 旋至運家局考試書院 大雨如注 試題願無伐善無施勞 賦得疑義相與析得陶字 辰刻歸 見客二次 陳緯文坐談久 霓臣之甥也 寫紀澤兒信一件 沅弟信一件 馬學使來略談 陳子奉來見 中飯後至吳帥府一敘 江方伯來略談 閱本日文件 趙惠甫來久談 核批札各稿 夜又核札稿 改摺稿數件 核安徽驛站批稿 三更睡

廿五日

早飯後清理文件　旋見客二次　衙門期也　又見客二次　請陳心泉　鄂心芸及幕府諸公閱書院課卷　出門拜客二家　黃睦代　江達川二處　談皆久　歸與屠晉卿圍棋一局　中飯後見客二次　閱本日文件　核批札稿　在核摺稿三件　是日瘦倦殊甚　一因昨日治事過繁　一因本日說話稍多　遂覺困乏不支　蓋老境漸臻矣　竟日大雨如注　風亦寒　取閱夏里安集　二更三點睡能成寐

廿六日

早飯後清理文件　旋改摺稿一件　接奉十九日　廷寄　午刻圍棋一局　劉開生　壽朱一談　中飯後請黃睦代　皮筱船便飯　閱本日文件　江方伯來一敘　旋又見客二次　莫子偲來一談　傍夕至藩府一敘　是日覺說話太多　困倦殊甚　燈核批札各稿　至二更四點　困乏之極矣　比來每以說話澀

多遂覺神氣〻疲茶不支甚矣吾衰矣身膺重任
大懼隕越實深怖〻

廿七日

早飯後清理文件 旋見客二次 莫善徵 趙惠甫談頗久
見彥來一談 旋與陳新文圍棋二局 寫沅甫信一件 中飯後
至香帥府一談 與厲伯符圍棋一局 閱本日文件 寫李
少荃信一件 郭筠仙信一件 萬篪軒來久坐 眠
紅瘡類甚癢 間不能多治事 故明日出外應行料
理之事略一清檢 是日發報三摺三片

廿八日

早飯後清理文件 旋見司道一次 學使一次 因余起程赴金
陵 僚屬皆來送行也 檢點一切 巳刻出城 由西門登舟 摺差黃
彥卿 趙書雲自京回 十二月廿三日出京 在山東沂州府郯
城縣境內被捻匪殺傷 身帶十餘傷 胡心庠 慰之 自吳

城未見，談頗久。是日卯、酉在舟次共飯二頓。巳（午初）正開船。此京信十餘件、京報四十餘本，一閱一過。中飯後核批札各稿。未正至黃皮夾灣泊，共行二十五里。天氣晴明，風不甚逆。錢子密、柯小泉來小敘。旋核批札稿甚多。酉刻與筱泉圍棋一局。寫李季高信件，眼蒙未畢。酉正以岸小步，與筱泉、子密一敘。傍夕殯舟在與胡蔚之談吳城救尾。移雜，將李信寫畢。眼紅痛，不敢多治事。

廿九日

早飯後清理文件。開船，天氣放晴，東北風不甚大，折戧行走，凡行百一十里，未正即至池州。上半日因眼紅不敢治事，默誦古詩，溫漢書藝文志。中飯後核批札稿，寫葉介唐信一件。申刻對（換）舢板至池州城內河約十里許，至秀溪口登高瞭望池郡東北，自塞堤後一片皆水，惟西路有旱路踐城而來。又觀青溪堤工不甚堅實，恐湖水潰決，屬各營

少荃識淺以見溢決炸燬而老大船在寄芍信一件與
程石舟圍棋二局 核改批札稿發包書四省

二月初一日

早起麥文武賀朔旋即開船行五十里巳刻至大通灣泊舟
許至程尼宮處少坐又至裴人傑營閱視形勢午刻
仍坐舟開行又五十里至土橋對岸之蝦魚夾灣泊雪
琴彭之船廠在此 上半日溫詩經園有桃至伐檀止午
後又溫至椒聊止未刻寫澄弟信一件 清理文件申
刻與屠晉卿圍棋二局酉刻至彭船廠周視一遍核
核批札各稿與黃府柯鉞二人久談夜細思處人處
事之所以不當者以其知之不明也蓋臣細周知表裏洞
澈則處事自有可行之術其要之所以不能周知者以忘好
問不篤問耳

初二日

早起開船，行近二十里，東北風大，少為停泊。旋又行十里許，至
黃石磯之大興洲灣泊。申初即已住宿。早飯後溫詩經綢
繆束薪至駟驖止。寫沅甫信一件，馬學使信一件，與屠晉
卿圍棋二局。詩經溫至申正畢。清理文件，核批札各稿。傍
夕與筱泉、子密在岸上閒步，旋寫雲字甚多。寫江方
伯信一件。溫古文簡本。

初三日

早起開船，行三十里至荻港。旋又行六十里至三山灣泊。行
刻又行三十里至蕪湖住宿。早飯後清理文件，核批札
各稿。至荻港，見客三次。與柯小泉圍棋一局。溫詩經小戎、
蒹葭、終南。午初，雪琴來接，邀談二刻許，同行至三山閱
小淮窯、奎潭之賊，已齊至西梁聲巡，又閱西河之賊亦已
畫壘，已派人跟進。三山以下屬次見客，至蕪湖見客二十餘次，
倘久，竚岸。至吳竹莊營內燕談，宴至二更二點始畢。回船閱

本日新到文件內有恭親王信閱條極大三更睡是日
應酬太多倦甚

初四日

早飯後至蕪湖縣看城編歷南北東三門南以河為池
又有吳竹莊札在南岸不甚大未撲汲西以湖為池又有
周萬倬札在湖之西亦易守御惟東北二門難守共長
四百五十三丈非多添千餘人難於防守在船中開行二三
十餘里至裕溪口雲巢老堂應酬紛繁巳刻在舟次寫
家信澄弟一件由驛排遞澤兒一件由營丁遞在雲
巢處中飯未正開船与唐音卿圍棋二局過西梁山附陳
橋湖之難民遠跪求卹自愧無以振之楊軍門來迎椄
与之久談飯後始至金柱關楊軍門歸烏江老營
在核批札各稿 自廿八日專看起行 連日天氣放晴本日
大概專東北風稍勁恐將變矣

初五日

早起，因東北風起，恐大船難行，改坐長龍。開船後風平浪靜，行六十里至烏江，在楊厚庵軍門處中飯。未正後開船，行六十里至大勝關泊宿。是日在舟中寫沅弟信二封、雪琴信一封。至大勝關，應酬甚繁。沅弟亦來，兄弟暢談至二更後睡，幸尚成寐。是日聞李世忠九洑洲各壘及浦口壘均被賊攻陷，此岸賊多，為之憂悸。

初六日

早飯後由大勝關至沅弟雨花台營盤，凡行三十里。余坐亮轎，沅弟騎馬，途次尚可共語。巳刻至營，接見各營哨官，應酬頗久。兄弟暢談。午刻柯小泉、錢子密來，中飯後兄弟久談。念各營於去年辛苦異常，業以勞之，思每人給對聯一付，下半日共寫十七對。傍夕與柯小泉圍棋一局，旋兄弟對談，至三更睡。昨日溫詩經黃鳥至衡門止，本日略溫

書

初七日

早飯後清理文件 旋与沅弟出外拜各營官凡拜七堂 因楊厚庵歸来遂与沅同歸 与厚庵等久談 与屠楷圍棋一局 午初中飯 飯後寫對聯二十付 又圍棋一局 植与沅弟暢論執兩用中之義 核批核各稿 閱本日彭到文件 連日天氣燥熱 本日酉刻轉大北風 飛揚屋瓦 恐遂將久疏生矣 是日午刻接澄弟正月十七所發信 知適王氏伯姊於十四日仙逝 姊生以嘉慶十三年戊寅十二月十三日 今五十六歲 道光十年于歸王氏 姊壻王國九（字萬程）即於十二年病瘋疾 三十餘年不省人事 伯姊備歷艱苦 貧窮抑鬱 近年沅弟稍周濟之 困而漸蘇 不意遽亦淪逝 兩月之內連遭同氣之戚 吾兄弟五人姊妹四人 從此僅存其四 撫今追昔 觸緒生悲

初八日

早起大風怒號竟日不止營內棚房皆壞不能治事飯後寫對聯七付旋與柯小泉圍棋二局又觀柯與薛君圍棋二局余亦與薛再一局中飯後與沅弟鬯談申刻又圍棋二局夜與沅弟論窺人之法核批札各稿二更睡三更風息

初九日

早飯後至各營林訪一次巳刻歸圍棋二局陳舫仙易琥蒼來久談彭盛南自金柱關歸鬯談中飯後將對聯四十餘付下款送各營官又觀薛君與人圍棋一局偶夕蕭信卿備席來同食夜與沅弟鬯談一切二更後核批札各稿說話太多疲乏殊極沅弟以高碩崇少許躋之即睡幸尚成寐五更醒

初十

早飯後清理文件，旋與薛君圍棋三局，又觀其與人圍棋二局。與彭盛南久談。午刻至盛南營中赴席，渠與易睦菴、陳舫仙三人公請也。未正歸。接省城三次信。書公牘甚多，寄司道信一封、曹槩信一封。再圍棋一局。閱各公文。核改摺稿一件。與沅甫、盛南、春甫暢談。三更睡。是日接信，知陝西軍務極緊，深為憂。

十一日

早飯後各營官送行，余於辰刻辭九弟營，拜會江濱各營。巳刻至舟次。在陳舫仙營中小飲。午刻各營官送江干，會客四次。接奉廷寄一件。中飯後與沅甫暢談。旋與屠晉卿圍棋二局。傍夕又與沅甫暢談。夜擬年終密考一單，三更睡，尚未擬畢。

附記

北海碑　油紙　江西五經

十二日

早飯後清理文件。旋寫胡宮保、省生信一件，希庵信一件。閱新到之文件。與屠晋卿圍棋二局。與沅弟邑談。中飯後辦江西摺，續寫窯考單，寫零字甚多。與沅弟等久談。傍夕至沅弟府邑談。旋再辦江西窯考單，至三更粗單畢。接奉廷寄一件，接滕本，不能成寐。

十三日

早飯後清理文件。與沅弟邑談，辦江西窯考清單。辦畢，與屠晋卿圍棋二局。寫司道信一件。李少山來久談。中飯後與沅弟邑談，與薛炳煒圍棋一局，又觀薛與屠晋卿一局。作年終密考摺，燈後始畢。又作一片，又改鍾一單。三更畢。睡，不成寐。五更二點醒。本日擬去看九洑洲，因大風雨土，咫尺不辨，未能前往。

十四日

早飯後清理文件 旋寫雪琴信一件 春霆信一件 澄侯家信一件 与屠晉卿薛炳煒各圍棋二局 又觀渠二人一局 將密考摺修改及清單二件細核一遍 寫李少荃信一件 中飯後与沅弟談 旋又圍棋二局 看書吏包書密摺并萬壽摺 改批札稿 燈与沅弟談 二更後寫周子佩信一件 核改信稿二件 酉刻剃頭一次

十五日

早飯後清理文件 旋坐舢板至九洑洲一看 因天晴而風霾 全看不清 立於大勝關中洲之尾 僅見九洑洲賊壘之影耳 午刻歸 往返凡三十餘里 与薛炳煒圍棋二局 旋即開船 行十里至大勝關 登岸以上灣泊 遣摺差楊長貴進京 中飯後与沅弟同去看三汊河各壘 酉刻歸 往返亦三十餘里 見近二岸難民數万 半日被火焚燒 蘆席棚敝

千家化為焦土觀之傷心又與薛炳煒圍棋二局核批
書公牘頗多閱至更初畢與沅弟鬯談一切核未
治事二更三點睡

十六日

早飯後與沅弟作別登坐長龍船長行六十里未刻至烏
江楊軍門營盤在舟中辦公事頗多與楊軍門久談酉
許在寫對聯十付酉刻筵宴宴未畢聞金柱關危急賊由
清家橋渡河勢極浩大因催吳竹莊周藻卿迅回蕪湖飯後
回船與薛炳煒圍棋一局核奏　廷寄四件寫信一件
與沅弟念金柱關壘單賊眾竟夕憂慮不克成寐

十七日

早飯後楊軍門來渠將赴金柱關料理戰守而余亦開船
南風頗甚逆風逆水竟日扯縴僅行四十里至酉刻傳泊於采石
磯在舟中寫少荃信一封雲仙信一封安慶司道信一封

午刻与肅晉卿圍棋二局未刻鮑春霆來久談一刻許申刻温詩東坡之池以下四篇核改信稿五件 温古文序跋類昨日閱金柱關敗仗之信憂系無已本日卯刻聞其轉敗為勝為之少慰午刻又聞渡遣家灣小河之戰業經敗退竄回河外矣

十八日

黎明開船行 二十里至金柱關寄沅弟信一件 旋坐小船至金柱關小河之內行六里至三汊河入羅逢元朱寬嚴陸營之內又十里至龍山橋因舟行甚遲 揚軍門入梅塘嘴等處余即在龍山橋返棹 旋坐之岸至長勝營一看見其濠墻卑窄不甚堅固又營內茅草叢雜心為不懌旋登山一望見東西梁山四合山等處歷歷在目惜霧暗不見渡家灣 申刻至和字營便飯之後至三汊河看討岸小墻至酉刻 至金柱關寶塔一看歸船已黑矣

夜寫朱南桂、羅逢元信一件，圍棋二局，倦甚，不復
能多治事。二更三點睡。

十九日

早飯後開船，北風吹雨，行卅里至東梁山泊岸，一看嘉字
營濠牆，草率之至，深以為慮。旋至西梁山一看，楚字、嚴營、
西營布置極好，因論撥熊登武營守東梁山。吳竹莊來，
雪琴來久談。旋與屠晉卿圍棋三局，至裕溪口，已極倦。與
雪琴處談，旋與壽雲處談，至三更未睡，倦甚。是日接
省城信書三件，又接摺差回，閱京信、京報等，甚
疲倦殊甚，睡不甚成寐。

廿日

早飯後清理文件，旋寫沅弟信一書，見客數次，龍去雲
蒲若則談頗久，寫李梅生信一書，與屠晉卿圍棋一
局，又觀屠與薛一局，寫吳竹莊信一件，中飯後寫

對聯十付。英吉利提督士迪佛立來見，士在上海已
年餘，將換班回國，特來相見。先至漢口，復至安慶，
聞余巡閱沿江，又來蕪湖等候。本日又自蕪湖至裕溪
口一晤也。接談約一時許，呈出一單，言欲以英國之將領
帶中國之兵勇，剿滅髮逆。單開：用中國兵勇萬二百人，
用英國頭目提督一人、中軍一人、副中軍一人、總兵六人、幫辦總兵六人，
總理札營造礮台等事兵官一人、幫辦一人、把總四人、大醫一人，
總管軍火局兵官一人、幫辦一人。其所管中國兵勇萬二
千二百名，中分為十七隊，每隊六百人，用英國頭目參將一人、游
擊一人、都司六人、千總一人、把總十六人，十七隊皆如此。又每隊公用
大醫一人。通共外國頭目帶兵官每月支年俸銀五萬八千一百
八十兩，中國兵勇口糧在外。言如此即可克復金陵、蘇、浙。
余答以須商總理衙門，並奏請諭旨。又出地圖，令余指出長
毛賊黨逼近之處。申刻仍復蕪湖，贈以茶葉、火腿之類。

旋與薛炳煒圍棋二局　寫對聯十付　傍夕雪琴言詩
邨丁祠氣逼激心為不懌　核清理文件　寫沈幼丹
信五葉　倦甚　二更三點睡　是日早間大雨　午後放晴

附記

○南岸大調度一札
○北岸進兵法告沅
○李世忠可存　贅
○士櫂替可緘商恭王
○保堪勝譚、勝達可吉彭楚漢李承典
●查逸亭可

廿一日

早飯後見客多次　旋自裕溪口起行入內河　行十五里至雍家鎮　上岸一看地勢　又行二十五里至三汊河　上岸一看　於毛竹丹口石澗埠　前來迎接　因令毛生余船同至運漕

申刻登岸行十里至黃墩甫參則軍門廣衍營內望對
岸銅城閘賊壘相隔五里許　蒲軍門函陪逕岸至
刻回至運漕已鐙初矣　毛竹丹又來久談　是日在舟中
略清文件　權與杏南一談　雲琴久談　二更三點睡不甚
成寐

附記

o澄鮮書　園山嘴信橋

廿二日

早與彭杏南別自運漕開船行二十五里至黃落河由右而
上則至蟂　子口東關以達巢湖由左而入則至無為州因念
長龍船出進無為州而余改坐舢板由黃落河之上半里許
入一小河將至石澗埠　毛竹丹營內一看　雲琴與毛竹丹同坐
一舟入小河行八里許　即芙蓉嶺等處發源下入黃落河
以為併於裕溪口者也　捨舟登陸行十里許至毛竹丹營

盤周歷閱視。王載馳之中營距縣稍遠，因令縮入近
雲處。在毛觀察雲孫中飯，飯後與雲孫作別，陸行四十里至
黃岩鎮。是日共行八十餘里，燈後清理公事。接正月廿
四、二月初三等日家信。二更後與薛炳煒圍棋二局，寫
沅弟信一件。二更睡。風雨交作，入三更雨尤大。

廿三日

早飯後入無為州城，由東門登城，周歷北門至西門下城，穿
大街還，仍出東門。州城四面皆有護城河，河內又有濠溝，余
看三面似可恃，即不復至南門矣。旋出城登舟，開行四十
里出神塘河口。水道灣環，河窄岸高，水師不能施展，不行
三十里至泥汊河灣，泊在小舟上清理文件頗多。至泥汊口
大船，見客數次，圍棋二局。旋登岸至鄉村散步二里許，鄧將
歸。在又清理文件。圍棋二局。二更後與柯小泉、錢子密談定
竇圻練勇多寡，發七十天口粮至三月底止，遣散歸農。

日內下棋太多志荒而神困矣

附記

問養素士二事　百歲酒

○萬篪軒留一行

○保穆海航一行　○曾受望　○蔡家馨　鄧小芸

廿四日

早飯後擬開船因東風太大泥汊小河之內不能出口多人邪許約半時許終不能開行出江遂停泊守風一日與薛炳煒屠楷各圍棋一局又觀渠二人一局閱龍威秘書中數種寫家信一件吳竹莊信一件司道信一件中飯後清理文件甚多至酉刻昏暗不能治事背誦杜牧之律詩核改摺稿一件信稿數件倦甚睡不成寐出入大數久未清謄本核始將所膳月下旬謄畢

廿五日

早飯後風漸息開船順風行十五里至荻港旋又拉縴行

五十里巳刻至丁家洲宿在船共圍棋六局每局約二刻許
寫李季高信一件沈幼丹信一件沅弟信一件改摺稿一
件片稿一件清理文件歇多倦夕登岸散步與錢子
密柯小泉邑談旋寫易彬甫信三葉推溫吏文數首二
更三點睡公牘有堆積甚多未清釐此次擬趁在
舟閒暇悉數釐清回省則應酬日繁不能精心料理矣

廿六日

早飯後清理文件旋圍棋二局擬作一奏片久未下筆舟行
風順雨小行四十餘里中飯後至大通劉養素來營談在大通
灣泊一時許見客甚多申刻又開船行三十里至王家套
住宿已更初矣至幕府船一談未初起作奏片至三更
畢約近千餘字本日應酬頗多疲乏殊甚然三更後尚能
成寐較之昔年每草一奏輒多不眠今似稍勝矣

廿七日

卯刻開船，順風，共行百一十五里，燈後至黃溢夾住宿。上半日在船樓上觀覽摺件文件，与薛炳煒圍棋二局。中飯後核改三摺五片三清單。本日接公牘甚多，又接二月初五、初十日冊次家信。核批札各稿，疲倦甚。誦陶詩以自怡。二更三點睡。昨日應酬及辦事稍多，本日齒痛，若不克支持，甚矣吾老矣。

廿六日

卯刻開船，船有順風，僅行三四里許，雨大風止，船亦停泊。派人向省接轎，將從陸也。旋又轉大順風，行四十里，午刻即到省城。大雨如注，見客極多，申刻方畢。戌刻至幕府總談。夜与外甥王迪來談家中瑣事。是日辰刻巳刻在舟中將奏片之清稿校完畢，到署後即不復治事。二更始將本日公牘略一繙閱。接家信，紀澤寄閱人賦一首，稍窺漢魏門徑，欲勗之五。余嘗以本朝諸儒精於訓詁之學，而不解古人綴文之法，意於以戴錢段王之訓詁為揚馬班

張之文章人多馳驅有志未遂若兒輩尚能成立

竟之志則幸矣

廿九日

早飯後清理文件旋見客一次內坐見者九次孫琴西談最久

又大法國傳教士羅安當等持恭親王文一件來見余寫

信與江西沈中丞言去年打毀天主教堂一案請早爲辦結

倦甚不耐再多見客因去歇起中飯後閱本日文件并正

月廿八日出門後未經送閱之件略一綣閱與薛炳煒圍

棋二局酉刻又見客二次因池州之賊上竄至張家灘等

處江方伯集商派兵渡江堵剿傍夕又至花中府一談在

核改信稿數件添李竹屋信三葉

卅日

早飯後清理文件見客二次寫沅弟信一件易丹信一件

出門拜客三家至河下回拜耆素午正歸見客三次

陳俊臣搬入公館來住，與之鬯談。中飯後至幕府一敘，圍棋二局，見客三次，清理文件甚多，皆出門以後所署案續送閱之件，至更初粗畢。旋核批札各稿。二更後溫古文，以閒本日內應酬繁多，神昏氣乏之甚，不克支持，此般後知高官巨職，足以損人之智而長人之傲也。

三月初一日

各文武賀朔，見客甚多，至巳刻始畢。旋至幕府一敘，核批札各稿，寫少荃信四葉，未畢。請養素、俊臣、琴西等中飯，未正畢。旋與屠晉卿圍棋一局，又觀屠與薛炳煒芳亭局，寫少荃信畢。又寫豐仙信一件，寫沅弟信一件，閱本日新到文件，在與陳俊臣談良久，倦甚。溫古文三四首。送劉養素一聯四屏。

初二日

早飯後清理文件，旋見客十一次，內坐見者五次。寫希菴信一封。寫對聯六付，橫幅溫恭朝夕四字，與申夫綴口號。中飯後至英帥府鬯談，旋與薛煙煒圍棋二局，又觀薛與屠一局。閱本日文件，又補閱二月初間又未經送閱之件，至晡時未畢。傍夕至郎宅，看見其書館，請其一洪姓先生教任西亭子志甫一子、吳纘先一子，桂與俊臣鬯談。寫沅弟信一件。溫古文論著類。倦甚，奄奄欲睡。二更三點睡。連日天氣陰雨，各路警信紛至，心緒縈繫不已。

附記

長沙高卿卿生日一六

○沅自請書

○送燕菜

廬江吳子松峻

初三日

早飯後見客五次，申夫及五局委員坐頗久。清理文件。寫左季高信一封，沈幼丹信一件。錢警石先生來鬯談。中飯後至

帥府一敘，黃曉岱來營談，寫對聯七付，閱本日文件頗多，
核批札各稿，傍夕與陳俊臣久談，夜倦甚，睡二更後核
批札稿畢，閱賊已竄至江西彭澤縣界，憂系無
巳

初四日

早飯後見客四次，旋出門拜客三家，又至谷米局看新修之
晒穀場，并看新修大藥庫，至雪琴處午刻歸，與屠晉
卿圍棋二局，中飯後至帥府一敘，寫紀澤兒信七
葉，教以作文之道，閱本日文件，傍夕改洛艦畫圖稿，
至更初改畢，閱王少鶴龍壁山房詩草，至二更四點睡，
均未閱畢，本日接孫琴西處借得本也，連日陰雨晦
黯，南岸賊犯湖口、饒、景，北岸賊犯廬江等處，均極
危急，懸悶無巳

初五日

早飯後清理文件見客三次衙門期也寫郭意城信一件
李申夫信一件与屠楷圍棋一局寫對聯六付中飯後至
幕府一叙見客一次閱本日文件核批札各稿傍夕至東
園內散步良久与向伯常一談夜核科房批稿二更
後溫莊子馬蹄胠篋駢拇三篇二更三點倦甚早睡

初六日

早飯後清理文件旋見客二次添毛寄雲信五葉寄沅弟
信四葉趙惠甫來一談寫李少荃信一件与屠楷圍棋一
局中飯後至郎宅一坐見世宗憲皇帝所錄 聖祖庭
訓格言近河督臣吳棠彩刻此借回閱看閱本日文件核
批札各稿科房批稿閱 聖祖庭訓傍夕至幕
府一談夜閱 聖祖庭訓核批札各稿二更三點連日
陰雨泥濘本日略見晴霽閱南岸湖口守界已穩北岸
惟石澗埠不放心餘則漸臻穩固夜寫鮑春霆信一

件

附記

上海平糶局解金陵銀二万，交來自沈桂

初七日

早飯後清理文件，旋見客四次，方元徵、劉開生二人來圍棋二局。午初寫對聯五付、屏幅三件。中飯後見客三次。廬州府同知葉滌川來，極言石清吉與諸營不和，常坐綠呢大轎，危時將其家眷送至桐城山中，緩急殊不可恃等語。閱之不勝憂灼。至花廳中府一敘，送吉林參五錢與楊樸庵同年，其子來此一敘。閱本日文件，又閱二月間積閱之件，蓋在途時未經送閱者也。傍夕閱石澗埠營盤十分危急，憂灼無措。至花廳中府一談，核批札各稿。二更四點入內室，三點睡，皇屢轉，自愧涵度之多乖也。是日將《聖祖庭訓格言》讀畢。恰吳仲仙送有十冊，為之快慰。

二月十二日所發三摺本日奉到　硃批

初八日

早飯後清理文件　旋見客三次　將二月間未經送閱之公事一概閱畢　約二百件　旋圍棋二局　見客三次　午刻寫對聯五付　中飯後至幕府暢談　閱本日文件　申刻寫挂屏二幅　約百六十字　傍夕至俊臣處與之暢談　核寫沅弟信一件　龍泰璧　李筱泉信各一件　溫古文論著類莊子三首　夜又閱石澗埠危急之信　即飛調龍軍往援　本日接毛竹舟信　營中尚不慌亂　又加一信　密催調龍軍

附記

鈐字全軍　統領周寬世

中營之長　周寬衆 同知　哨長　謝吉雲 游　李勝珊 守　周秀万 守　熊惠雲 都

左營之長　羊瀛 游擊　哨長　周永松 都　顏連玉 都　周錫福 守　蔡鳳陞 都

右營之長　周貴滙 守備　哨長　李盛循 守　周勝茂 千　康長青 千　黃仲旻 千

前營營官　鄧吉陞　參將
哨官　蒲勝茂 參　劉鼎富 都　劉玉衡 參　謝廷瑞 游

後營營官　楊浚成　副將
哨官　徐百鈞 都　龍桂林 參　彭勝德 副　龍玉堂 都

老後營營官　周東益　參將
哨官　向德隆 游　周占成 都　李占賓 都　周文正 都

彭後營營官　洪良輝　都司
哨官　周桂成 都　李瑞四 守　向鳳元 都　周文正 都

初九日 雨

早飯後清理文件往見客二次寫希庵信一件與屠晉卿圍棋一局出城看彭雪琴船隻又看西門崩坍之城旋拜萬篪軒一談午刻看挂屏三幅中飯後至幕府暢談閱本日文件核批札各稿倦々溫杜詩極清理文件與陳俊臣久談天氣亂寒注風雨不止氣象頗似咸豐十年春間心為憂

附記
○讀茶王信
○謄七次自擬

初十日

早飯後見客二次衙門期也旋又見客三次與屠晉卿圍棋二局改摺稿二件午刻核房批寫對聯四付挂屏八幅至未刻畢中飯後至幕府鬯談旋閱本日文件核批札各稿清理瑣事極與俊臣鬯談核批札各稿二更後閱王右軍集是日淫雨竟日天氣愁黯陰寒石澗埠營盤被圍於六江後并營信來憂灼之至接二月廿四日家信專足甚快二月初四在烏江發信至是僅二十六日往返五千餘里

十一日

早飯後清理文件與屠楷圍棋二局旋見客四次黃晴岱坐頗久午刻改復恭王信稿中飯後至幕府一談寫對聯二付挂屏四幅改摺稿二件信稿五件閱本日文件見客一次核改信稿一件二更四點畢是日接各信知石澗埠營盤十分危急幸沅弟派人來援十一日可到或其

可以救援 又得宿松縣信 知湖北麻城之捻竄至蘄水 勢必殃併皖境 尤爲焦灼

十二日

早飯後清理文件 旋改昨在一行 作為二行 見客五次 請見共三次 寫沅弟信一件 料理本日發摺五摺三片 又代人發回恩摺二件 又料理後某親王信 均於申刻拜發 与屠晉卿圍棋一局 午刻寫對聯數付 中飯後至菁中府邀談 旋見客四次 閱本日文件 再圍棋一局 出城至周軍門營盤 還門歸 清理批札各稿 倦甚 連日陰雨泥濘 氣象愁黯 本日早間雲開日朗 以為必晴 料竟不逾巳 午間小雨 旋即大雨連綿 愁悶之至 百事皆廢 天意茫茫 不知浩劫何時始有轉機 甚疲倦渴睡 竟不能作一事 更二點即入內室 較常日略早

十三日

早飯後清理文件見客二次旋圍棋二局又立見之客六次寫沅弟信三頁易丹信五葉午刻寫對聯四付挂屏四幅中飯後陳俊臣黃曉岱萬〻錢行申初散歸閱本日文件至辰中中與多看生筱泉暢談核批札各稿在爲陳俊臣閱其半解文稿略加評點二更後溫莊子達生篇是日淫雨如注至午正少息而天氣甚鬱寸心憂灼接九弟初九日信並知毛竹初九日當去出多又接甫爲則初四八日信知毛瑩火藥極缺殊爲焦〻

十四日

早飯後清理文件旋出城至河下送陳俊臣歸圍棋二局寫沅弟信一件見客二次批紀澤閱人數一冊午刻寫家信一件中飯後至內銀錢所一坐核批札各稿閱本日文件傷夕至幕府暢談核清改信稿及各文件二更後溫莊子山木外物二篇是日天氣陰闇北風淅雨竟日不開石澗

得消息亦為慰
十五日
早飯後見客一次衙門期也其本日各文武賀望者概行
謝絕不見旋又立見者三次清理文件圍棋二局溫詩經檜
羔裘至候人午刻核批札各稿寫對聯五首中飯後
至幕府巡談旋出城看西門新開缺口由此門歸閱本
日文件穆海航寄到劉南雲十一在信為之少慰沅
弟亦寄到南雲初八在紅綢信寫王壺信一件寫申
夫信一件在膳正月糧台三次白狀渴睡沉沉不知日長
而疲倦乎抑精神昏惰乎至內室小睡二更三點出外
溫荀子議兵篇是日陰黯寒森與前數日相似立
夏只隔三日而陰寒如此氣象與十年蘇常失守時相等
思之惴慄
十六日

早飯後清理文件 旋見客三次 圍棋二局 旋又見客三次 寫
沅弟信一封 凡八葉 寄雪琴李南信一封 將沅弟抄與
二叔一閱 午刻見客一次 核批札各稿 寫扁字二十餘字
中飯後至幕府鬯談 旋寫挂屏三幅 每幅百餘
字 閱本日文件 溫陽增篇 謄二月分糧台旬摺擬稿
夕又至幕府一談 旋溫莊子秋水篇 又誦古文論著
類〻古篇 閱王陽明告諭五種 遺規中所選也 是日
閱上游捻匪均在廣濟一帶 石澗埠各營亦尚平穩
蕪湖水師已在黃池賊壘打破三壘 埂〻賊亦退南岸
大致已穩 惟徽郡尚無來信 不知初五以後情形何如
天氣陰寒〻如故 今年歲事可虞

十七日

早起稍晏 近日好瞑 或日長體疲之故 早飯後清理文件
見客二次 旋與劉開生圍棋一局 又觀人一局 見客二次 寫

少荃信一件、豐仙信一件。午刻核批札稿，寫挂屏一幅。中飯後至幕府暢談，閱本日文件頗多，旋又閱批札各稿，倦甚。至邵世兄處小坐，又至內銀錢所、幕府等處一坐。夜温古文荀子榮辱篇，渴睡殊甚。日內深以餉絀為慮，本日閱九江彭關可解六萬，廣東贛關共解八萬，為之一慰。

十六日

早飯後清理文件，見客四次，寫沅弟信一件，圍棋二局。寫雪琴、杏南信一件，寫郭意城信一件，見客四次。午刻核批札各稿，寫對聯五付。中飯請吳月溪、禮園等便飯，未正散。至幕府暢談，閱本日文件，見客五次，內申甫與芸生談久。傍夕改批札稿，至邵家一坐。燈後又改批稿，核寫雲字甚多。二更後温說難篇，以韓非子與史記所刪改對勘。是日應酬太繁，疲困。

殊甚石澗埠等處俱無信息心為懸懸

十九日

早飯後清理文件旋見客七次圍棋二局寫舅丹信一件應酬太多深以為苦午刻寫挂屏四幅對一付中飯後翊翠棠文生閱本日文件申正倦甚天氣鬱熱再與程石洲圍棋二局傍夕至幕府暢談夜核批札各稿閱人應上條呈單移再讀　聖祖仁皇帝庭訓

附記

○李秉芝　○鄧士林　○趙少魁

○汪國英　○王恩錫

施　熙　劉彤喈

萍鄉湘東卡　萍鄉蘆溪卡

分宜昌山卡　新亭鄉卡

上杭渡卡　宜黃城卡

撫州分局　饒州分局

樟樹分局　上高馬灰埠卡

廿日

早飯後見客三次衙門期也清理文件申刻未久坐寫左季高信一件寫希庵信一件圍棋二局見客二次午刻核批札各稿寫對聯五付單條一幅中飯後至幕府略談旋閱本日文件溫詩經七月鴟鴞傍夕至鄧世兄處久坐看謄三月上旬中旬摺單朱式雲來久談至二更二點即睡此住宿式雲浦山之子曾心高之甥也挺拔沈着似可大有造就者

廿一日

早飯後清理文件見客四次寫沅弟信一封圍棋二局旋又見客五次皆坐見者午刻核科房批稿寫對聯五付中飯後至幕府略談旋閱本日文件又與李壬耕圍棋

二局核改批札各稿 本日辰刻聞石澗埠於十七夜解圍

申刻又聞大股上竄圍攻廬江再至蕪府商鮑軍完

竟應援此岸應援南岸 眾意皆以為宜救此岸旋

又改咨札稿在核批稿頗多

附記

竟階信 對聯

雲亭信 對聯 鳳台一 雲亭一壹又式 竹房一

挂屏六幅 高麗三斤 被褂料 銀

臨三信 寄銀二百

雲仙信 託買花布本緞 燕菜

孔彰對 劉三爺奠銀三十兩

筱航程儀八十金

家信 允壽書只求先生點畢經書 子恒二品

鄉 挽聯本未見

廿二日

早飯後清理文件，旋見客三次，溫詩經東山以下五篇，與屠晉卿圍棋二局，午刻見客二次，寫對聯六付，中飯後至夕見客二次，旋閱本日文件，申刻至幕府鬯談，旋閱家信及外信多件，寫沅弟信一件，傍夕又至幕府一談，核寫零星字甚多，寫杏南信二頁，二更後溫呂東萊論。是日閱廬江之賊有竄桐城之意，為之焦灼。

廿三日

早飯後清理文件，旋見客二次，巳刻見客三次，圍棋二局，寫李少荃信一封，午刻見客二次，中飯後至幕府鬯談，歐陽凌雲來久坐，閱本日文件，寫江味根信三葉，又與程朴生圍棋二局，核批札各稿，夜又核各批稿，清釐積閣之件，至二更三點方畢。是日午刻寫掛屏四幅。

廿四日

早飯後清理文件 旋寫沅弟信一封 與程樸生圍棋二局
見客三次 寫澄弟信一封 溫詩經皇華常棣 四 午刻 王
柏堂來久坐 子壽之弟也 中飯後見客三次 閱本日文件 至
幕府一敘 核批札各稿 歐陽凌雲搬入公館 與之鬯談 夜
核批札稿 閱段氏六書音均表 寫嚴渭春信一件 是日聞
苗沛霖復叛 為之憂悸 又閱李秀成偽文 知賊將由舒
城六安上竄英霍潛黃 愈增焦灼 改摺稿一半 未畢

廿五日

是日恭逢 萬壽聖節 黎明至懷寧學宮拜牌 早飯後見客
二次 衙門期也 旋寫彭杏南信一封 與屠晉卿圍棋二局
見客五次 午刻改摺稿 未刻改畢 至幕府鬯談 閱本日
文件 見客二次 閱莫子偲說得唐人寫本說文凡木部二百
八十字 係硬黃藏經紙所寫 亦書籍所僅見也 再改摺稿
一件 亥正畢 倦甚 與歐陽凌雲鬯談家常事 夜閱

段氏音韻表，倦之已極，奄奄欲睡。是日接春霆信，仍未
痊々，家書心々岸，樣全如此，可慮之至。

廿六日

早飯後清理文件，見客一次，寫沅弟信一封。與屠晉卿
圍棋一局，程尚齋圍棋二局。核改信稿，并咨札稿。午刻
核科房批稿，寫對聯九付。中飯後至幕府鬯談，見客
二次。閱本日文件，核改恭王咨稿，改近日軍情片稿。傍夕
至幕府鬯談，在再改片稿，二更畢。核批札各稿，睏倦
殊甚。

廿七日

早飯後清理文件，旋見客三次，與屠晉卿圍棋二局，溫詩經
伐木篇。午刻核科房批稿，寫掛屏四幅，對聯一付。中飯
後至幕府鬯談，寫彭杏南信一件。閱本日文件，頗多。申刻
至卿、洪二家一談，在寫官嚴信一件。聞悉忠王於廿一日已至舒

城。賊意上犯湖北，憂灼之至。是日發報三摺二片。

廿八日

早飯後清理文件。旋見客四次。寫申夫信一件。與屠晉卿圍棋一局。擬調霆軍攻打南岸蕭、毛，救援湖北。與幕府及司道一商，多不以為然。午刻司道首府來見，定計饒仍留北岸。寫對聯五付，頗為稱意。中飯後見客一次。至幕府鬯談。觀鄧言石先生所藏劉文正、梁文莊、于文襄諸人尺牘冊頁。旋閱本日文件，核批札各稿。傍夕又至幕府一談。燈後江方伯來一敘。核批札各件，甚多，殊以為苦。是日接奉兩次　廷寄。沅弟蒙　恩新授浙江巡撫，左季高升閩浙總督，兼署浙撫。

廿九日

早飯後寫沅弟信一件，專人送　諭旨前去。旋見客十餘次，皆因沅弟開府道喜者。與程太翁圍棋二局。寫沅弟信一

件。午後核科房批札稿，寫對聯九付。中飯後至幕
府鬯談，閱本日文件頗多，批朱雲崖小策，在樓榻睡，
旋溫古文詞類九辨等篇。是日接奉 廷寄二件。淫雨竟
日不息，恐鮑春霆赴援之兵行軍不便，憂灼無已。

三十日

早飯後清理文件，旋見客七次，又坐見者二次。閱朱蘭坡
所選古文彙鈔。閱莊方耕宗伯存與經說。午刻核科
房批札稿，寫掛屏四幅。中飯後至幕府一談，旋又見
客二次，閱本日文件。申刻見客三次。莫子偲來久坐，渠新
得唐人寫本說文，僅木部下半一百八十蒙，自作校勘記，
比較孫刻大徐本、祁刻小徐本異同，甚多佳處，不可勝
舉，大喜以為天下之至寶也。核批札各稿，傍夕至郎
宅一坐，旋與歐陽凌雲久談，清理文件。接奉 廷寄一
件、諭旨一件。知鄭雲仙新授兩淮運使。

四月初七日

早飯後清理文件旋騎馬出城出西門入北門本日賀翔
各技概略不見巳刻見客二次圍棋二局閱莫子偲所為說文
木部校勘記閱黎庶昌所陳時務策午刻核批札各稿
寫挂屏四幅請客吃便飯錢警石太翁莫子偲孫琹
西徐敦甫方存之鄧小耘皆有行誼文學者也未正
閱本日文件申刻至藩府送談寫沅甫弟信一件傷
夕核閱新到文件在批唐桂生之稟唐有為丁未知甚
日微級又攫大剛伏黥點一律肅清為之少慰核批
札稿數件是日閱六安級守兵於廿五六七等日堅守無恙
要地不至疏失欣幸無已又閱希庵起程後復病心為
憂之係倩人占六壬課言甚佳也

初八日

早飯後清理文件旋寫左季高信一件圍棋二局又觀人

一局。見客二次，又坐見者六次。巳初二刻溫詩經〈天保〉篇。午初核批稿，寫對聯九付。中飯後至幕府談，溫〈采薇〉篇。倦甚，小睡。閱本日文件，甚多。至酉刻見客三次。核、核批札各稿。二更後極倦，勉溫古文二首。二更三點睡。日內因早起太早，寅正即興，枕間至卯正二刻始睡，日中又未得少息，精神疲困，不克振作。天氣稍熱，本日汗透衣共三次。又念困倦難支，身當重任，而衰憊若此，實深悚惶。

四月初三日

早飯後見五局。委員稟請理文件。見客三次。圍棋二局。寫沅弟信一封。見客二次。小睡片刻。巳初二刻溫詩經〈車杕杜〉。午初核科批，寫掛屏四幅，對聯四付。中飯後至幕府談。閱本日文件，核批札各稿，改信稿數件。傍夕小睡。接閱賊圍六安甚急，全無退志。夏又燈下批書屏一幅。又調彭、毛、劉至六安。二更後溫古文論著類。

初四日

早飯後寫澄弟信一件 寫沅弟信一件 與屠晉卿圍
棋二局 清理文件 見客二次 旋小睡片刻 巳初二刻溫詩
經魚麗南有嘉魚南山有臺 午刻核科房批稿 寫挂
屏四幅 中飯後至幕府鬯談 旋閱本日文件 核批札
各稿 寫沅弟信一件 夜又添沅弟信四葉 核各批
稿 二更後溫書論語數章 是日大雨傾盆 竟日不息 念六
安城牆恐有坍塌 又以鮑軍不能速援為之憂灼窘皇
又念年荒穀貴 加以水災 不知天意如何 直恐人類
盡矣 憂灼長嘆

初五日

早飯後見客二次 衙門期也 旋清理文件 出門拜客 拜會
共五處 親拜者六處 巳正歸 圍棋二局 午刻核房批
稿 寫對聯六付 中飯後至幕府鬯談 旋閱本日文件

核批札各稿。傍夕小睡片刻。燈後接信，六安業已解圍，偽忠王竄入廬郡，又未上犯鄂境，為之一慰。核信稿、批稿多件。二更後溫經我論。在接沅甫信，猶力辭湘撫一席，欲改武職云云。

初六日

早飯後清理文件，寫沅弟信一書，見客二次，與屠晉卿圍棋三局。已正溫詩，蔡蒲荔。午刻見客二次，莊思永帶來法帖多種，中有三希堂帖，又有宋拓皇甫碑、王虛舟跋，非僞蹟也。又有大觀帖、王夢樓、姚姬傳手蹟，賞玩片時。附許寫對聯十付。中飯後至幕府一談，閱本日文件，寫李少荃信一件、申夫信一件，調度諸軍，擬一長咨。又核批札各稿。傍夕小睡。燈後再核批札稿。二更溫原道、原性、原毀等篇。自二月中旬後，日日愁悶。本日天氣晴明，彰聞六安解圍、賊匪下竄之信，心中為之曠快。

初五日

早飯後清理文件，旋見客三次，圍棋二局，溫詩蓼蕭、湛露、彤弓、菁莪。陳虎臣來久坐，旋與同至楊樸庵處看病。午正歸，閱三希堂帖。中飯後至幕府鬯談，閱三希堂帖，閱本日文件。申正寫沅弟信一件，閱戴東原與彭尺木書、孟子字義疏證理十三條。燈後批朱雲巖稟，核批札各稿。二更後溫古文論著類韓文四首。

初六日

早飯後清理文件，旋見客二次，與程太翁、劉開生各圍棋一局，又觀渠二人一局。見客一次，溫詩經六月篇。午刻核科房各稿，寫對聯十一付。中飯後至幕府鬯談，見客三次，寫沅弟信一封，閱本日文件頗多，看孟子字義疏證。傍夕小睡。夜批唐桂生稟，又核各批，溫論著類中柳文、歐文各二首。余少時讀書，見先君子於日入後燈上之前小睡片刻夜間精神百倍余近日亦思法之日入後於竹床小睡 燈後治事果覺清爽 余於起居飲食按時按刻各有常度 一一皆法吾祖吾父之所為庶幾不墜家風

初九日

早飯後清理文件 旋見客二次 圍棋二局 寫莘庵信一封 溫詩數首 采芭車改 午刻核科房批稿 寫對聯七付 大壽字五個 中飯後至幕府一談 閱孟子數疏 閱本日文件 至刻倦甚不能作事 王香倬來久談 又與程石洲圍棋二局 在寫零字甚多 核批稿多件 二更後與李眉生 洪琴西談唐雀九事 雀九以本日到省 余以匯款正在十分吃緊之際 咎其不應輕離汛地 故未與相見 是日接奉廷寄二件

初十日

早飯後見客二次衙門期也圍棋二局清理文件見客二次溫詩吉日鴻雁夜如何其沔水午刻核科房批稿寫對聯七付中飯後至幕府鬯談歐陽小岑來久坐申刻閱本日文件核改摺稿并各批稿至二更畢旋批唐桂生小年是日巳刻寫沅弟信一件

十一日

早飯後清理文件旋見客二次改摺稿一件與屠晉卿圍棋二局鄧伯昭來久坐溫詩經鶺鴒常棣及白駒歐陽小岑搬至署中與之同飲久談鄧伯昭又來一坐閱本日文件核批札各稿酉刻改行稿一件燈後與小岑一談核批札各稿改禁止擄船之示稿二更後倦甚不能作字寫零字頗多是日未刻與小岑圍棋一局

十二日

早飯後清理文件，與小岑圍棋一局，旋見客二次，與小岑久談。巳刻溫詩黃鳥、我行其野。午刻寫對聯七付。中飯後至英帥府晤談，旋陪醫人至內室看病。又與程石洲圍棋二局。閱本日文件甚多，內有嚴渭春中丞信中抄寄渠與司道論湖北軍務一函，地勢之熟，詞氣之謹，均不可及。又范伯崇長信一函，言川東買米蘡萬不必復局。巳刻核批札各稿，茇叔之摺四件一清單。郭遠堂新授江蘇五府糧道，來見，久坐。傍夕寫告示四條，燈下寫畢。二更後溫通書，三點睡，是極未洗腳。

十三日

早飯後清理文件，旋見客三次，又圍棋二局，寫沅弟信一件。又見客二次，內有舉人陳錫周、貢生王栘仁、生員陳守和，皆楊德亨之所薦也。溫詩經斯干篇。中飯後至英帥府晤談，旋見客陳雲臣、趙惠甫，均談甚久。閱本日文件

申正甲支來久坐　酉正去　核批札各稿　戌刻莫子偲來偕
談及轉注一事　夜核各批稿　二更溫通書畢　渴睡
不復能支　殆因日長未能小睡之故

附記

筱仙託容式甫買器物

十四日

早飯後清理文件　寫沅弟信一件　圍棋三局　見客四次　杜文
瀾小舫坐甚久　為少鹿軒生六久　午刻寫扁一幅　寫橫幅一首
約二百字　中飯後至幕府諸談　閱本日文件　申正閱批
札各稿　傍夕寫對　李南信在竹床小睡　燈後與小岑一敘　旋
溫詩各年節南山篇　傍思大君以生殺予奪之權授之將
帥　猶東家以銀錢貨物授之店中眾夥　若保舉太濫　視
大君之名器不甚愛惜　猶之賤售浪費　視東家之貨財不
甚愛惜也　介子推曰竊人之財猶謂之盜　況貪天之功以為己

力乎余則略跡之罔羈人之野程謂之盜況假大君之名器以市一己之私恩乎余忝居高位惟此為不敢力挽頹風深為慙愧天之氣漸熱余寢甚熱不能多臥一回也

附記

○左信　○沅保單　○三函摺　三函批單

黃彬案供摺稿

十五日

早答文武員弁賀朔見客十餘次至辰正畢清理文件於杜小舫來談頗久巳初二刻小睡約半時許核寄左季高函午正二刻畢請客吃中飯觀劉開生與程穎芝圍棋一局飯後又與開生一局閱本日文件申正至幕府鬯談酉刻核批札各稿至正二刻小睡燈後與小岑鬯談旋溫詩正月篇

附記

○少荃信　○雲仙信　○沅信
○釐金告示

十六日

早飯後申夫來久談 清理文件 寫沅弟信一件 圍棋二局 於寫少荃信一封 巳正小睡 午初核科房批稿 中飯後至幕府畧談 寫宣紙小橫卷子未畢 閱本日文卷 申正寫雲仙信至刻 申夫來畧談一時許 傍夕小睡 夜核批札各稿頗多 至二更二點畢 溫古文論著類 司馬溫公 蘇老泉各一首

附記
毛○ 黃○ 江○

十七日

早飯後清理文件 於改信稿六件 與屠晉卿圍棋二局 見客六次 陳究臣坐頗久 午刻寫對聯七付 小字卷百餘字 中飯後至幕府畧談 陳氏妾病勢日篤 心緒作惡

程穎芝太翁來，與之圍棋三局。閱本日文件。正刻寫毛寄雲信，添四葉。戌刻至竹床小睡。在核批札稿，溫詩十月之交、雨無正篇。

十八日

早飯後清理文件，旋見客二次，與屠晉卿、歐小岑圍棋二局，旋又見客三次。午刻寫對聯七付。中飯後與小岑久談，閱本日文件，旋至藩府一談，核批札各稿，寫意城信一封，見客一次，核鹺務札稿、示稿，至二更四點核畢三件。是日接澄弟初三日自竹山坳發信，知希庵之病尚未愈，是夜睡不成寐，為近日所罕見。

附記

申夫信　　沅信　　希信

十九日

早飯後清理文件，旋寫申夫信一封、沅甫信一封，見客來見共六次坐見者二次 圍棋二局 又觀屠晋卿与小岑一局 巳初正二刻小睡 午刻寫對聯三付 挂屏二幅 中飯後至莊中府一叙 閱本日文件 核批札各稿 將江西釐金密札核定 傍夕与睦岑暢談 旋小睡片刻 在樓少坐 信知崑山於十四日克復 欣慰無已 改沅弟信 酌擬摺稿 未畢 二更四點睡 不甚成寐 是日早飯時落門牙一箇 十一年十月因喫著觸齒動搖 搖已及年餘 至是脫去 頗得相安

附記

○万両摺片　　○留黃南坡片

運司丁妻李蓮於三月十日解万両至雨花台

○提九江關每月三万両

廿

早飯後見客二次 衙門期也 杜文瀾來久坐 与之圍棋二局

核改沅弟謝恩摺畢 巳初小睡片刻 午刻作余謝恩摺代沅弟辭巡撫一摺 中飯至黃中府邸談 申刻作摺畢 閱本日文件 核批札各稿 傍夕至鄒宅看病 鄒世兄患瘧症久未愈也 夜核各批稿 本日改沅弟摺中數句未妥 再四斟酌 迄未甚愜 是夕陳氏妾病甚篤

附記

改方自由見摺

申信

沅信

京信

湖南委人解銀一万藥四万至沅處 廿日送

廿一日

早飯後清理文件 再將昨擬摺改妥 見客七次 李朝斌來談頗久 看小岑與屠晉卿圍棋一局 旋又自對一局 寫沅弟信一 書江方伯來談片刻 巳刻小睡不及二刻 午刻寫小屏二方約百餘字 中飯後至黃中府邸談 旋閱

半日文件　与子德小岑一談　巳刻改万篪軒請辭江蘇
藩司缺一片　酉刻改李希賜謚建祠恩一摺　燈後
与小岑暢談　改信稿三件　批札稿數十件　二更四點
睡　已覺困憊不支矣

附記

子佩信　温季謚　唐謚　澂書

廿二日

早飯後清理文件　寫申夫信一　周子佩信一　与屠晉卿圍
棋二局　旋見客三次　鄧伯昭　蘇少村談甚久　閱小旻之詩
午刻將發謝恩摺一函　沅弟撫浙之　恩旨疏恭録一函　李
希謚建祠之　恩又附万方伯辭藩篆一片　寄曾閣讀麟
進京　中飯後至莊芝甫府一談　旋与程穎芝圍棋三局　申
刻閱本日文件甚多　寫沅弟信一　甚倦　夕小睡　酉刻核
与小岑暢談　閱何廉昉所集蘇詩對聯　因閱蘇詩

黄縣一卷是日淫雨竟日徹夜不息憂灼之至皖南到處食人人肉始買三十文一斤近聞增至百二十文一斤句容二屬亦八十文一斤荒亂如此今年若再凶歉蒼生將無噍類矣亂世而當大任豈非人生之至不幸哉

附記

官信　沈信　蘇松漕

廿三日

早飯後清理文件見五局委員一次溫詩小兆与屠晋卿圍棋二局又觀屠与小岑一局旋核沅弟保摺寫對聯二付中飯後与小岑對弈二局至幕府鬯談申刻閱本日文件旋又核沅弟保單傍夕小睡夜核少荃信知崑新克復一進江陰無錫一進蘇州為之欣慰復少荃信一件二更後核批札各稿三更睡

廿四日

早飯後清理文件　旋見李鎮朝雉面定一切章程遣之赴
滬　旋見客四次　坐見者二次　寫沅弟中丞信一件　澄弟信一
封　與屠晉卿圍棋一局　見趙惠甫鬯談　閱馮景亭所撰
減蘇松太浮糧摺子　中飯後與筱泉圍棋一局　許信
臣來久坐二刻許　閱本日文件甚多　至幕府一談　酉
刻核沅弟保單　至二更核畢　核批札各稿　三更睡

附記
改二摺　三片
歐信
刪竹

廿五日
早飯後見客三次　衙門期也　旋清理文件　至城外河干拜許信
臣　鬯談良久　巳正歸　圍棋二局　又觀客圍棋二局　午刻陳虎
臣來久談　清理文件　中飯後至幕府一談　閱本日文件　核批
札稿甚多　至二更始畢　內有劉克庵查山徽勸捐抽釐稅一
案　江西藩司詳一三副朱一案　大費經營　二更後改摺

稿一件未畢　近日看棋所困　本日四局　費光陰至一時之久
將正務丟了以後戒之　未刻寫沅甫信一件

附記
○雲信來　○杏南信　○附至　○清帖

廿六日

早飯後清理文件　旋見客四次　內工部主事葉毓祥坐稍久
新聞外而不服衷麻語涉荒唐可惜也　圍棋一局　改摺稿畢
又核定一摺　摺午刻核科房批稿　寫對聯六付　小睡片刻
刻中飯後至花帥府邸談　旋改近日軍情及請餉一片　至
晡時方畢　又在竹床小睡片刻　刻在飯後與小岑圍棋一局　旋
又核改片稿二件　二更三點畢　申刻寫杏南信一件　閱本
日文件　是日接奉廷寄二件

廿七日

早飯後清理文件　旋見客坐見者二次　立見者三次　與程

類芝圍棋二局又觀程與小岑一局溫詩經小半見客坐
見者三次立見者四次核科房批稿數件中飯後
至幕府鬯談閱本日文件寫官帥信一件沅弟信
一件核批札各稿陳氏妾病篤頭語醫藥入于煩惱
又因劉克庵在徽郡辦捐抽釐心緒煩惱不願作事旋
與小岑圍棋一局旋寫雲字甚多余近日於公事多
延擱不辦又憂東南之亂方興未艾心緒極惡本
日發報即請簡大臣來南於欽差幫辦中分去一些責
任稍輕二更後與小岑鬯談

附記

○江西十條批　○雲二詳批

廿日

早飯後清理文件旋見客二次杜小舫坐甚久旋圍棋二局
見客五次坐見者二次劉開生坐頗久區匠核改黃莘農

信稿，至未初畢。又與小岑圍棋一局。至幕府一談。申刻閱本日文件。至酉刻核諸札批稿。夜閱老泉樂論等篇。二更三點洗澡一次。四點睡。天氣甚熱，四更始成寐。

附記

沅信　○希信　意信說江事　○竹信說料

事　○壽安卡員　○許灣卡員

廿九日

早飯後清理文件。旋見客二次。核改信稿。巳刻見客一次。楊畏高坐最久。午刻核科批稿。改沅甫信一件。中飯後與隨岑圍棋二局。寫沅弟密信，論勸儉志謹明強六字。寫未畢。許信臣來久談，約一時半。旋將沅信寫畢。申與洪琴西論皖南事，請其寫信與續先。戌刻至幕府一談。接信知含山已克。壽叔

亦有可解圍之棋。在又與筱泉圍棋一局。本日文件
於丑刻閱畢。其批札各稿則竟未核擬。積
閣甚多，對之不能了也。二更三點又與洪琹西談
邪門各事，說話太多，倦極。睡不成寐，三更四點稍寐。
四更五點，聞號哭之聲，則陳氏妾病革，其母痛哭。
余起入內室省視，遂已淪逝。時五月初一日寅初刻也。妾
自辛丑十月入門，至是十九閱月矣。謹守規矩，不苟言
笑。內室有前院後院，後院曾到過數次，前院則終未一至。
足跡至中廳廊前為止。自壬戌正月初三吐血後，常
咳嗽不止。余早知其不久於世矣。料理各事畢，不復就
寢。妾生以庚子十二月初四日辰刻，至是年廿四。

附記

右信

五月初一日

自五更起至黎明盡倦齋不見客飯後與小岑圍
棋二局疲困不能治一事巳刻寫澄弟信一封郭意城信
一封李希庵信一封午正在竹床小睡中飯後又與小岑
圍棋一局寫郭雲仙信一封閱本日文件核批札各稿
極多蓋昨日應核之件併於一日也晡時畢夜又與小岑
圍棋一局改信稿三件睡不甚成寐是日內室後房
皆陳氏之母與兄嫂爲之申刻大殮竟日聞其母號泣
之聲心緒殊劣

初二日

早飯後清理文件旋見客二次寫沅弟信一封圍棋
二局巳刻見客二次有譚秉鈞者自稱彩化布衣獻書
言其著作頗多氣象亦尚崢嶸但欠沈著耳倦甚雜
取高僧傳閱之在竹床小睡中飯後至幕府談談
閱本日文件核批札各稿核三月下旬扣單夜與小岑

圍棋一局二敗一二不能治子何其憊也

附記

○抄周詒樸信與雲仙

初三日

早飯後清理文件見五局事負一次陳氏妾出殯暫置于龍王廟停厝於圍棋二局寫雲琴信一封李善蘭壬叔楊峴見山來坐攜陳碩甫先生奐行一紙知已由城中逃出至滬言將來皖來年八十二歲段茂堂之弟東南精於經學小學者此巋然僅存矣萬篪軒陳虎臣先後來久坐寫易邢甫李小泉信各一件午正小睡中飯後至幕府略談閱本日文件極多至酉刻畢疲甚不能多作事夜在與小岑圍棋一局二更後渴睡不復能作事是日接沅弟信知雨花台石壘及金陵南門外賊壘一概攻破

初四日

早飯後清理文件，旋見客一次，又立見者二次，與曉岑圍棋二局，寫澄弟信一件、沅弟信一件，將江西報銷全清查十條批札細核，未畢。中飯後至藩幕府談，旋閱本日文件，傍夕閱本日文件，在又核江西報銷全十條批稿，二更四點僅核一半，睡後不甚成寐。

初五日

日內身體疲乏，若有病者，遂本日賀節之文武員弁概不見。早飯後與小岑圍棋二局，寫沅弟信一封，將江西局詳十條再核一二條，倦甚，在竹床小睡。中飯後請楊畏而遇節，旋又與小岑圍棋二局，閱本日文件，又核江西報銷全十條中之一二條。夜飯後又與小岑圍棋一局，又核批一條，三更歸，睡。日來疲困不克自振，荒於圍棋。余素性畏熱，每年初熱時困倦不自持，今年尚不甚

甚不知何以獲愆困之若此

附記

○李信託碩甫寄

諭旨

早飯後清理文件，旋見客二次，寫少荃信一件，已刻倦甚，在竹床小睡，午刻楣弟自京歸，雜閱京信、京報。中飯後至幕府一敘，閱本日文件，與小岑圍棋一局，將江西清查案內十條核畢，又核批札稿，頗多改。燈後改師禁擄米船稿，約三百字，夜又與小岑圍棋一局，改批稿數件，三更睡。是日大雨如注，申作申止，大為歲虞之憂。又閱翁毛援壽之師不能解圍，苗逆之勢頗熾，焦灼之至。接京信，季弟得謚靖毅（毅），與溫弟謚愍烈，似更榮寵，且慰且愧。又接三次誥軸四軸，共四次，為請本身一軸，共一次，又接舊生執照姪紀瑞一張，雪琴

三子永釗一張

附記

家中誥命九軸　應生執照一

希庵誥命　二應生寫未畢

初七日

早飯後清理文件　於寫沅弟信一件　雪琴信一件　見客四次　趙惠甫與鄧伯昭坐頗久　中飯後至幕府邑談　於寫對聯十二付　閱本日文件　核批札各稿　莫子偲來　將所得唐寫本說文木部重寫一編　將以刊刻公諸同好　余與同至內銀錢所　囑為之精刻　其所為校勘記　將待陳碩甫先生來訂定　而後發刻　又與同至邵家一坐　傍夕歸　燈下與小岑圍棋二局　二更後略閱蘇詩　倦甚　三點睡　是日接家中十六日信　知紀澤定以四月廿六日起程來營

初八日

早飯後清理文件　旋見客四次　內見客者一次　寫左季高
信約八百字　羅少村來久坐　與小岑圍棋一局　午刻核批
札稿　寫對聯八付　中飯後再圍棋一局　至幕府鬯談　梅伯
言之子紹箕來久談　閱本日文件頗多　旋至小岑處鬯談
申正閱批札稿　傍夕小睡　夜核批札稿頗多　渴睡殊甚
二更後添左季高信一葉　早睡　倒床即得甘寢

初九日

早飯後清理文件　見客二次　又立見者四次　將沅弟摺稿
批示一切　約三百字　寫沅信一件　核定江西摺尾並批稿發
去　午刻黃子思來久坐　中飯後至幕府鬯談　袁錢二庵
來久坐　閱本日文件　寫希庵信一件　與希庵信一封
小岑圍棋一局　核批札各稿　燈下核畢　至小岑處一談
觀人已抄冊抄余文頗多　自以無實而享盛名　愧怍不
寧　二更四點睡　三更四點始得成寐

初十日

早飯後見客二次。衙門期也。清理文件。旋見客三見共五
次。蔡奐瑸自綏與招佳村之舅直真千餘人來與之久談，談論雄
奇闳爍然亦可謂中。共与小峯圍棋一局。王萬欽本可雪
渠之弟中友也。午刻程頴芝來圍棋二局。申飯後並弟中府
一敘。鄧守之之子解宗作鄉於本日寅正在公館因去世。完
白先生之孫也。余派人料理殯殮，其父曾福
託我發訃告植。余以公私繁冗久未一省視，不知其一病不
起，有負重託，殊為歎然。閱本日文件，酷熱疲倦不
耐。治事並小峯雲一坐。核批机要稿。偏久在竹床小睡。燈
下寫雲峯字甚多。改擬稿二件。四更四點睡。熱甚不能
成寐，因至竹床睡。四更後乃醒。床仍不能甜寢，老年
畏熱。二君態侵尋日甚。日寫中丈信一件，盡其力。精負擔
戕賍

附記

○金丙珪民寄湖北　○許仙屏民寄京

十一日

早飯後清理文件　見客四次　梅世兄坐頗久　又蔡吳瑞引其友蔡嘉園等來見　與談一切殊少實際　與小岑圍棋一局　溫詩巧言　何人斯　熱甚　移至求闕齋一坐　核批札稿　中飯後至幕府坐談　閱會試題名錄　知許仙屏中第四十名進士　為之欣慰　本日新到文件甚少　巳刻閱畢　溫卷伯芻荊題一次　至刻核批稿甚多　傍夕朗誦七言律詩　極倦　後與小岑圍棋一局　二更後改近日軍情片稿

十二日

早飯後清理文件　旋見客二次　溫詩經谷風　蓼莪　大東三篇　巳刻萬篪軒來久坐　小睡片刻　午刻寫對聯三付　掛屏三幅　熱甚不能多寫　中飯後至幕府

敘。旋與小岑圍棋一局。閱本日文件甚多。棻岑來要一敘。核批札各稿。天熱殊甚。余性畏熱，遂覺無處可以栖身者。傍夕朗誦蘇詩。在竹床小睡。稍徹後與小岑圍棋一局。二更後清理文件。至庭院小睡。二更三點後尚不能坐，床熱氣偪人。三更後改在求闕齋內一寢，不能成寐。念世事艱大如此，而吾精力衰憊，不能治事，深用惴惴。是日發報二摺三片。

十三日

早飯後清理文件。旋溫詩經四月、北山、無將大車、小明。熱甚。見客二次。何小宋坐頗久。楊畏高來久坐。與小岑圍棋一局。午刻熱甚。睡中飯後尤熱。閱本日文件甚多。極熱。至內室竹床小睡。核批札稿。傍夕又在庭院小睡。又至幕府一談。江達川來小敘。燈後與小岑圍棋一局。核改信稿多稿。雖熱，不能治事。三更始睡。竟夕不甚成寐。

十四日

是日酷熱異常。早飯後，候選道丁杰請余與司道出城看礮，砲共放二十餘砲，惟第一砲落地開花，而又恰中植旂之處，餘或不落地而開花，或不中植旂之處。旋刻歸，與劉開生圍棋一局，又觀劉與小岑一局。寫澄弟信一件，沅弟信一件。溫詩鼓鍾篇。小睡約一時許。中飯後，與小岑圍棋一局，閱本日文件，熱甚，竟日睡於竹床，竟夕令人搖扇，見客一次，倚床批札稿，旋睡竹床，竟夕汗不止，亦不甚成寐，始在庭院睡，三更後移入內室，五更後又移出階外，畏熱疲憊如此，豈復堪任艱巨，為之悚然。

十五日

早飯後見司道一次，旋又見客三次，又立見者二次，清理文件。奇熱異常，竟不能作一字。接家信甚多，澄弟二次、沅弟二次，除閱家信外，幾過一晝。午刻與屠晉卿圍棋二局，竟日

睡於竹床令人搖扇 中飯後又與小岑圍棋一局 陽湖惲
自金陵歸 王昇六自家鄉來 均在此久談 閱本日文件
疲乏不復能治事 在於竹床久睡而已 傍夕核批札各稿
核與小岑略談 核奏 廷寄係四月廿七日所奏奉到批回
共二更三點 洗澡一次 即在庭院露宿 三更三點移入室
內 風雨倏至 稍得清涼 為之少快

附記

紀鴻科考

十六日

早飯後清理文件 旋見客 立見者三次 坐見者三次 方存之 孫
琴西坐頗久 接楊杏農信 寄詩古文各一本 略一繙閱
寫九弟信一封 與小岑圍棋一局 天氣熱甚 竟日在竹床久
睡 令人搖扇 中飯後又圍棋一局 申刻閱本日文件 燈刻又
圍棋一局 二更 批稿甚多 竟至積閣 不能核閱 傍夕至

幕府談燈後在竹床小睡甚久二更三點入內室睡是
夕少得清涼為之稍快

十七日

早飯後清理文件旋見客二次劉小鐵與郭壽民坐頗
久寫沅弟信五葉與程穎芝圍棋三局又觀小岑與程二
局午刻薛金來一談以桐城繁劇難任求即卸事閱歐
陽硐東詩中飯後又與小岑圍棋一局閱本日文件頗
多閱鄧湘皋古文小睡時許酉刻核各批稿信稿將
日積閣之件并核畢傍夕至幕府一談燈後與小岑談
敘時許溫古文論著類畢溫詞賦類前數首

附記

○意城函說夏令

十七日

早飯後清理文件見客三次又坐見者二次寫郭意城信

寫紀鴻兒信，與小岑圍棋二局。午刻，涂朗軒來久談。中飯後，閱本日文件，溫詩經楚茨、信南山，倦甚，在於內室小睡。傍夕，閱朱子題跋，津逮祕書中之一種也。至幕府一叙。夜又與小岑圍棋一局。二更後，閱朱子題跋。倦甚，奄奄欲睡。

十九日

早飯後，見客三次，又坐見者三次。寫希庵信一件。午刻閱東坡題跋，與程希轍圍棋二局，又觀程與小岑二局。中飯後，見客一次，閱山谷題跋，閱本日文件，與小岑圍棋二局。溫詩經甫田、大田、頍弁。批札稿。傍夕，至幕府一談。夜溫古文詞類，讀離騷經，業畢。天氣甚熱，睡不甚成寐。是日聞水師攻破草鞋夾各賊壘。

廿日

早飯後，清理文件。旋見客三次，衙門期也。旋見一鄉溫世

京，廣東嘉應人，已丑舉人，氣象和厚，由海道解餉七萬至上
海來皖，良爲可感，與之久談。旋與屠晉卿圍棋一局，又觀
屠與程潁芝一局。又見客四次，内坐見者二次。寫雪琴信一
件。午刻核霆營保舉單。中飯後又與小岑圍棋一局。
旋核保單，約一時許畢。閱本日文件，改多，約二時許
畢。核批札稿。傍夕至幕中府一叙。是日聞溫甘京浣輪
船過九洑洲，見該逆業已克復，不知信否。旋與小岑鬯
談。天氣鬱熱，不能多治事也。旋溫離騷經畢。二更三
點洗澡，三更睡。熱甚，不甚成寐。

附記

○賴西保案　雜保多案

廿一日

早飯後清理文件。旋見客三次。蔡吳瑭著商談甚久。又李壬
叔帶來二人，一張斯桂，浙江蕭山人，工於製造洋器之法，一張文虎

江蘇南匯人精於算法並通經學小學為阮文達公所器賞於寫沅弟信八葉又見客一次與小岑圍棋一局觀甚小睡中飯又與小岑圍棋一局於閱本日文件溫詩瞻彼洛矣裳裳者華於批札各稿接沅弟與雪琴信知九洑洲克復之喜知我軍苦攻六晝五夜雖殺賊二三萬而我軍亦傷亡二千餘人可敬也傍夕至幕府一談燈後甚不能治事即在屋院竹床小睡三更後以床不甚成寐五更仍至竹床一睡是日將陳氏妾葬於茅嶺沖山中係懷寧西北鄉在安慶城西十五里命巡捕成天麒經紀其事

廿二日

早飯後清理文件於見客五次又坐見者四次蔡利賓坐頗久即邑村之蔡表園蔡壽瑤招之借來者也與屠晉卿圍棋一局馬學使來久坐寫沅弟信一件溫詩桑扈鴛鴦頍弁車舝

中飯後与小岑、樾岑閱本日文件，又与晉卿圍棋一局，熱甚
若無處可以避暑，自移步在杉竹床小睡，移枕杉枕老稿
傍夕至花中府飯，在庭院睡至二更三點，又在階上睡
至三更一點始入房，臥就寢，極熱，不甚成寐

廿三日

早飯後清理文件，旋見客三次，又立見者四次，与小岑圍棋
二局，寫沅弟信一封，溫詩經青蠅、賓之初筵，在竹床久睡
中飯後又圍棋一局，熱甚，在杉竹床久睡，閱本日文件，旋
又熟睡，令人搖扇，日入後清理批札各稿，寫少荃信，楊
昌岐來，二更後始將李信寫畢，溫古文辭賦類，二
更四點在庭院乘涼，三更後始入內室

廿四日

早飯後清理文件，旋見客四次，又立見者二次，寫沅弟信一件
圍棋一局，熱甚，在竹床久睡，首勒來此一談，中飯後又圍

棋一局閱本日文件 天氣酷熱 不復回辦治一事竟日
小睡竹床 鄧小芸送其父湘皋先生書各種 內有
沅湘耆舊集二百卷 因取王而農鄧些
庵諸家一閱 傍夕至花中府一散 夜又圍棋一局 二更
後閱批札各稿 三更畢 熱不敢入內室 臥在庭院
久睡 四更後始移床裡 不敢掩帳也

廿二日

早飯後見客 二夜衙門期也 清理文件 旋與小岑圍棋一
局 寫沅弟信一封 天氣奇熱 有石床此係戲首居此
附西置久之 然不用本日在石床久睡 中飯後又圍棋一局
閱李文正公詩 閱白香山詩 申刻天轉西北風 稍有涼
意 至酉刻甚涼 連日樹影蒸之 氣為之稍解 外間望雨甚
殷 極以不得雨為觖望 至酉正至花中府閒談 燈下又在竹
床久睡 二更後改摺稿二件 片稿一件 核批札各稿

三更睡，漸涼，稍減嗽矣。

廿六日

早飯後清理文件，旋見客二次，又立見者三次，畏熱殊甚，本日早間稍涼，亦在床久睡，令人推扇。午巳刻與小岑圍棋二局，閱白香山詩集。中飯後改克復九洑洲摺稿，閱本日文件，內有禮部議覆從祀聖廟一疏，毛奇齡祔之，又議准顧、黃、楊繼盛、劉向、鄭衆、盧植，議駁尚謹嚴。寄鮑三之事。傍夕至花巾府遂談，燈後與小岑遂談，二更後改信稿二件，又近日軍情一單，劾江西卡員。三更改畢，睏甚，即在庭院久睡，三更三點入內室，亦不成寐。是日申刻寄信一件與沅弟，寄銀一万為犒賞克九洑洲之資，洋鎗二百桿與能營。

廿七日

早飯後忽作嘔吐，余向有此病，每數月或半年輒發，頃大約

浮熱沸於上，進飲食多未消化，而後之飲食繼至，故煩滿
而作嘔。每次禁腥葷、節飲食，即可痊愈。因病不能見客，不
能治事。與程穎芝圍棋二局，又觀程與小岑一局。竟日在
右床上小睡，令人搖扇。閱津逮秘書中之六一詩話、後山
詩話、彥周詩話、呂居仁詩話。中飯後與小岑圍棋一局。
又閱津逮秘書中各數種。發報四摺四片二清單。
接奉廷寄，即十二日發摺奉到批迴者。閱本日文件，核批札
各稿。傍夕至花中府一談。極病勢未痊，仍至庭院竹床
久睡。至三更二點始入內室，小小床睡，亦不甚成寐。李夫人云
其男人也多暇，自此甚出人也不遠矣。余身當大任，而月餘
以來竟日暇逸，不可言言。公私廢閣，實深慚悚，惟當迅速
核劾去任，以免愆尤乎。

廿日

早飯後清理文件，稍見客四次。閱王朝治言言。鮑春霆在

紫盦山叢合圍卷 在竹床上久睡 病尚未痊疲乏殊甚 閱
放翁題跋 與小岑圍棋一局 旋溫詩經魚藻采菽角弓三篇未
刻畢 閱本日文件 申刻又圍棋一局 將放翁題跋閱畢
核批札稿 傍夕至幕府一談 在庭院久睡 倦甚 又與
小岑圍棋一局 在庭院睡 二更始入內室

廿九日

早飯後清理文件 旋見客三次 寫沅弟信一封 嘔吐之病經
旬而止 進若枵枵不自得也 仍在竹床久臥 閱魏室山題跋
與小岑圍棋一局 午刻核科房批稿 中飯後熱甚 若不克
自持者 旋食西瓜一斤 閱本日文件 溫詩有菀者柳都人士
采綠黍苗 晚飯豆粥一碗 天氣甚熱 北風酷暑少退
剃頭一次 圍棋一局 至幕府一敘 万廣軒 在幕中中會
睡後溫九歌九辯 是日接奉 廷寄二件

卅日

早飯後清理文件，旋見客二次，与屠晉卿圍棋一局，又觀渠

与小岑一局。寫左季高信一件。柯竹泉來，小叙片刻。圍

棋一局。温詩經黍苗、隰桑。午刻在竹床久睡。中飯後，接

奉廷寄一件。閱本日文件，核改信稿。温詩白華、綿蠻、

瓠葉、漸漸之石。熱甚，在石床一睡。傍夕至藩府一談。在

庭院久睡。二更後核批札多稿，三更畢。是日吃藥

至三次，西瓜一次，胸膈間若微有停滯，殊不爽快。

六月初一日

早間因病，由不見客。早間飯後拜發萬壽題本，賀七月

十二日慈安皇太后萬壽，又有沅弟、雪琴表賀摺同

時拜發。旋將皮小箱李篁仙、朱久香各京信自添數行。又添寫許仙

屏信一件，添厲伯符、劉韞齋信各數頁。温詩苕之華、何

草不黄。与小岑圍棋一局。午刻寫希庵信一件。小睡半

時許。中飯後，閱本日文件，温詩文王、大明。在石床上久睡。

看人在後院種竹約七八十竿 傍夕楊君之高來久談 二更去 約李眉生來久談 商派人至許灣辦鹺事 三點始睡 小岑來談頗久 是日聞紀澤已於二十八日至九江矣

初二日

早飯後清理文件 旋見客三次 又立見者五次 接華廷壽甫信 飭將蘇松太倉浮糧折表議減 畧一讀之 彰於盛淑 與小岑圍棋一局 巳刻驟雨 大風雷霹靂 望劉開生方元徵來久 坐 午刻紀澤到此 晴 袁榆生外甥 王叶亭同來 又有三客同來 應酬說話頗多 中飯後陳作梅來談 閱本日文件 天氣燥熱 神思昏倦 傍夕至幕府談 燈後與澤兒閒話 旋核批稿 二更三點後核札稿 睡後不甚成寐 以本日公私事多 稍稍疲憊也

初三日

早飯後清理文件 見五局委員一次 又見客多 坐見者一次 立

見客三次，寫沅弟信一件，与小岑圍棋一局，旋在竹床久睡。中飯後溫詩鈔一葉，閱本日文件，又在竹床久睡。病體遂未全痊愈，若不克自持者，疲憊已甚，午飯即不能多食。請陳岱云看脈開方，亦未服之也。傍夕至幕府一談，旋与小岑久敘。是日自申刻以後，未治一事，公私廢閣，慙悚無已。

初四日

早飯後清理文件，旋見客三次，又坐見者一次，寫沅弟信一件，与小岑圍棋一局，程穎芝圍棋一局，溫詩《棫樸》、《旱麓》，在竹床久睡。中飯粗備酒席，請劉新到女壻、外甥及諸客同吃，余小坐即另席吃飯，以尚禁油葷也。閱本日文件畢，旋在於石床久坐睡。酉正溫四書之詩，閱核批札稿。傍夕至幕府鬯談，在与小岑久談，在庭院久睡。二更後与紀澤談学問大端。三點後，定家寧卿茶落地稅一案。三更睡，不甚成寐。

初五日

早飯後見客二次 衙門期也 旋清理文件 改信稿數件 與小岑圍棋一局 天氣奇熱 在竹床小睡極久 午刻鄭慕徐來一談 中飯後極熱 有鑠金流石之象 閱本日文件 在內室臥床久睡 至酉正溫詩 皇矣篇未畢 傍夕至幕府一叙 初更後在庭院露睡 直至二更三點始入室內清理公牘

初六日

早飯後清理文件 旋見客二次 寫彭杏南信一件 沅弟信一件 改雪琴信一件 與小岑圍棋一局 在竹床久睡 午刻核科房批稿 中飯後酷熱 三易裳 汗出如雨 旋閱本日文件 在石床上久睡 至酉刻溫詩 皇矣畢 雲漢篇 傍夕與紀澤閒話 至幕府一叙 猶與小岑圍棋一局 二更後在庭院露睡 三更後入內室 酷熱極深已也

初七日

早飯後清理文件 旋見客一次 寫院中丈弟信一件 与小岑圍棋一局 天氣奇熱 不能治事 巳刻陳作梅來 談二時許 中飯後熱極 閱本日文件 在石床久睡 石亦蒸熱 如新被火煅者然 申正又与小岑圍棋一局 汗下如雨 酉刻溫詩下武 文王有聲 傍夕与澤兒問話 夜熱極 在庭院久睡 二更後核批札稿四點 在庭院睡 四更入內室就寢 竟夕不能成寐 蓋天氣之熱為近數年所無 而余亦年老倦甚矣

初八日

早飯後見客二次 清理文件 旋寫沅弟信一件 与小岑圍棋一局 在竹床久睡 熟甚 溫詩生民篇 中飯後在石床一睡 閱本日文件 極熱 步溫生民篇畢 行草幕 酉初出外 拜客三家 至城外江干納涼 傍夕歸 在庭院久睡 接信知壽妳於六月初四

在被陷毛牧綏翼殉節深為憤悒二更後接逵寄二征清
理文件三點在庭院露睡三更移入內室因亢熱不能
成寐四更三點後出庭院露睡直至天明

初九日

早飯後清理文件李王琳來久坐圍棋二局張鳳翥來
与論壽叔先後補救各事宜聞城中紛紛言有兇在西門金
保門外攫食小孩并聞在城內市人譁驚張未曾深為兇兩城
市謠傳紛紛必有野獸闖入城關犯住家也派滕嗣林劉
士衡至城外一查云有物如巨狗於八日四更攫食小孩未死城內之連
在譁驚則尚未查得實據至華市府一談午刻溫詩既蘇
中飯後閱本日文件改洛孔稿見客二次在竹床久睡
溫詩息尼驚至刻身體不爽快在與小崇圍棋一局二
更後體中不適殊甚聞參使馬雨農之母於本日未
刻病故

初十日

早飯後清理文件，見客二次，又坐見者一次，旋改楊厚庵信稿一件　信一件，與程穎芝圍棋一局，又觀程與小岑一局，在竹床久睡。中飯後亢熱殊常，在石床久睡，旋閱本日文件頗多。申刻轉北風，似雨不雨，出外至馬學使處再談，與莫子偲久談，酉刻歸，核批札各稿，燈後與小岑圍棋一局，二更後清理批札各件，三更畢。天氣甚涼，惱人，未得佳睡。

十一日

早飯後見客二次，又坐見者一次，清理文件，改摺稿一件，作稿二件，與小岑圍棋一局，改金陵圍城并收壽州失守一摺，未畢。中飯後又圍棋一局，作梅來久談，渠新喪長子，相對黯然。作梅言人而家運極壞，有人所難堪者。閱本日文件，旋又改摺，至日晡畢，約千六七百字。至幕府一談，燈後又改一摺，至二更。

四更入睡 殊形勞乏 幸本日不甚熱耳

十二日

早飯後清理文件 旋見客二次 寫少荃信一件 沅弟信一件 楊厚庵來久談 圍棋一局 午刻核科房批稿 中飯後圍棋一局 閱本日文件 見四川駱制軍公牘 知石達開業已擒獲正法 溫詩經假樂 篤公劉 熱甚 申正轉北風 作將雨之勢 下落雨甫動 燈後滴而止 傍夕至見中府一談 旋又圍棋一局 核批札稿至二更三點畢 是日恭逢 先妣江太夫人忌辰 營中亦未設祭 亥刻後擬羅摺三行

附記

○沈信　○南岳批　○黃慶案 交吳大姆

○彭吉安案　○左鹽咨　七句摺

○何銑案 ○周語樣　○希信

十三日

早飯後清理文件 旋見客三次 又立見者二次 寫沈幼丹信
一件 約千餘字 與小岑圍棋二局 王明山軍門來一敘 午刻核科
房批稿 又批修南岳二廟等 中飯後又圍棋一局 接奉
廷寄及荼邨一信件 閱本日文件 申正溫詩泂酌卷阿 倘久
天氣漸涼 夜與小岑圍棋一局 核批稿十餘件 溫離騷九辯
夜甚涼 天氣亢旱 而夜涼特甚 恐大有礙於歲事矣

十四日

早飯後清理文件 旋寫澄弟信一 希庵信一 王瑞臣錫信一 與
小岑圍棋一局 核改廣信鹽釐 旋見客二次 中飯後又圍棋
一局 閱本日文件 溫詩經民勞板 核批札稿 至幕府一談
倘久 讀鄭箋民勞板 便飯 倦甚 小睡 二更二點出外查街 三
更歸

十五日

早飯後清理文件 文武官弁賀朔者甚多 至辰刻應酬畢 巳刻至

馬學使霽公來拜　與小岑圍棋一局　旋溫詩經蕩蕩　中飯後
溫畢　閱本日文件　溫詩抑篇　酉刻核批札稿未畢　至英中府
一談　夜核批札稿畢　與紀澤論古人行文造句用字之法　二更三點
睡　是日大雨竟日　巳午間至申刻時作時止　雨不甚大　清後及
入夜極大　天明後始息

附記

印渠信○　俊臣信○寄徠銀　曉岱信○
霞裳次青多　德安卡員　河口卡員
雪琴進京○希庵 希多　宗鼓當務○　王治覃送交葉
甄甫　札調甘鍇張　查貴輔入營

十四

早飯後清理文件　旋見客二次　改信稿數件　圍棋一局　午刻在竹
床小睡　中飯後閱本日文件　溫詩桑柔未畢　申正核批札各稿
至正卿子偲來久談　燈後又與小岑圍棋一局　溫詩桑柔　二更三點

畢。是日接家信，知蕙妹病體已愈。

十七日

早飯後清理文件，旋見客二次，又立見者一次。李壬叔、張嘯山、張魯生來，圍棋一局，又觀張與李一局。巳刻見客二次，說話稍多，業已倦矣。溫詩雲漢。午正小睡。中飯後與小岑圍棋一局。溫詩崧高未畢。閱本日文件甚多，旋核批札稿，至酉正未畢。王莼甫來一談。燈後與小岑一談。核批札稿畢，寫沅弟信一件，與紀澤論及家事。二更三點睡，目蒙，神倦。

附記

○改沅摺并寄，二日　○擬飭知，五日

○寫少荃信　○錫仙信

王朗山到任

十八日

早飯後清理文件，旋見客二次，又立見者一次。改信稿數件

巳刻見客二次圍棋一局溫詩崧高巳正小睡午初改李棠
信稿一件中飯後溫詩蒸民閱本日文件核批札稿甚多
未正畢核寫扁字十餘個剃頭一次傍夕至幕府一談核又
與小岑圍棋一局溫蒸民篇畢倦甚二更三點睡申刻[illegible]
劉印渠信三葉

十九日

早飯後見客十次內王治覃坐頗久巳刻孫琴西方宗誠先後
來談後勞倦甚矣清理文件與小岑圍棋一局午刻小
睡半時許中飯後又與小岑圍棋一局爲沅弟改一摺稿
閱本日文件申正核批札各稿核又改摺稿傍夕至
幕府一談核又圍棋一局改摺稿至二更始畢天氣
甚熱睡不甚成寐

廿日

早飯後見客二次衙門期也程穎芝來圍棋二局又觀渠與小

劣一局，清理文件，寓雲仙信一封，午刻熱甚，小睡，中飯後與小劣圍棋一局，溫詩韓奕未畢，閱本日文件，核批札稿，傍夕寫對聯五付，夜寫沅弟信一封，閱邵位西古文一冊，多道光中年位西未官京朝以前所為，其道光廿三年及咸豐年間所為，存此十篇，一二蓋杭州失守，位西之著述散佚殆盡矣，為沅弟料理摺件，二更始畢

廿一日

早飯後清理文件，出外拜客二家，送郭遠堂之行，至江方伯處一談，歸來熱甚，寫少荃信未畢，見客嵩英一談，劉開生來久談，圍棋一局，又觀劉與程穎芝二局，為時頗久，散時已午正矣，甚矣棋之廢日力荒正務也，在石床小睡，將少荃信寫畢，中飯後溫詩韓奕畢，閱本日文件，核批札各稿，至未畢，溫詩江漢至楹溫畢，二更三點睡，眼蒙殊甚，幾不能視

廿二日

早飯後清理文件，旋見客二次，又立見者八次，核批稿數件，圍棋一局，改信稿四件，溫詩經常武篇。中飯後陳虎臣來久談，閱本日文件，核批札各稿，傍夕倦甚，在竹床小睡。與小岑圍棋一局，旋又至小岑處一敘，倦乏已極，體中又小不適也。

廿三日

早飯後清理文件，見客三次，又立見者六次，寫希庵信一件，圍棋一局，疲倦殊甚，飯食少減，寫沅甫弟信一件，已正小睡頗久，午初溫詩，臨帖，中飯後閱本日文件，極少，溫詩，呂晏又圍棋一局，申刻核批札各稿，傍夕至幕府一談，在改馬學使之母輓聯，旋溫古文詞賦類，二更困乏尤甚，與紀澤話家常多，是日閱鮑春霆病勢不輕，又閱申夫一軍十七日小挫湖口，賊勢浩大，又閱壽卿援師蔣毛不和以致貴切，為之憤懣憂灼。

廿四日

早飯後清理文件 旋見客二次 寫沅弟信一件 圍棋一局 改江軍門信一件 約四百字 巳正小睡 午初溫詩 清廟 寫挽聯一付 中飯後再圍棋一局 閱本日文件 核批札各稿 溫詩 維天之命 維清 酉正至幕府一談 倦甚 考核各字義 二更與紀澤論小學 二點後出外查夜 至三更歸 睡不甚成寐

廿五日

早飯後見客二次 衙門期也 旋出門至學政處作弔 至楊樸庵處看病 觀其安閒漠定 視死如歸 不愧學道君子 自然病則十分沈重 豈可挽回矣 至火藥局看新造之牛碾 巳正歸 與小岑圍棋一局 寫意城信一件 午初溫詩 到文中飯後再圍棋一局 溫詩 昊天有成命 我將 閱本日文件頗多 核批札各稿 至傍夕未畢 燈後始畢 又圍棋一局 溫

程驛惜誦

附記

六月十六東局領派呂椿恒解銀三萬至沅弟處

曾恒德帶鄂對

德安許恩培　項珂保知縣

位置超五儔　札程鼎芬

廿日

早飯後清理文件　旋見客三次　又六安紳士來見一次首府見一次　與小岑圍棋一局　寫左季高信一次　午刻溫詩閒蓮軌競罗文　中飯後圍棋一局　閱本日文件　擬作摺稿　遂將本日之應辦批札各稿置之不辦　俳佪久之　又寫介唐信二葉　而下半日遂未作一事　傍夕至幕府一談　極懶於作奏　又與客魯秋航圍棋二局　二更後與紀澤論作字之法　是日應辦奏稿方不誤次日發

極之期，一念之惰，遂廢本日之常課，又懸集而不走
期，乃知天下百病生於懶也。

附記

蕭孚泗請書

撤姚

札丁丞江南等開花子

廿七日

早飯後清理文件，旋見客二次，又立見者三次，寫沅弟信一
封。改摺一件，午初畢。陳虎臣來久談，又改片稿二件。中
飯後圍棋一局，閱本日文件，核改信稿二件，添雪琴
信二葉，核批札稿甚多，傷夕畢。至幕府處談，旋
核二摺，二更又核定人之恩摺之件，昨日未能作摺，今
日趕緊為之，總期摺差曾德慶同京城帰。閱皇
月京報，二更後溫《涉江》、《哀郢》。

廿八日

早飯後清理文件，旋見客二次，又立見者三次。出門至河干看砲船。東流紳士領以防民間滋事。步歸。寫季君梅信一件。圍棋一局。午刻溫詩臣工、噫嘻、振鷺。中飯閱本日文件。圍棋一局。見客一次。溫詩豐年、有瞽。核批札各稿。疲倦異常，體中小有不適，因在竹床久睡，至二更三點醒，床上睡一刻。

廿九日

早飯後清理文件，旋見客三次。寫彭盛南信一件。程穎芝來圍棋二局，又觀程與小岑一局。巳正小睡半時許。午刻溫詩潛、雝、載見、有客。中飯後溫武、閔予小子。閱本日文件。天熱不可耐。又圍棋一局。小睡片刻。核批札各稿。傍夕至帥府一敘。酷熱甚，在庭院小睡。二更後核一長批，至三更一點始畢。

七月初一日

早间各文武贺朝雁邀縂玉臣刻始畢清理文件与柯竹
泉圍棋一局已正小睡午移稼科房批稿溫詩话語
敬之小岑中飯後清理本日文件旋又与小岑圍棋一局
中正楼批札稿至剡撤改桐城抵征批稿讀踏財許
未悉下筆偶夕至華府一談後又圍棋一局溫離
騷二篇倦甚即睡

同治二年七月初一日

早間文武賀朔趨蹌紛紛至巳刻始畢清理文件與柯竹泉圍棋一局已正小睡午初核科房批稿溫詩訪落敬之小毖中飯閱本日文件旋與小岑圍棋一局申正核批札稿至酉刻擬改桐城抵征批稿躊躇許久未能下筆傍夕至幕府一談夜又圍棋一局溫離騷二篇倦甚睡

初二日

早飯後見客坐見者五次立見者四次精神已倦矣與清理文件與小岑圍棋一局午初見客一次小睡片刻溫詩載芟未畢中飯後溫畢溫良耜篇閱本日文件核批札稿至夕未畢核查庭院 洪濟 再核批札稿至二更三點畢是日公牘甚繁疲乏之至不勝也

初三日

早飯後見客，孟渲、詢生談甚久。清理文件。疲倦已甚。在石床小睡。與小岑圍棋一局。楊畏高來，略談。溫詩絲衣。到中飯後溫桓、賚、般。閱半日文件。申正核批札各稿，傍夕未畢。至官帥府一談。夜核改桐城抵征章程批，二更未畢。

初四日

早飯後見客，五度生談最久，疲乏甚。又清理文件，寫澄弟信一封。圍棋一局。小睡片刻。午刻核科房擬稿。溫詩駉、有駜。中飯後閱半日文件，改批札稿，將桐城抵征章程批畢。傍夕至官帥府一談。夜圍棋一局。清理文件，未畢。出外查夜。三更睡。

初五日

早飯後見客三次，衙門期也。旋又立見者二次。清理文件。寫沅弟信一封。與小岑、程穎芝各圍棋一局。又觀程與劉開生一局。巳午刻會，旋又見客一次。溫詩津水，中飯後溫畢。閱本日文件。核批札各稿。酉刻與王金二甥坐談家中瑣事，旋又至幕府一談。旋略理公牘，溫屈賈騷賦，若有所會。

初六日

早飯後清理文件，旋見客三次。何小宋坐最久。寫毛寄雲信，頗長。與小岑圍棋一局。巳正見客一次。午初溫詩，閱宮孫渠要略談。中飯後溫閱宮至申刻畢。閱本日文件，核批札稿，未畢。與紀澤論作古文之道，旋核批札各稿，至二更四點畢。日來自念耳目太短，不能察吏，心計太拙，不能籌餉，當此鉅任，實不稱職，心以為愧。

初七日

早飯後清理文件，旋見客五次，皆立見也。寫沅甫信一件。郭

奏臣信一件　巳刻小睡片刻　午刻見客一次　溫詩邪至祖
中飯後溫之多篇　閱本日文件　申正核批札各稿　剃
頭一次　傍夕至幕府鬯談　夜飯後與小岑圍棋一局　旋
七茂二更三點睡　是日天氣鬱熱　三更常燈上時大雨傾
竟夜不息　至次早辰刻始住

附記

○崇吳藝和　　崇吳秉衡

○雪朱鳳台對

初八日

早飯後清理文件　旋見客一次　又立見者一次　寫多爺處信
一件　巳刻見客一次　陳寬臣坐頗久　午刻溫詩長篇　中
飯溫詩殿武　申刻閱本日文件　與小岑圍棋一局　酉刻
見客二次　核批札各稿　傍夕至幕府一談　夜核批札
稿　信稿　至二更三點畢

初九日

早飯後見客二次孫承既王治覃坐皆甚久清理文件於又見客立見者四次寫李少荃信　復郭雲仙信一件因雲仙昨日來署廣東巡撫之命專人去送信也另屠晉卿圍棋一局午刻見客二次方儀軒方存之坐頗久中飯後閱周官太宰小宰　閱本日文件　略核批札稿未畢　寫對聯數付　傍夕至莊中府一敘植溫客難子盥趾

附記

雲耳信

史鏡和對一付 左　曾孔彰對一付　葛崇軒　對一付

壽對一　掛屏六幅　贈聯二 雲亭 竹房

參六斤　呢羽毛各二丈　銀五十兩

竟階信

壽對一　掛屏四　參半斤　銀三十　鈔界尺一 水晶界尺一

丹閣信

誥軸二 中和 星五　對二付 丹閣 任夢　銀二千　金廿 樊友 三酉房 費

劉三爺

誥封九軸　奠儀三十 鹿生　靴四一張　樓肴銀弍百兩

初十日

早飯後清理文件，旋見客一次，衙門期也，又立見者四次，寫沅弟信一封，朱雲甫信一封，與魯秋航信，圍棋一局，小睡片刻，溫周官宰夫、宮正、宮伯、膳夫，中飯後雜錄詁訓，閱本日文件，極多，至小岑處一談，渠日內小有病也，核批札各稿，傍夕至幕府一談，夜溫上林賦，三刻寫對聯七付

十一日

早飯後見客一次，清理文件，旋又見客二次，又坐見者一次，寫沅弟信一件，與魯秋航圍棋一局，小睡，近半時許，午初核科批稿，溫周禮庖人、外饔、內饔、亨人、甸師、獸人、漁人、腊人，中飯後雜錄詁訓小記，改摺稿一件，閱本日文件，改信稿一件，核批札各稿，傍夕至幕府久談，夜又圍棋一局，溫上林賦

十二日

早飯後見客二次，清理文件。旋寄舟閱琳信一封，改行稿一件。午刻見客二次，小睡。行刻溫周禮醫師、食醫、疾醫、瘍醫、獸醫、酒正、酒人。中飯後錄話訓記，閱本日文件。圍棋一局。寄堯階信一件。傍夕至節府一談。核批札稿各件未畢。補歸去未發萬城壁等萬壽日恭逢慈安皇太后萬壽，黎明至萬壽宮拜牌。辰刻點名一次，即慈禧所招之彭勇也。申刻發報二摺三片。酉刻接奉廷寄一件。料理盛四回家所送各禮。

十三日

早飯後見客二次，衙門期也。清理文件。出門拜客，至孫慕西處小坐，旋至楊樸庵處，再晤渠。本日卯刻仙遊，甫經小殮。歸寓，與魯秋航圍棋一局。見客一次，又立見者三次。午刻溫周官遺人、遂人。閱沅弟信中所寄各件。洪琴西

所接葉吳汪朱各信件中飯後溫醢人醯人鹽人
冪人宮人掌舍幕人閱本日文件寫扇一柄核批
札稿未畢至幕府一敘夜核批札稿畢二更後與紀
澤論古文之法旋溫蜀都賦是夜不能成寐

十四日

早飯後見客一次清理文件又見客三次寫沅
甫弟信一封劉開生來久坐圍棋一局已正小睡片刻
午初溫周禮大府玉府內府外府司會司書職內職歲
職幣司裘掌皮內宰中飯後雜錄訓詁小記閱本日
件
久簡寫手卷約二百字寫對聯八付核批札各稿至
幕府一談寫澄弟信一件夜倦甚目不能開視旋閱
古文敘記類二更後小睡二點出外查樁三更歸睡

十五日

早起體中不適辭不見賀望之賓飯後見司道一次

又出見之客六次 清理文件 雪琴來此久談 巳刻出門
拜客三家 午正歸 讀內小臣 閽人 寺人 內豎 九嬪 世婦 女御
女祝 女史 典婦功 典絲 典枲 內司服 中飯後雜錄詁訓小記 閱
本日文件 鄧小芸來一敘 申正圍棋一局 旋核批札稿
寫手卷百餘字 傍夕至花中府一談 燈後眼蒙倦甚 不能作字
睡與紀澤言古音學古書之精 二更三點睡 頗能成寐

附記
一帳　二臨　三鄭　四家　五存
六字　七說　八唐　九湘　十鄂
卯畫　辰寫　巳信　午看
未記　申文　酉批　戌讀

十一日
早飯後清理文件 旋出門至河干拜彭雪琴 久談 巳刻歸 見
客二次 寫少荃信一件 巳正小睡 午初溫周禮縫人 染人 追師

廉人夏采請雲琛便飯陪客為王子敷鄧小芸方存之朱
正未刻散閱本日文件 玉彩圍棋一局旋核批札稿傍夕
至幕中久談核核批札稿二更畢與紀澤談音學旋
温古文傳記類上

十七日

早飯後清理文件 旋與屠晉卿圍棋一局 見客立見者
三次又與小岑圍棋一局午刻溫地官司徒中飯後雲
琛來久談錄詁訓小記旋閱本日文件 甚多酉刻
核批札稿寫扇二柄傍夕又與小岑圍棋一局在溫
古文詞雜類寫申夫信一件 是日接信知袁午橋
業已仙逝臨終有遺函寄余中云勿以苗逆為可易勿
以長淮為易收讀之悚動哀感 天氣亂後乾燥後至
庭院歇涼約半 刻許

十八日

早飯後清理文件 見客二次 又立見者三次 寫家信與
澄侯弟 與魯秋航圍棋一局 寫沅弟信一件 午刻杜
小舫來久坐 讀周禮小司徒 中飯後溫鄉師鄉大夫 錄詁
訓小記 閱本日文件 擬開一清單 與易丹甫寫數行 兩楊
畏高來 與之小敘 旋與小岑圍棋一局 酉刻核批札稿
傍夕至幕府一談 夜畏熱 在竹床小睡 二更後核批札
稿 四點睡 因床上過熱 在竹床久睡 四更後腹泄 不能
成寐 至黎明凡泄瀉三次

十九日

早飯後見客二次 清理文件 旋寫幼丹信 內一清單未畢
寫沅弟信一件 圍棋一局 孫琴西來久坐 午刻溫周禮 鄉
長 黨正 族師 閭胥 比長 書人數 師 舞師 牧人 牛人 充人 午
正雪琴來一談 出門拜錢警石先生 未晤 至萬篑軒家赴
讌 飲畢 大雨如注 酉刻歸 閱本日文件 戌刻核批札稿

看圍棋一局旋又核批札稿與紀澤論漢晉文人二更後倦極思睡困臥猶未睡睡之故本夕甜眠未醒

廿日

早飯後見客三次又立見者四次清理文件與魯秋航圍棋一局雪琴來與談片刻至藩府修改刻石宮一單與沈幼丹至午正二刻方畢未刻至江方伯寓赴讌在坐爲江黃何及李眉生陪雪琴申正歸閱本日文件未畢李申夫范雲吉來共談良久傍夕散去將本日文件閱畢旋與小岑圍棋一局二更後核批札信稿二更四點睡

附記

白杉

○核保單

廿一日

早飯後清理文件見客二次又坐見者四次寫沅弟信

一件，與魯秋航圍棋一局。午刻若子偶來久坐，旋讀
周禮載師、閭師、縣師、遺人、均人、師氏、保氏。中飯後
溫畢，錄詁訓小記。閱本日文件，與小岑圍棋一局，倦甚，
小睡。作楊樸庵挽聯一付，傷之。夕至玉麓中府一談，在內
睡頭疼，旋核批札稿。二更後閱杜牧之七律。

附記

寄澄信 初四號

無爲州一 此萬二千兩 七月十五解 米六千石
七千五百兩 五月廿六日解 米六百石

廿二日

早飯後清理文件，見客三次，又立見者二次，核保單。巳刻
旋與魯秋航圍棋一局。李申夫來，談甚久。江達川、朱葉
豐岩等但久談。中飯後寫挽聯，經帳。閱本日文件。
申正寫對聯十餘付。酉刻核保單畢。玉麓中府一談。
燈下與小岑圍棋一局，核批札稿。二更二點畢。溫詞
賦類數首

廿三日

早飯後清理文件。五局。委員來見，旋又見客，坐見者二次，立見者四次。寫雲仙信一封，陳宪臣信一封，未久談。寫沅弟信一封。午刻雪琴來，中飯後始去。與魯秋航圍棋一局。閱本日文件。申正小睡片刻。酉刻核批札稿，改信稿五件。傍夕批紀澤聯珠。旋至幕府一談。燈與小岑圍棋一局。二更後與紀澤一談藝。

廿四日

早飯後清理文件，寫澄弟信一封。至書院月課，出題：好仁不好學其蔽也愚；詩題：眼明見此玉花驄。旋至高蕙甫家弔。歸寫毛寄雲信一封，厲伯符信三葉。巳正小睡片刻。午刻溫周禮司諫、司救、調人、媒氏、司市、質人。中飯後雜錄話刊小記。閱本日文件。與屠晉卿圍棋一局。旋至小岑處一坐。核批札信稿。見客一次。傍夕至幕府一談。燈溫書，釋文二

更二點出外查夜三更歸頻覓二年苦憶全睡不甚成寐

五更早醒

附記

劉節母王馳書孝人宜甫之姊藏山之後七十壽壁砧

課讀　依妹甯用氏

落地稅片　崇鄂万林美雯和

廿五日

早飯後見客三次衛門期也清理文件至楊樸庵處安川禮渠・家本日受弔不收奠儀雅家存季高信來畢与小米圍棋一局龐綿侯湛霖來久坐温周禮廛人胥師賈師司虣司稽晉肆長泉府司門司關掌節遂人雲耕來一談中飯後雜錄話訓小記閱本日文件又圍棋一局寫右信畢約七百餘字接家信及沅弟信論臨務內抄奎多眉生郭筠仙多件偏夕通戌中府一談摧核批札稿甚多二更三點粗畢自覺

用心稍苦睡不甚成寐

廿六日

早飯後清理文件旋見客三次又立見者四次改信稿一件圍棋一局習字一紙午刻江芳伯來談旋出門拜龍太史湛霖范戶部泰亨又至西門看新修之城乃知此城所以屢修屢坍甚以中用土瓦石堆塞未用細土隙以築故也此次所修者仍不免崩塌出城至雲棨船上中飯雲階因言修城之道貴於去年中堅四字甚愜余之陋也飯後拜劉南雲申刻歸閱本日文件核正改摺稿一件旋与筱岑圍棋一局改信稿二件二更四點睡

廿七日

早飯後清理文件旋見客二次又立見者二次改信稿二件与魯秋航圍棋二局午刻見客一次溫地官遂大夫縣正鄙師酇長里宰鄰長旅師稍人委人土均草人稻人土訓誦訓

午正二刻請龍芝生花雲吉李申夫等便讌申刻散閱本日文
件酉刻發摺四件 核批札稿 傷夕至幕府一談 核
與小岑圍棋一局 核溫陶詩 倦甚眼蒙而睡

廿日

早飯後清理文件 旋見客 坐官一次 旋又見客 坐見者二次 立
見者二次 與小岑圍棋一局 馮展雲學使自江西進京 過九江
時恰遇輪舟之便 因來一敘 唯談約一時許 雪琴亦來久談 申
末核溫周禮 山虞 林衡 川衡 澤虞 迹人 卝人 角人 羽人 掌葛
掌染草 掌炭 掌荼 掌蜃 囿人 場人 廩人 舍人 倉人 司稼
舂人 饎人 槁人 飯後見客一次 閱本日文件 錄詁訓小記
酉刻寫對聯五付 掛屏一張 龍芝生來久談 傷夕至幕府
一敘 核又圍棋一局 核批札稿 溫羽獵賦 是日為客多所困
幾不能靜一刻

附記 保華蘅芳 徐壽

廿九日

早飯後清理文件 旋出門拜馮展雲學使 久談 歸寫沅弟信一件 圍棋一局 又寫毛寄雲信一件 見客一次 午刻溫周禮太宗伯 中飯後寫話初小記 閱本日文件 改復恭親王信稿 良久未成 傍夕至幕府一談 旋與小岑圍棋一局 又觀小岑與人奕 二更後核批札各稿

卅日

早飯後見客二次 旋清理文件 蔡芥舟來久談 旋又見客二次 談均甚久 圍棋一局 午刻請馮展雲 彭雪琴 蔡芥舟 何小宋便飯 坐談良久 申刻始散 閱本日文件 酉刻寫對聯 付至幕府一敘 旋與小岑圍棋一局 核批札稿頗多 二更四點始睡

附記

〇 初三日寫郭信寄徐許 銀子一百

李蓮於六月十日解万金至金陵 兩淮皖捐 而後解三万

八月初一日

是日停止文武賀朔之員 早間不見一客 清理文件 巳刻見客一次 又立見廿二次 圍棋一局 膳四月上中旬糧臺咨回報 午刻見客一次 溫周禮小宗伯肆師 未刻溫畢 見客一次 又立見廿一次 閱本日文件 錄雅訓雜記 核批札稿 因眼蒙不敢治事 在籐竹床小睡 傍夕至幕府一談 旋聞莫子偲近日氣病之狀 為之於邑 與小岑圍棋一局 旋閉目不治事 因眼紅作疼也 是日杜小舫上淮南鹽務十二辦 甚為詳晰

初二日

早飯後見客之次 旋又見客三次 清理文件 寫沅弟信一件 方存之周縵雲先後來談 午刻摺差自京回 接看京信京報等件 旋讀周禮鬱人鬯人雞人司尊彝司几筵 中飯後閱畢 錄雅訓雜記 閱本日文件 見客二次 又立見廿一次 午出門至內軍械所 觀所為洋火機 再閱京報 傍夕至幕

府一談，与王少岩談金陵進兵事。夕在与宗小岑圍棋一局。核批札稿。二更四點睡，不能成寐，三更後略成寐，五更即醒。是日紀澤兒与朱楡生、叶亭等赴金陵大營。閱鄭彝民彬彬古旨物故，悼其家運太壞，為之惘然長嘆。接奉廷寄二件，內一件因沅弟保金安清，諭旨飭切訓誡。

附記

壹万四千八百九十六两　另文買米

一万八百九十八两文副將王源泰解

皖鹽釐　喬文鄭解沅

呂樾恒解昆万

翌日

早飯後見客二次，又立見者三次，清理文件。寫豐仙信一封。圍棋一局。添厚庵信二葉。寫春霆信一封。又見客三次。午刻讀周禮天府、典瑞、典命。中飯後錄雅訓雜記，閱本日文件。見客一次，又与小岑圍棋一局。核批札稿。傍夕至幕府一談，在又核批札稿。右眼甚疼，不敢再治事，至小岑處久談。二更三點

睡五更醒不甚成寐

初四日

早飯後清理文件 旋見客立見共二次 又坐見共六次 楊見山孝廉坐談 與圍棋一局 寫家信一件 疲倦頗甚 劉開生來 與談經學 中飯後圍棋一局 旋閱本日文件 眼蒙小睡 四刻 核批札稿 傍夕至幕府一談 寫對聯五付 夜又與小岑圍棋一局 眼蒙殊甚 不敢治事 在竹床久睡 旋上床睡 甚能成寐

初五日

早飯後清理文件 見客二次 衙門期也 又立見共四次 寫少荃信一封 添雲仙信二葉 與魯秋航圍棋一局 寫沅弟信一件 午刻小睡 溫周禮司服典祀守祧世婦內宗外宗冢人墓大夫職喪 中飯後溫畢 閱本日文件 錄稚訓雜記 四刻 核批札各稿 傍夕小睡 至幕府一談 旋與小岑圍棋

一局，二更後朗誦古文，閒攝眼蒙殊甚

初六日

早飯後見客三次，又坐見者四次，清理文件，寫沅浦信一

封，圍棋一局，因眼蒙全不作事，午刻，雪琴來久談，李迂

仙送書四部，皆佳本也，中飯後閱續錦機，襄城劉

青藜所作論文章之法，屢仿元遺山錦機之作也，閱

本日文件，又閱續錦機，核批札稿，至花圃一談，圍

棋一局，又閱續錦機，是日天氣甚熱，余因眼蒙故

治事極少

初七日

早飯後清理文件，旋見客一次，又立見者二次，寫李季高

信一件，圍棋一局，午刻見客二次，溫大司樂樂師，中飯請

范雲吉便飯，飯後談，旋又見客一次，閱本日文件，甚多

熱甚，再閱續錦機，傍觀人圍棋一局，至正核批札稿，傷

夕至幕府一談，旋與小岑圍棋一局，二更後再閱批札稿。是日天氣極熱，夜始轉北風。

附記

○茶信　○沅信　○僧信　○希信

劉弟　袁弟　蕭弟

初八日

早飯後清理文件，旋見客，坐見者三次，寫江味根信一封，李申夫信一封，圍棋一局，午刻閱邸鈔，任西書文申，飯後見客一次，溫閱本日文件，閱孫琴西所為古文，核批札各稿，傍夕至幕府一談，旋改覆恭王信，至二更後二點始畢。是日午正習字一紙。

初九日

早飯後清理文件，旋見客七次，坐皆頗多，說話亦多，神已疲倦，與魯秋航圍棋一局，寫沅弟信一件，午正雪琴來久談中飯後見客一次，又立見者二次，閱本日文件，與小岑圍棋一局，改芸生信稿畢，夜閱史記數篇，二更後核批札稿，睡不甚成寐。是日接青陽城中寄信，係初五所發，尚不甚慌亂。

初十日

早飯後清理文件，見客二次，衙門期也。旋又立見者二次，因眼疾過甚，不敢作事，與魯秋杭圍棋一局，在竹床久睡。中飯後閱本日文件，與小岑圍棋一局，見客立見者三次，在竹床久睡。未刻核批札稿，傍夕至幕中府縣一談，夜讀古文辭全類。是日因左眼疾不敢治事，竟日睡而不寐，極悶。夜床亦不成寐，細思修己治人之道，果能常守勤儉謹信四字，更能取人為善，與人為善，以禮自治，以禮治人，自然寡尤寡悔，鬼伏神欽，特恐信道不篤，間或客氣用事耳。

十一日

早飯後清理文件旋見客一次与楊見山圍棋一局旋又見
客一次寫易昀芸隱覆信一件將改摺稿僅改數行而曾
琹來久談旋改摺一半中飯後閱本日文件与魯秋航圍
棋一局將摺稿改畢傍夕至幕府一談燈後核批札
各稿溫古文詞略類是早刻与莫子偲論斠刻書之法
近日眼疼不止本日除改摺之外不敢多治一事在竹床小睡數
次極睡至五更輒醒不復成寐

附記

青案　黃案

十二日

早飯後清理文件旋見客一次寫沅弟信一件黃南坡信
一件閣伯符信一件紀鴻兒信一葉与魯秋航圍棋一局
見客一次午刻讀大師小師瞽矇眡瞭典同磬師鍾師
笙師鎛師　中飯後鈔雅訓雜記閱本日文件与小

芳圍棋一局核批札各稿頗多傍夕至幕府一談植
溫孟子數十章二更後溫羽獵賦是日發報二摺二片
植睡不甚成寐

十三日

早飯後清理文件見客二次坐頗久寫陳作梅信一件
旋又見客坐見者二次立見者二次與魯秋航圍棋一局
午刻溫周禮韎師旄人籥師籥章鞮鞻氏典庸器司干大
卜卜師龜人菙氏占人簭人占夢中飯後錄雜記閱
本日文件核批札稿改僧王信稿傍夕至幕府一談寫
對聯五付在再圍棋一局溫長楊賦是日聞春霆
病重甚系之至睡不甚成寐

十四日

早飯後見客二次清理文件旋又立見者二次寫澄侯信一件
方存之來久坐旋與魯秋航柯竹泉各圍棋一局午

刻讀既程大祝小祝喪祝中飯後錄雅訓小記閱本日文件接
沅侯弟家信二次核批札稿見客一次接柳壽田等知申夫
派陳鄭二將於十里鋪札營被賊圍撲鄭將棄壘出奔陳
將被圍數重焦灼之至至三更中府晚敘棋與小岑談溫
易繫辭 睡不甚成寐五更醒

附記
沅信 家信數件 申信
鶴皆 鹽批 抄去信 坡柑
王扁對

十五日

是日傳齊文武賀朔不見一客早飯後清理文件寫沅甫
信一件寫喻吉三批信二葉寫申夫信一件未畢雪琴來久談
於將申信寫畢與小岑圍棋一局讀周禮向祝司巫男巫女巫
大史小史馮相氏保章氏內史外史御史中飯請李芋仙便飯

閱本日文件 巳正雪琴來久談 午刻方儷軒來久談 申刻寫扁一幅 對聯數付 酉刻小睡 閱鹽務各牘 倦甚小睡 極核批札稿 類多 二更後朗誦詩經大明文王小旻東山諸篇 睡不甚成寐

十六日

早飯後清理文件 見客一次 作劉宅挽聯一付 寫雪仙信一封 與魯秋杭圍棋一局 寫挽聯挽幛 出城拜雪琴雅田赴司道之拜節者 午正二刻歸 改信稿一件 中飯後錄稚刊雜記 閱本日文件 見客 劉本忠壽孫華八 札飭至三河吳獬圍坐 劉言潘瑩平日稍覺近情理 不然至遽謂苗沛霖為叛逆云云 又言潘瑩之妹夫名李鎔鑄尤甚太家 與小岑圍棋一局 核批札稿 類多 倘夕至其中府一談 極核改信稿十餘件 二更後與小岑要一談 疲倦殊甚 不甚成寐

十七日

早飯後清理文件，見客二次，又立見者二次，寫希庵信一件，與魯秋航圍棋一局。楊見山來久坐。季弟自泰州回。接郭雲仙各信。鄧伯昭來，雲琴來，均久坐。是日請雲琴便飯，司道五人陪坐，至申刻始散。閱本日文件。酉刻王孝鳳來久談。核批札稿。傍夕至黃中府一談，旋與小岑圍棋一局。溫古文奏議類。是夜睡頗能成寐。

十八日

早飯後清理文件，旋見客極多，坐見者七次，立見者三次，如杜小舫、陳雲僊及雲琴皆敍談甚久。寫左季高信一件。中飯後閱本日文件。申刻見客一次。巳刻與魯秋航圍棋一局，申刻與小岑圍棋一局。酉刻核批札各稿。傍夕至黃中府一談，旋核改信稿。二更後溫詩經小旻、正月等篇。睡不甚成寐。是日接毛寄雲信，內一

摺一件稿俱已識力文筆亦老

附記

沅信　沅信　添負會審

十九日

早飯後清理文件旋見客多一次出城送彭雪琴之行渠已開行矣歸又見客多次寫沅甫信一封與魯秋航圍棋一局午刻周南山來久坐旋讀周禮巾車未畢中飯後至小岑處一談渠本日子之婚也旋閱本日文件范雲吉來久談酉刻核批札稿極核信稿頗多二更後溫史記睡不甚成寐

廿日

早飯後見客三次衙門期也清理文件旋至馬學使處弔唁渠新有妻喪因母喪未滿百日彌增哀慟再三勸慰又至一指岩看新修倉廒喜其工堅料實為前此間之風

巳正歸圍棋一局　范雲吉看脈一次　與談良久　午刻寫劼剛信一件　中飯後與小岑久談　閱本日文件　又寫劼剛家信　寫對聯九付　核批札稿　傍夕至幕府一談　燈再核批稿　溫史記屈賈傳　睡尚能成寐

廿日

早飯後清理文件　旋見客二次　寫沅弟信一封　與魯秋航圍棋一局　程穎芝莫子偲來談　謄四月下旬五月上中旬三次句校　午刻溫周禮巾車　中飯後溫畢　閱本日文件　申正錄雅訓雜記　至酉正畢　溫東坡廬山七律詩　傍夕至幕府一談　燈溫詞賦類揚雄四篇　睡不甚成寐

廿二日

早飯後清理文件　見客坐見者一次　立見者五次　將鹽務各案清理一番　與魯秋航圍棋一局　巳刻見客一次　午刻周錫雲等談甚久　讀周禮典瑞　中飯後閱本日

文件。与小岑圍棋一局。亥刻再核鹽務各件。傍夕天大雨。在溫古文跋三首。核批札多稿。二更後將史記目錄題識。未畢。是日巳刻寫嚴仙舫先生信一封

附記

諮李將石埠橋之兵米撤回江北　咨揚派船札

石埠橋通江關

廿三日

早飯後見客三次。清理文件。寫鄧雲仙信一件。沅弟信一件。李申夫信一件。見客立見者二次。与魯秋航圍棋一局。午刻讀周禮車僕司常都宗人家宗人凡以神仙者。中飯後看畢。錄雅訓雜記。閱本日文件。核批札稿。傍夕至幕府一談。旋与小岑圍棋一局。二更後將史記目錄題識畢。二更四點睡。是日申刻寫對聯九付

附記

○梁蓀巽頤札　孫琪西差　李廷仙差
○張魯生程儀　○王孝鳳差
廿四日
早飯後清理文件　旋見客二次　看龎作人書一葉　所知
兩好講學　昔在京已厭薄之　本日又來尤為根稂惡劣
甚矣人之不可不務實也　与魯秋航圍棋一局　寫澄侯
弟信一封　午刻讀周禮大司馬　王孝鳳來談極久　中
飯後郭三來雨三之弟也　錄詁訓雜記　閱本日文件
与睢岑圍棋一局　又刻核批札稿　未畢　至幕府
鬯談　夜再核批札稿　改信稿五件　二更後溫詩大明
谷風柏舟詩篇　高聲朗誦　睡頗成寐　是日北風甚
勁　蕭然深秋　歲行盡矣
廿五日
早飯後見客二次　衙門期也　旋又見客四次　清理文件　答李季

高信一件　與魯秋航信　弈圍棋一局　在竹床小睡片刻
午刻溫周禮大司馬小司馬　請王孝鳳張魯生等中飯
申刻散　閱本日文件　核批札各稿　傍夕至莘甫府一談　在
與小岑圍棋一局　核江西生監一案　二更後核江西文代流
攤一案　至三更未畢　睡不甚成寐

廿六日

早飯後拜發　慈禧皇太后萬壽賀本　旋清理文
件　見客一次　又立見者三次　寫李少荃信一件　與魯秋航
圍棋一局　改摺稿一件　中飯後改畢　閱本日文件　改
片稿一件甚長　又核短片三件　與小岑圍棋一局　寫手
卷　楷書百餘字　錄詁訓雜記　核批札各稿　傍夕至莘甫
府一談　在寫字甚多　溫西都賦東都賦五通　睡
尚能成寐

廿七日

早飯後清理文件 旋見客立見者二次 坐見者三次 寫沅甫
弟信一件 類長與魚卿秋航圍棋一局 萬篪軒來久坐 改
片稿一件 中飯後改畢 閱本日文件 寫對聯數付 核
札稿 傍夕至幕府一談 夜核批札稿極多 金二外甥自金
陵歸 與之略談 頗多 批金眉生所為說帖 二更後倦甚
不復能治事 戌刻草擬一摺四行

附記
都將軍綏麓　　鄂陽王楊棠
鄧伯昭保舉　　滕履本任
刋刻試運西鹽章程

廿八日
早飯後見客二次 清理文件 巳刻又見客二次 寫篪軒
信一件 圍棋一局 午刻溫夏官司士諸子 司古 以芳伯來一
談 中飯後陳虎臣來久坐 閱本日文件 柯筱泉來談

私事而作為理直氣壯之狀，心殊不以為然，鬱鬱久之。与范雲吉尚談。是日批札各件極多，因方寸忿恚，遂閣置不辦。旋与小岑圍棋一局，推寫孫方伯信一件，寫零字甚多。是日接奉廷寄一件，即十二日所發摺件批迴者。

廿九日

早飯後清理文件，見客二次，寫郭意城信一件，与魯秋航圍棋一局。巳正在竹床小睡片刻。午刻讀周禮虎賁、旅賁氏、節服氏、方相氏、太僕、小臣、祭僕、御僕、隸僕、弁師、司兵、司戈盾、司弓矢。中飯後看畢，旋錄雅訓小記。閱本日文件，徐毅甫來久坐。酉刻核批札稿極多，夜与小岑圍棋一局，又核批札稿、信稿，至二更三點畢，頗覺疲乏。睡不甚成寐。是日作一[illegible]嚴批申飭程道桓生，心不免忿懥，益信涵養之難。閱方篋軒新作淮鹽運西說帖，頗為詳晰。

卅日

早飯後清理文件 旋見客三次 万篑軒坐頗久 寫沅弟信
一件 与魯秋航围棋一局 温夏官 縫人 稾人 戎右 司
右 道右 大馭 戎僕 齊僕 道僕 田僕 馭夫 校人 趣馬 巫馬 牧
師 庾人 圉師 圉人 中飯後閱畢 録雅訓雜記 見客
一次 核批札多稿 寫對聯五付 挂屏二張 寫字頗多 是
日寓中修造彩盛三間 幕維監出視 極与芘覆告
李幼甫坐 逸談 二更後料理文件

附記

抵徵案出奏 抄桐城批咨部 西鹽案出奏

沅弟 漪賞 御集恩摺

九月初一日

早飯後 各文武賀朔 至辰正畢 旋又会客二次 与魯秋
航围棋一局 謄五月下旬六月上旬粮台报單 午刻温
夏官 職方氏 土方氏 懷方氏 合方氏 訓方氏 形方氏 山師 川

邀師匠人擇人都司馬中飯，咐紀澤男同金陵歸。飯後看工匠修蓋房屋，閱本日文件極多。莫子偲來久坐。寫刻字字掛屏約二百字，對聯二付。傍夕與紀澤說瑣事。夜與小岑圍棋一局，核批札稿甚多。二更四點睡。是日接六月廿二日所發摺件之批旨。餘胡達等進京，劉錫崑在漢口接四芸。

初二日

早飯後清理文件，旋見客一次，寫沅弟信一件，與魯秋航圍棋一局。湘鄉賀滔為壙山子來告狀，久談。午刻讀《秋官》大司寇、小司寇、士師。中飯後讀畢。王孝鳳來久談，閱本日文件甚多。洪琴西來久談，至鐙時始去。又清理批札各稿甚多。二更三點後又改鹽務章程，三更始睡，不能成寐，目又紅腫。似憶咸豐十年閏三月十六日我自名其堂曰八本堂，曰讀古書以訓詁為本，作詩文以聲調為本，事親

以得歡心為本養生以少惱怒為本立身以不妄語為本居
家以不晏起為本居官以不要錢為本行軍以不擾民
為本茲因眷屬將到擬書扁於中廳并錄此八語於後

初三日

早飯後見客二次旋清理文件寫毛寄雲信一件巳刻見客
一次與魯秋航圍棋一局午刻讀周禮秋官鄉士遂士縣士
方士訝士朝士司民司刑司刺司約中飯後溫畢錄詁訓記聞
本日文件頗多核批札稿傍夕將鹽務章程續核一遍
在圍棋一局旋將鹽章核畢二更後目蒙不能治事
三點即睡多能成寐五更醒在床太長耳是日巳刻柯小泉
來談頗久

附記

撤李委王　　羈李萬

初四日

早飯後清理文件旋見客二次寫澄弟信一件圍棋一局對
閱生方元徵張嘯山李壬叔四人來談甚久午刻溫秋官司
盟職金司厲犬人司圜掌囚掌戮司隸罪隸蠻隸閩隸
夷隸貉隸未終讀畢 閱本日文件頗多寫扁四
方自寫二方曰八本堂以咸豐十年閏三月自箴八語
錄於後日前雍和鳴又寫對聯數付方存之來坐
頗久至幕府一敘旋核批札件頗多二更四點睡不
能成寐是日得見管韞山所選讀雪山房唐詩鈔閱
攬片時

初五日

早飯後見客二次衙門期也旋寫沅弟信一件見客二次
出門拜客六家歸寫左季高信一件見客一次溫秋官
布憲禁殺戮禁暴氏野廬氏蜡氏雍氏萍氏司寤氏司
烜氏條狼氏修閭氏冥氏庶氏穴氏柞氏薙氏硩蔟氏

前翎氏赤友氏壺添氏二庭氏衛枝氏伊者氏中飯後溫畢錄雅刻
小記觀昨日所寫扁為匠人誤鉤於紙上壞之惱怒殊甚閱本
日文件核批札稿圍棋一局傍夕至英中府一敘在核批札稿
甚多二更後与紀澤談雜事溫陶詩朗誦十餘篇

附記

唐若馨 德輔 萍洲弟

初七日

早飯後見客一次清理文件旋又見客坐見者三次立見者一次習
字一紙寫陳作梅信一件午刻見客一次讀秋官大行人
小行人中飯後讀畢錄雅刊錄雜記与魯秋航圍棋一局閱
本日文件見客一次談頗久核批札稿傍夕至英中府談極
核定鹽務章程二更後核改批札稿三點後頗疲倦矣
偶思古之書家字裏行間別有一種意態如美人之眉目可
畫者也其精神意態不可畫者也意態超人者古人謂

之韻勝。余近年於書略有長進，以後當更於意態上着些體驗工夫。因爲四語曰：亂屬鷹視，接鍵騰緘，落不落，跳行不行。

初七日

早飯後清理文件，旋見客，立見者三次，坐見者二次。旋寫沅弟信一件。與魯秋杭圍棋一局。寫楊氏族譜序，厚庵所求也，至午正寫未畢。李眉生來久坐。中飯後再寫譜序。與小岑圍棋一局。閱本日文件。申刻黃南坡來久談，約一時許。鐙時去，細核批札各稿。二更後改史士良信，甚長，言江蘇漕減去浮收等。三更睡，不能成寐。

初八日

早飯後見客三次，又立見者一次。清理文件。黃南坡來久坐，一時半。午初圍棋一局。至後院看新造之屋，將次畢工。又見客四次，均未坐。請黃南坡與江萬二君便飯，申刻散。見客一次黃瑜即南坡之長子也 閱本日文件 將楊氏譜序寫畢 共約八百字 傍夕至幕府一談 核批札信稿 二更三點畢 溫古文序跋類 睡尚能成寐 五更醒 是日接沅弟八月廿一日信 又各家信 京信多件

初九日

早飯後清理文件 見客一次 出門至河下拜黃南坡 張錫嶸 巳刻歸 圍棋一局 午刻見客三次 溫秋官司儀 行夫 環人 象胥 掌客 掌訝 掌交 朝大夫 中飯後溫畢 錄雅訓小記 閱本日文件 核批札稿 添刻范雲吉來營談 旋寫對字甚多 與小岑圍棋一局 二更後寫沅弟信一件 溫古文三首 閱公牘雜事數件

附記

沅弟前於六月令劉連捷添募勇四營 朱南桂添募勇三營 易良虎添募勇八營

九月盜內全 黃萬友 文恒久 王萬友 陳盛世 各指一萬 吳光
袁張玉 珂周運斌 羅景集 各指一萬 八營共請湖南協餉六
万兩
彭孟旻又一路內全 劉運樓添募 湘後營湘老後營 朱
惟恒添募桂字老後營桂字新後營 四營共請湖南協餉
一万弍千兩
○惲中丞咨到 宗米價聯措解皖 應速咨復
○札許惇詩 武祖德 查西堤案 移官鹽商鹽多若干
河南懷慶府知府張墨莊號俗之 求調
姚覲光號彥士 姚秋農之孫 戶部員外郎 求調

初十日

早飯後清理文件 見客一次 衙門期也 旋又見客立見
者六次 黃昆南坡來久談 觀其與程穎芝圍棋二局 已午
初矣 旋又見客二次 中飯後錢謦石先生來見 久談 閱本日

文件 出門至幕署借該處作為鹽互市之公局 黃南坡每日至其中一行也 申正歸 核改各批札稿 傍夕至幕府一談 核改壽陽解圍摺稿 溫易經繫辭 朗誦似有所得 三更睡 五更醒 因南坡來鹽互市之局 展轉思維漕務應行變通之處甚多 擬作一長摺入告 籌思已嚮明矣

十一日

早飯後見客一次 清理文件 又見客一次 楊炳軒為余診脈 黃南坡來久坐 約一時許 寫沅弟信一件 午刻溫考工記 中飯後溫畢 見客一次 圍棋一局 閱本日文件 至後院新屋之樓一覽 平日居處之開朗 錄雅訓小記 傍夕陰雨 又至樓眺望良久 核改片稿摺稿六件 又清檢各文件 至二更三點 頭血昏暈 因遂早睡 多能成寐

十二日

早飯後清理文件 閱看新屋匠工 旋圍棋一局 江軍門來

來久談。旋又見客三次。將淮江廣鄂漕解各卷細閱少許。沈霽亭自家鄉來久談。中飯後再閱、核漕務各卷。趙惠甫來久談。閱本日文件。又閱漕務各卷。傍夕至幕府一談。旋核各批稿。二更後檢閱漕務各卷。二更四點睡。三更後稍能成寐。是日簽擬二摺二片。

十三日

早飯後見五局兩兩人，旋又見客二次。清理文件。寫沅弟信一件。圍棋一局。巳刻江味根來談極久。午刻黃南坡來，二客共坐兩時許。中飯後神思困倦，至小岑處一坐。閱本日文件。檢查漕務各卷，摘錄少許，傍夕未畢。旋與小岑圍棋一局。又摘錄漕務各卷，核批札稿頗多。二更三點倦甚，早睡。

十四日

早飯後清理文件。旋寫沅弟信一封。見客二次。圍棋一局。擬作漕務一摺，徘徊久之，不果動手。寫扁字數個、對聯五付孫琴西來久坐，中飯後見客一次，寫手卷約二百字，閱本日文件。申刻後作摺約五百字，傍夕至花中府一談，核批札稿，又作摺件約五百字。三更睡，因用心太過，不能成寐。

十五日

早飯後，各文武賀望者不見一客，旋見客一次，清理文件，圍棋一局，寫扁對數件。午刻易芝陔來久坐，旋請江軍門中飯。飯後閱本日文件，吳飛鸞來久坐。申刻作漕務摺，至傍夕未畢，夜二更三點始畢，約二千餘字，已覺疲乏，睡尚能成寐。

十六日

早飯後至學使馬雨農處送其母出殯，旋至北門外，待靈柩出城後始散。旋至錢馨石先生處久談，得見其族兄衎石先生家書數十本，攜歸一閱，實嘉道間一碩儒也。午刻回寓，見客二次，清理文件，沈葆亭來久談，因留吃便飯。未刻周縵雲等來，與李壬叔圍棋一局，閱本日文件甚多，閱衎石先生

家信至彭侍房屋內看視寫對聯六付傍夕至英幕府一
談夜核批札各稿二更三點倦甚早睡

十七日

早飯後清理文件旋見客三次坐皆頗久又立見者三次圍棋一局
唐呈九江達川來坐皆甚久寫沅弟信一件中飯後閱本日文
件閱寫鄂意城信一件沅弟信一件寫扁對數付傍夕
至英幕府一談夜核批札各稿溫易經書經朗誦數篇
二更四點睡五更早醒

十八日

早飯後清理文件見客一次旋又見客坐見者三次立見者
二次旋圍棋一局午刻又見客坐見者二次立見者二次甫寫信
數行沈舊亭來因留便飯飯後久談閱本日文件未畢矣
彤雲來久坐見客太多神思昏倦申正以後不復能治事
因閱家信錢衎石先生與其弟警石先生家信服其學問

精悍機趣洋溢 至幕府一談 夜与小岑一敘 核批札各稿 二更四點睡

附記

派人至江西隨尚甫蘇可

十九日

早飯後見客一次 又立見者一次 清理文件 寫沈幼丹信未畢 圍棋一局 又寫幼丹信畢 午刻見客三次 黃南坡羅少村談甚久 中飯後見客坐見者三次 立見者二次 閱本日文件極多 又閱京報四十餘本 傍夕至幕府一談 夜核批札各稿 二更三點溫詩經數篇 五點睡

廿日

早飯後見客二次 衙門期也 旋立見者二次 清理文件 寫李少荃信一封 午刻吳飛雲來久談 范雲吉來久談 李眉生來久談 中飯後与小岑一談 閱本日文件 与魯秋航圍棋一局 傍

夕李眉生又來久談燈後与小岑圍棋一局核批札各稿二更後核黃南坡米鹽互市之案批至五點未畢

廿日

早飯後清理文件旋見客坐見者二次立見者二次金眉生談甚久批黃南坡互市案畢午正溫書正工記中飯後圍棋一局改奏片一件閱本日文件寫袁午橋挽聯府付一付係自作自寫一付係希庵之聯程伯旉代作余代寫閱稿夕至幕府一談核寫絳幛數幅核改批札稿信稿二更五點睡甚覺疲乏

廿一日

早飯後見客坐見者二次杜文瀾坐談頗久寫沅弟信旋又見客立見者二次坐見者一次趙惠甫坐談頗久昨日寫袁午橋挽聯下款錯誤本日又改寫一次中飯後小岑來此一敘渠昨日搬至湖南會館也改片稿一件閱本日文件圍棋一局閱沅

文達事蹟圖考 核批札各稿 傍夕至幕府一談 在
閱阮文達文集 二更四點睡 是日發摺一摺二片 又抄郭雲
仙詳文一件進呈

廿三日

早飯後清理文件 見客兩次 衙門期也 焦看生來久坐 與
魯秋航圍棋一局 寫郭雲仙信一件 又見客二次 中飯
後見客二次 旋閱本日文件 酉刻核批札各稿 閱阮文達集
傍夕至新房周視 是日落成矣 夜閱阮公碑帖及書家
南北派諸篇 早年在京曾經看過 今全忘矣 溫易經
繫辭 因思文章陽剛之美莫要於湧直怪麗四字 陰
柔之美莫要於憂茹遠潔四字 惜余知其意而不能竟
其學

廿四日

早飯後清理文件 寫澄弟信一件 旋圍棋一局 巳刻莫子偲

未久談　閱黃南坡所寄米鹽互市之議　午刻陳虎臣來久坐　中飯後南坡來久坐　閱本日文件　寫對聯五付　核批札稿　傍夕至茅府一談　鐙後寫嚴渭春信一件　二更後溫若賓戲西京賦　四點睡

廿五日

早飯後見客二次　衙門期也　清理文件　寫左季高信一件　圍棋一局　閱戴東原考工記圖　中飯後將戴之車制圖與阮圖一對　閱本日文件　寫對聯數付　傍夕至彩屋內一看　連日風雨甚劇　本日大雨如注　竟日不止　核改摺稿一件　核批札稿　二更四點畢

廿六日

早飯後清理文件　旋寫沅弟信一件　圍棋一局　見客一次　巳刻黃南坡來談甚久　午刻錄雅訓雜記將戴阮車制圖互校一過　至未正畢　閱本日文件　核改摺稿一件　又改咨

恩摺一件。傍夕接奉廷寄，係九月十二日之批摺。至希帥府一談。夜改函　恩摺稿一件，代沅甫作也。

廿七日

早飯後清理文件，旋寫見客二次，圍棋一局。巳刻沈葆亭來，暢談。午刻黃南坡來，暢談。中飯後陳雪廬來，久談。閱本日文件。天氣陰寒，意緒無憀。傍夕至希帥府一敘。夜核批札稿，代雪琴所作函。　恩摺稿，是日發摺一摺二片。

廿八日

早飯後行禮，林茂長至賀表并御賞　文宗御製詩文集　恩摺。旋見客二次，談頗久，圍棋一局，寫沅弟信一件，錄詁訓雜記。中飯後再錄一刻許，閱本日文件。方存之來久談，楊小岑來，與同至彭屋樓上一遊。核批札各稿。傍夕至希帥府一談，夜改批稿，倦甚不能畢。旋閱家眷於廿三日至九江，又閱本日已至華陽鎮。二更四點睡，五更醒。

廿九日

早飯後清理文件 旋見客 坐見者一次 立見者四次 寫沅弟信一件 見客 坐見者二次 立見者三次 巳刻 閱家眷船已到河下 旋請客便飯 黃南坡 程頴芝 杜小舫 劉開生 皆善奕者 觀黃南與程一局 劉與程一局 午正 家眷入署 內人率一子四女一婿一兒婦一孫女 又有送者 鄧寅皆 陽牧雲 次第應酬 俱畢 陪客便飯 未正畢 又觀程與黃圍棋一局 又見客二次 閱本日文件 旋與兒女輩一談家事 傍夕與小岑一談 夜與鄧寅皆一談 圍易二更後 又與內室詢家常瑣事 睡不甚成寐

十月初一日

早起 辭向各文武不賀朔 飯後見客一次 出城拜黃南坡送行 久談 旋入城 拜客五家 蓋司道出城迎接 向步也 午刻歸 清理文件 録雅初小記 午正沈鶴亭來 請吃便飯〻

後閱本日文件倦甚申刻核改批札稿傍夕至幕府一談極倦甚溫義山詩二更後在床小睡三點入內室是日見紀澤兒體氣清瘦系念殊深戒禁其讀書太勤用心太過因教以游心虛靜雖有紫鏡宴安教趨益之義

初二日

早飯後清理文件旋見客坐見者二次立見者七次旋與牧雲久談至新屋樓上一看午刻錄詁訓雜記中飯後見客一次閱本日文件至內室談家常瑣事申刻錄雅訓雜記核批札各稿傍夕范雲吉李申夫眉生來久談極溫詩經小旻等數篇倦甚二更後小睡三更入內室

初三日

早飯後見客一次衙門期也清理文件旋又見客二次圍棋一

局　數袁壻自立之道訓誡良久　中飯後与牧雲久談　閱本日文件　申刻倦甚　在移書房小睡　直至燈初始起　核批札各稿　二更三點入內室

初四日

早飯後清理文件　旋見客三次　又坐見者一次　寫澄侯信一件　圍棋一局　午刻見客一次　至內室檢點頂多錄雅訓小記　中飯後又錄小記　將車制錄畢　閱本日文件　核批札稿　偏至幕府一行　諸友均不在家　与陽牧雲暢談　夜核批札稿　二更後溫孟子數章　四點睡　是日萌寅昉寄到新刻陳克家梁材詩集一閱

初五日

早飯後見客二次　衙門期也　旋寫沅弟信一件　圍棋一局　至內室一談瑣事　閱考工記築氏冶氏　中飯見客三次　勒少仲　徐毅甫　莫子偲談　皆甚久　閱本日文件　核批札各稿　倦

甚范雲吉來久談傍夕至幕府与諸友一談小岑同來

旋飯飯畢 核批札稿二更後小睡 三點入內室

初六日

早飯後見客一次清理文件 圍棋一局旋又見客二次巳刻讀考

工記桃氏鳧氏 錄詁訓雜記請勒少仲范雲吉等吃便中飯

飯後再錄詁訓雜記閱本日文件核批札各稿傍夕至幕

府一談旋核批札各稿信稿多件 二更後溫史記儒林傳游

俠傳

初七日

早飯後清理文件 旋圍棋一局見客三次陳寬臣談頗

久巳刻溫考工記㮚氏函人鮑人韗人畫繢之事鍾氏㡛氏

錄詁訓小記中飯後又錄小記閱本日文件申刻核批

札各稿 幕中新請一友專管鹽務名陳方坦号

本日來署因往一晤談 又与蔣蒓卿等一談 旋核批札稿

一更後溫史記儒林傳等篇

初八日

早飯後清理文件 旋見客三次 劉開生等談最久 圍棋一局 江達川來久坐 午刻溫考工記玉人磬氏矢人陶人旊人 錄牲刊小記 中飯後再錄小記 溫閱本日文件 核批札各稿 傍夕至花中閒一談 夜溫易大有謙豫隨蠱五卦 蓋因偶悟謙卦而肄業及之也

初九日

是日恭逢 先大夫冥誕 祭明齋 春屬行禮 早飯後見客五次 寫李少荃信一件 巳刻溫考工記梓人 許仙屏來坐談 因留便飯 又約趙惠甫 劉開生 石元徵便飯 飯後閱本日文件 見客二次 錄雅訓雜記 傍夕與仙屏坐談 夜燈後改批札稿信稿 是日因擬聯說悟太多 倦甚

初十日

是日恭逢慈禧皇太后萬壽，黎明至萬壽宮拜跪。早飯後見客二次，旋圍棋一局，與許仙屏久談，閱考工記匠人。中飯後又與仙屏邑談，閱本日文件，寫對聯十餘付，扁數方。傍夕至幕府一談。夜家人以余明日生日行禮預祝。核批札稿。二更三點睡。夜肩為風所射，本日體中小有不適，故屢閱之，不甚多。

附記

加馮蔔行

核皖楚鹽章

十一日

是日余五十三生日，家人行禮稱慶，外間之客一概謝絕。圍棋一局。改三摺二片，自辰刻起至申刻改畢。閱本日文件。傍夕至幕府一談。夜核批札各稿，添葛嶧山信二葉。溫乾卦未畢。二日內與仙屏談氣節文章二者缺一不可，囑其勉於此以與鄉人相切磋。

十二日

早飯後清理文件 旋出門拜客十餘家 回昨日拜壽者也 又拜周錫恩 請其來署教書 午初歸 見客四次 圍棋一局 請楊德亨等吃便飯 飯後閱本日文件 核批札各稿 傍夕至幕府一談 旋核皖岸鹽務新章 二更三點畢 是日發摺三摺四片

十三日

早飯後見客坐見者五次 立見者四次 清理文件 寫沅弟信一封 午刻莫子偲來久談 寫對聯數付 中飯後與小岑圍棋一局 周錫恩來久坐 再寫對聯五付 內有易彤雲之太夫人壽聯云 渡海使星燿天寶 登堂晝錦斑陵下衣 又贈鄧寅皆云 清風頗邁戴安道 師範略同胡翼之 閱本日文件 核批札各稿 傍夕至幕府一談 極倦甚 不能作事 誦古文詞類數首

十四日

早飯後清理文件 見客三次 圍棋一局 寫晏安壽幛暨對聯等 寫澄侯弟信一件 見客立見者四次 坐見者一次 仙屏來久談 中飯後寫蔡友荷亭所求橫幅長一丈 高二尺餘 面以描金畫龍 背以描金畫雲 生平所未見之佳箋也 為寫雪樂亭記 凡四百三十字 閱本日文件 核批札稿 傍夕至幕府一談 夜寫核信稿多件 二更二點後 閱東京賦 未畢 三更睡

十五日

早飯後清理文件 文武員弁賀朔者多 見客十餘次 至巳正始畢 方元徵率其子來一談 病雞胸龜背而學問淵雅 溫前漢書地理志 圍棋一局 午刻又見客一次 葉介唐坐頗久 中飯後將昨寫之雪樂亭記添寫一跋 又寫宣紙大橫披一幀 約二百六十字 閱本日文件 核改批札各稿 傍夕

至幕府一談旋核中路岸鹽票鹽章程楚岸章程二
更四點睡四更始成寐

十六日

早飯後清理文件 見客坐見者三次立見者二次 寫左季高信一件 圍棋一局 溫周禮廬人弓人 孫琴西來 与許仙屏朱紫卿共便飯 席間潘芸閣河帥來 談論頗久 旋陪客便飯畢 閱本日文件 寫挽幛三幅 對聯一付 傍夕至幕府一談 旋与仙屏久談 改信稿數件 二更三點後溫東京賦畢

十七日

早飯後清理文件 旋見客 立見者三次 坐見者二次 寫沅弟信一件 圍棋一局 沈藹亭來久談 留吃中飯 飯後席硯香來 何鏡海來坐頗久 閱本日文件 核批札稿 寫扁字若干 餘寫對聯數付 傍夕至幕府一談 旋改信稿二件 溫古文詞類

類是日接雪琴信溧水之戰已捷誠矣

十六日

早飯後見客一次衙門期也旋圍棋一局周縵雲來上
學次見紀鴻外甥王興韻女壻羅兆升三人從之肄業巳刻
行禮旋見客坐見者二次立見者四次午刻寫掛屏六幅
中飯請縵雲寅皆子密便飯席硯香來亦留與共飲
飯後因作昭忠祠對再閱本日文件寫對聯匾字十
餘件莫子偲來一談旋與同至小岑處一談傍夕至節帥
府一談夜作東皋書院對聯有云連沅湘山俱有靈
其秀氣必鍾英哲聖賢豪傑都無種在儒生自
識指歸核批札各稿未畢仙屏來久談二更三點出將
皖岸楚岸鹽章核定發刻日內應辦紛繁不將公
牘之應辦者多所未了即私事如看書之課捨身之
程亦多多余未措意雖欲不為俗吏不可得已

十九日

早飯後清理文件 旋見客 立見者三次 坐見者二次 陳虎臣坐頗久 圍棋一局 沈鶴亭來久坐 至學署周縵雲一談 午正核批札稿 中飯後見客二次 曹祺涂覺綱坐頗久 閱本日文件甚多 寫對聯數付 傍夕至幕府一談 旋核批札稿 仙屏來久談 二更二點去 核信稿三件 三點後溫泰否二卦 三更睡

二十日

早飯後清理文件 見客二次 衙門期也 圍棋一局 寫郭意城信一件 又見客二次 李壬琳等坐頗久 中飯後將郭信寫畢 閱本日文件 寫對聯下款等 百類多 寫江味根極大挂屏一幅 有半未畢 至幕府一談 旋核批札各稿 二更後溫蘇詩 朗誦十餘篇

二十一日

早飯後清理文件　江達川來久坐　渠新授四川布政使
來此叩陶也　又見客　坐見者二次　圍棋一局　閱
新學使朱久香前輩已到　出城至鹽河迎接　旋又至
南門送鄧寅皆歸　罣午初三刻回寓　寫沅弟丹信
三葉　中飯後陳虎臣來久談　閱本日文件　申刻寫
江味根挂屏甫畢　近日作書惟此屏最為稱意　倘
夕至幕府一談　核批札各稿　倦甚　不能作事　溫易乾
坤屯蒙四卦　略一涉獵而已

二十二日

早飯後清理文件　見客二次　又坐見者三次　圍棋一局　寫沅弟
信一封　席硯香來久坐　旋又見客三次　中飯後出門拜朱久
香前輩　又至江方伯處道喜　歸來李眉生來一談　久香
先生來久談　閱本日文件　未畢　天已黑矣　至幕府一
敘　核閱本日文件　核批札各稿　二更四點畢　核新刻

淮鹽運楚章程

附記

○批供摺　　硃諭文案房

二十三日

早飯後見客二次 衙門期也 清理文件 圍棋一局 見客立見者三次 坐見者二次 李玉琳 容純甫等 坐頗久 容名光照 一名宏 廣東人 熟於外洋 事曾在花旗國 居八年 余請之至外洋購買製器之器 將以二十六日成行也 中飯後魏曲園 王孝鳳先後來 久坐 閱本日文件 至內室一談 朱久香來 久坐 核批札稿 未畢 至幕府一談 旋核批札稿 接奉 廷寄一件 核楚岸章程畢

附記

○保父案　　保案 三千　　茶案

○請久香先生 洗心會

二十四日

早飯後清理文件　旋見客立見者二次　坐見者一次　寫澄弟
信一件　出門至河下拜江味根軍門　以渠病甚重也　又拜
錢馨石先生與談良久　午初三刻歸　圍棋一局　中飯後
見客坐見者一次　立見者二次　閱本日文件　申正倦甚　至
內室一談　酉刻剃頭一次　核批札稿　二更後核各供詞　三
點後朗誦孟子五點　睡

廿五日

早飯後清理文件　見客二次　衙門期也　圍棋一局　周世澄來
趙惠甫來各久坐　李芋仙來坐　吳清如同年來久坐　吳名
嘉淦　戊戌進士　小軍機　曾任四川主考　好作詩古文　頗壯
老矣　中飯後閱本日文件　添毛寄雲李少荃信各
一葉　核批札稿信稿頗多　夜復久香先生信一件　將
楚岸鹽票及稅單章程各刻式細校一遍　二更後溫

孟荀儒林循吏等傳 韓文鄭羣柳子厚等誌 三更睡

是日辰刻服藥 上床了之讀叢殘之紙稍一清釐 略覺眼明 然尚多積閣未清之件

廿四日

早飯後清理文件 旋見客坐見者三次 立見者二次 陳寬臣孫琴西談 皆甚久 圍棋一局 午刻徐稼生前輩來久談 午正二刻請朱久香先生來便飯 陪客為吳清如李榕高滌心 會申正始畢 閱本日文件 核批札各稿 至正李芋仙來一談 至藩府一談 核改收復高淳建平溧水等城 溧陽東壩等隘一摺 又改二片 二更三點睡 日內思韓文誌傳中有兩篇相配偶者 如曹成王韓宏兩篇為偶 柳子厚鄭羣兩篇為偶 張署張徹兩篇為偶 王適毛穎兩篇為偶 樊宗師孟郊兩篇為偶 推此而全集中可以為偶者甚多 古人之文可為偶者甚多

惜不能一一稱量而配合之耳

廿七日

早飯後見客四次朱雲岩坐最久接奉廷寄三次中
飯後核改摺稿一件見客一次又立見者二次申刻閱
本日文件 意緒鬱鬱不能作事 酉正與紀澤兒論文筆
之道通乎聲音寫對聯一付 夜核改批札稿信稿甚
難三摺五片 二更後温漢書趙廣漢傳

廿八日

早飯後見客一次衙門期也旋出城拜徐稼生朱雲岩又入
城拜吳清如午初歸清理文件沈藹亭魏漣西來久坐旋
歸硯香等四人來沈魏留此中飯飯後圍棋一局閱本日
文件寫江軍門所求大橫幅一小橫幅二直幅一對聯
一付夕至幕府一談夜核批札各稿二更後又寫對聯
四付核改信稿二件摺稿一件江方伯求改者也

廿九日

早飯後清理文件，旋見客，坐見者二次，立見者四次。圍棋一局。讀考工記匠人，未畢。中飯後見客，立見者二次，坐見者三次。閱本日文件。寫對聯、挂屏數件。傍夕至幕府一談。核傅久香先生信一件、楊軍門信一件。核批札各稿。二更三點後溫史記屈賈傳，共廿葉。五點睡。

卅日

早飯後清理文件，旋見客二次。圍棋一局。寫對聯之款。讀匠人畢。錄雜訓小記。請徐椒生中飯，方勤二君陪之，申初散。閱本日文件。再錄雜訓小記，至刻畢。核批札各稿。傍夕至幕府一談。核各信信稿。二更後溫孟子於東山小魯、仁禮存心等章，頗有所會。四點入內室睡，頗酣。

十一月初一日

早間文武賀朔者甚多，直至巳初方畢。清理文件。圍棋一局。清理文件。讀考工記匠人、車人。中飯後讀畢。録雅訓小記。閱本日文件。摺差自京回，接京信數件。核批札稿。傍夕至幕府一敘。夜又閱京信數件，寫扺九月廿三。更後溫韓文數首，朗誦詩經東山、杕杜、小旻諸篇。更四點至內室，睡不甚成寐，因閱倭艮峯相國、吳竹如侍郎各信，肝氣殊為怫鬱。

初二日

早飯後清理文件。旋見客，立見者一次，坐見者六次。圍棋一局。陳竟臣坐頗久。中飯後見客二次。閱本日文件甚多。讀周禮，於本日讀畢。傍夕至幕府一談。夜録雅訓雜記，至二更後畢。核批札稿、信稿，四點畢。是日閱蘇州於十月廿五日克復，為之大慰。午後寫沅弟信一封。

初三日

是日為 先妣江太夫人冥壽，未明即起，料理一切，黎明行禮。飯後見客二次，圍棋一局，寫希庵信一件，寫對聯十餘付。黎純齋來，與之言志以帥氣、器以養志之道。中飯後出門拜朱久香、徐稼生兩處，至酉刻歸。閱本日文件極多。傍夕至幕府一談。夜核批札稿，改信稿，至二更四點未畢。是日巳刻接程學啟稟，蘇州克復之信。

初四日

早飯後清理文件，旋寫澄弟信一件，見客四次，又立見者一次，圍棋一局，寫沈幼丹信未畢。午刻陳又銘寶箴來久談。中飯後將幼丹信寫畢。吳清如來久坐。閱本日文件，寫對聯數付。牧雲自金陵歸，與之久談，同至後院樓上。定更後核批札各稿。李眉生來久談。二更三點後至內室。是日聞唐中丞克復懷遠，苗沛霖之黨張士端叛苗降官，將懷遠城獻出，可喜可也。

初五日

早飯後見客三次 衙門期也 清理文件 與程穎芝圍棋一局 寫沅弟信一件 見客二次 馬雨農坐頗久 中飯後倦甚 與魯秋航圍棋一局 朱久香來久坐 一時有奇 閱本日文件 傍夕至幕府一談 夜核批札稿 二更三點入內室睡 頗酣

初六日

早飯後清理文件 旋圍棋一局 巳刻見客一次 午刻見客二次 中飯後與魏西垣、沈葆亭一談 閱本日文件 核蕭學則保單 石清吉保單 核批札各稿 傍夕至幕府一談 夜核改信稿多件 溫孟子數章 二更三點睡 甚能成寐

初七日

早飯後清理文件 旋見客三次 又坐見者一次 圍棋一局

寫左季高信一件　錄雅利雜記　中飯後程穎芝來圍棋
二局　錄雜記畢　閱本日文件　核楚岸鹽務章程重刻
數紙　傍夕至幕府一談　二更後核批札各稿　改信稿
王子堅與吳竹如信改甚多　二更四點入內室

初六日

早飯後見客一次　衙門期也　清理文件　旋又坐見者五次　閱
文獻通考田賦門　午刻見客二次　李壬叔坐頗久　中飯
後改信稿數件　閱本日文件　核批札各稿　核毛萬保
保舉單　鄭世兄與劉伯山來久坐　傍夕至幕府一談
燈下又核保舉單　改信稿數件　倦甚　溫詩經數章
二更三點睡　甚能甜寢

附記

○六安保摺　○豐保方單　徐王魏
○尋保摺　○詩魏劉沈鄭

初九日

早飯後清理文件 推見客三見者二次 坐見者一次 改京信稿 沈藹亭來久坐 莫子偲來 陳虎臣到 開生來坐久 中飯後添吴竹如信四葉 料理寄弟處款單信 夕至花園一談 旋核雪琴保單 改信稿數件 温韓文柳子厚墓志等篇

初十日

早飯後拜發元旦題本 推見客二次 衙門期也 將京信各件清檢 交摺差帶回 即午圍棋一局 見客坐見者一次 立見者二次 中飯後清理文件 將田畦以前一卷 閱本日文件較多 申正與魏連西等久談 核六安守城保單 改摺稿一件 傍夕至花園一談 旋改李世忠剿苗逆摺一件 二更後温杜詩五律

十一日

早飯後清理文件。江方伯、羅士瀛、徐朗仙等先後來，坐
皆頗久。圍棋一局。李雨亭之姪來，與談。約刻午正，請劉伯
山、顧山松、魏漣西、蕭傑壽中飯。飯後作保舉賢員摺，未
畢。閱本日文件。又作摺，至燈後畢。核批札各稿。
改楊軍門請開缺養親摺，并改信稿、咨稿。又核零
條、諸人單。二更四點入內室，睡不甚成寐。

十二日

未明起，至學宮與文武同行禮拜牌。是日冬至也。歸寓，
天已明，免凡文武來賀者，皆辭不見。又改近日軍情信稿，
寄沅弟信一件。圍棋一局。見客一次，談頗久。中飯後閱
本日文件，核批札各稿，核彭孫保舉各零單。接奉十
月廿七日所發摺件之批諭，計○廷寄一件，明諭五件。
傍夕至藩少府一談。發抄四摺一片，一條單。在略核諸批
札稿。溫韓文十餘首。二更三點睡。

十三日

早起飯後五局委員來見清理文件旋又見客二次圍棋一局午刻寫扁三付閱通考田賦門二卷至未正閱畢錄詁訓雜記閱本日文件是日大雪平地盈尺寒甚傷夕至內室與諸女論節儉習勞之道夜核批札各稿朗誦孟子數十章將其抗心高望者記出

十四日

早飯後清理文件旋圍棋一局見客二次午刻寫對聯十二付中飯後見客一次寫澄弟家信一封閱本日文件閱田賦門三卷未畢傍夕至幕府一談夜再閱通考二更後核批札稿溫詩經數章四點睡是日五續畢見江西建昌有殺死卡員劉廷選之案為之不懌

十五日

早起多文武前来賀望至巳正始畢 清理文件 圍棋一局 午刻閱田賦考三卷畢 中飯後見客二次 寫歐陽氏姑婦節孝家傳 牧雲求書此以刻石也 旋閱本日文件 書至日落 共寫五百餘字 至傷文節府一叙 夜又書節孝傳二百餘字 寫劉星房程尚齋信 共添三葉 溫韓文史記共十餘首

十六日

早飯後清理文件 陳虎臣来語 次余為不懌 大作聲色 亦之稚与魯秋航圍棋一局 見客立見者二次 坐見者二次 陶継曾 江西知縣 送其祖皃鄰先生詩集一部 又兩淮運司寄到唐伯山所著述一部 唐名芟祥 泰州人 著有詩集 詩話 三國志補篆等書 繙閱時許 中飯後又閱唐陶兩家之書 見客一次 申刻閱本日文件極多 將歐陽氏姑婦家傳寫畢 至幕府

一談，在核批札稿，二更後溫韓文數篇，若有所得，古人之不可及，全在行氣，如列子之御風，不在義理字句間也

十七日

早飯後清理文件，見客，江達川、周沙錫二次，出門拜馬雨農、莫子偲、郭慕徐，三處談皆久，午刻歸，見客二次，中飯後袁西垣來，久坐，閱通考田賦考四閱，本日文件，寫對聯八付，又閱田賦考，傍夕至藩府一談，在核批札多稿，二更後溫史記游俠等傳，三點入內室，早睡，酣寢，是日早送歐陽牧雲回籍，極送錢警石先生遠覆等件，因其病甚重也

附記

石昌猷一案，范雲吉說帖八條，各要件俱託

○朱金權歲修十六金，今年加四金

十八日

早飯後見客，一次；衙門期也。旋又見客，坐見者二次，立見者一次；圍棋一局；孫琴西、馬雨農來，各談二刻許。閱通考田賦四。中飯後穆庭昌來久談。補田賦四，閱畢。閱本日文件頗多。錄雜訓雜記。傍夕至幕府一談。查核批札各稿。二更後溫孟子，分類記出，寫於每章之首，如言心言性之屬，目曰性道；言言取與出處之屬，目曰廉節；大防言自況自許之屬，目曰抗心高望；言反躬刻厲之處，目曰切己反求。

十九日

早飯後清理文件。旋見客，坐見者二次。圍棋一局，又見客，坐見者三次。鄧小芸坐甚久。閱田賦考五。中飯後涂心壺來，將田賦五卷閱畢。錄雅訓雜記。閱本日文件甚多。傍夕至幕府一談。查核批札稿、信稿，擬作鄧湘皋先生墓表，將小芸所作神道碑再閱一遍。二更四點入內。

室頌熊酬寢

附記

善後局擬文案共請保五十人

派兩處截角六員

寄銀單与淦甫廿四日

二十日

早飯後清理文件 見客二次 衙門期也 旋寄李季高信一件

圍棋一局 魏蓮西壽來久坐 陳右銘來久坐 閱田賦六中飯後

閱畢 閱本日文件 吳子俛來久坐 錄雅訓小記 申正接信知希庵於

十月廿八日子刻棄世 苦戰多年 家無長物 忠藎廉介 可

敬可傷 旋又聞錢警石先生仙逝 老成凋謝 彌用悵

惘 在核批札各稿 二更後溫詩經數首 倦甚早睡

廿一日

早飯後清理文件 旋見客二次 圍棋一局 寄沅弟信一

件閱田賦考七午刻見客二次中飯後太湖縣一新
進文生來見年僅十一歲孟昭暹字進福於文讀田
賦考閱本日文件丁果臣寄其兄敘述所著之讀
易稿稿繕閱一遍傍夕至幕府一談核批札各
稿二更後溫韓文數首小睡不甚成寐

廿二日

早飯後見客一次清理文件旋圍棋一局閱通考田賦七
午正畢錄雅訓小記中飯後李蓀高來署談為李少荃
信一件閱本日文件申刻至錢家弔唁錢聲石先
生於二十二日申刻去世嘉道間一學者也旋至周縵雲
家看其母之病傍夕歸至幕中府一談核批札各
稿核改信稿寫鍊渠信添二葉閱古文敘記類二更
三點早睡是日又將讀易稿略為繕閱

廿三日

早飯後見客一次，衙門期也。與圍棋一局，閱通考錢幣上。
江月伯來久坐，又閱錢幣考，未畢。寫沅弟信一件。中
飯後寫厚庵信一葉，見客一次，閱本日文件，見李
荃報蘇州降王八人一信稿一件，稿殊為眼明手辣。小
岑來談頗久。傍夕至幕府一談，核批札各稿，二更後
與紀澤講七言律詩之法，於讀七律二十餘首。

廿四日

早飯後清理文件，旋見客三次，又坐見者二次，圍棋一局。
寫澄弟信一件。午正請陳又銘、吳萱先等便飯，飯後閱
本日文件。摺差王定貴等自京歸來，閱邸鈔二十餘
本。傍夕至內室一談，擬作鄧湘皋先生墓表，小岑
所作行狀細閱一通。寫沅弟信一件。二更五點睡。

廿五日

早飯後見客二次，衙門期也。清理文件，圍棋一局，旋作先生墓表

數刂見客二次，談甚久。中飯後李壬叔來一談。閱本日文件。又作墓表數行。傍夕至幕府一談。二更又作墓表。二更四點睡。尚未畢業。

廿六日

早飯後清理文件。旋見客二次。圍棋一局。作鄧湘皋墓表畢。午刻見客一次。中飯後徐毅甫來久坐。核批札各稿。閱本日文件。倦甚，至內室閒談。傍夕至幕府一談。校改摺稿一件。二更三點睡。是日用心太過，尚能成寐，幸也。

附記

趙世暹請辦烏池痞棍

徐子苓請辦合肥西南鄉痞棍

周盛和 霍麻店人　孫炳文　孫長貴　孫三 長樂人 江家店

王三缺子 王三店人

周德潤保薦奇意

廿七日

早飯後清理文件　旋見客二次　圍棋一局　巳刻見客一次
惲光業等談頗久　閱柏梘山房文集　中飯後核批札
稿　改信稿一件　閱本日文件　核批稿頗多　又閱柏梘
山房集　偶至幕府一談　夜改信稿甚多　因所為
差之太甚　不稱意　閱歐文數首　二更四點睡

廿八日

早飯後清理文件　旋見客二次　圍棋一局　巳刻又見客
三次　是日安慶六屬新進生員謁　文廟後來此謁見朱
學使牌示如此　向例所無也　共接見七次　每次約百餘人　係
補行歲考　三四年歲科考一次　五六年歲科考一次　故每
縣及府學各百餘人耳　閱文獻通考錢幣一卷　中飯
後又見新進生員數次　閱本日文件甚多　偶至

幕府一談 在船將並未表改竄數句 閱梅伯言文集 核批札信稿甚多 二更四點睡

廿九日

早飯後清理文件 旋見客一次 又立見者三次 圍棋一局 旋改復范雲吉信稿 午刻又見客坐見者二次 立見者二次 中飯後閱通考錢幣二 約二十葉 閱本日文件 申正又改雲吉信稿一過 二更改畢 約一千餘字 倦甚 至幕府一談 二更後閱曾子固文數首 梅伯言文數首 四點睡 將睡時接信知溧水失守 東壩危急 憂灼之至 睡不甚成寐

附記

派州縣查游勇

派員赴臨淮

十二月初一日

早飯後各文武員弁賀朔 皆辭不見 清理文件 寫沅弟

信一件 圍棋一局 核批札各稿 中飯請江達川錢〻 申刻散 又與鄧伯昭久談 閱本日文件甚多 未畢 傍夕與莫子偲談 至幕府一談 旋又閱本日文件畢 將曾子固文集分卷另釘 溫古文傳誌類 二更四點睡 不甚成寐 昨日閱溧水失守 憂灼殊甚 本日得鮑春霆信 實未失守 乃誤報耳

附記

鄧士林　徐恩薦

初二日

早飯後見客 五次 坐皆久 內江方伯赴川 壽川 曾總三載 彭〻 二曾 柏九自家鄉來 說話尤多 倦甚 圍棋一局 張錦瑞來談次 核批札稿 中飯後寫對聯掛屏數件 稍閒 至江方伯處送行 又至彭遜之處 寶倉 點工 由此至南門凡三廠 每廠五間 大西門以東三廠 十五間 大門以西六廠 三十間

又西至曬谷場〻之比至碓房龍窖房工堅料實用錢僅
八千串可慰也歸閱本日文件雜核批札稿至幕府
一談核核批札稿至二更畢溫古文蜀都賦四點睡腰
瘡疾甚似為風所傷不甚成寐

初三日

早飯後見客二次衙門期也清理文件旋又見客立見
者六次坐見者四次唐桂生營〻虞軒二次談甚久圍棋
一局午刻看科房批札稿中飯後閱通考錢幣
二閱本日文件錄雜劄雜記倦甚寫對聯數付傍
夕至幕府一談核核批札稿甚多二更後再溫蜀
都賦讀吳都賦未畢三點畢睡因腰瘡專貼
膏藥不甚爽快

附記

多寶倉節略存詩文雜件篋內

江保河藻鑑 湯

唐鞏縣臣 衡州都司 存要件留記

初四日

早飯後清理文件，圍棋一局，見客二次，出城見江達川方伯送行，又入城拜客十二家，核科房批札稿，中飯後寫澄弟信一件，閱通考戶口一，閱本日文件，傍夕至幕府一談，與馬雨農、李眉生、程尚齋寫信一件，旋核批札信稿各件，二更後閱惜抱軒古文十餘首

初五日

早飯後見客二次，衙門期也，鄧伯昭來辭行，久坐，圍棋一局，寫沅弟信一件，頗長，午刻見客二次，中飯後閱通考戶口二，未畢，閱本日文件，傍夕至幕府一談，閱惜抱軒集，旋核批札各稿，二更後閱韓文數首

四點睡 天氣燥熱已十餘日 本日轉北風 又寒冷矣
後院多隙地 移栽竹數十叢 每叢十根八根或二三
根不等
附記
改譯 兩課　　　核各保單
和莫詩
初六日
早飯後清理文件 旋見客一次 圍棋一局 出門驗鎗砲局
工程 旋至鄒蕓心徐家一坐 午刻歸 見客二次 中飯
後見客二次 閱通考戶口二卷 閱本日文件 核批
札各稿 傍夕與紀澤言作七古詩作七古來體裁 在錯綜
刊小記 核批札稿信稿甚多 溫孟子 二更四點睡
有所念
初七日

早飯後清理文件 旋見客坐見者三次 立見者三次 唐桂
生乃箎軒 坐甚久 圍棋一局 午刻素雲舟來 坐甚久
魏漣西 沈霞亭來此便飯 申刻去 說話太多 倦甚
内室閒坐片刻 閱本日文件 溫閱梅伯言文集 偏
夕至幕府一談 在核朱雲岩 李申夫條單 二更二
點 閱商君傳

附記

施鴻基 松如所保 朱

王廷選 留告悼泌山中丞

初八日

早飯後見客三次 方存之坐頗久 圍棋一局 寫李克軒信
函信一件 午刻見客三次 劉伯山坐頗久 核科房批稿
中飯後頭疼 倦甚 陳寬臣來一談 寫挽幛三幅
閱本日文件未畢 燈後閱畢 閱供摺三件 核批

札穆二更後温詩經巧言等數篇

初九日

早飯後見客二次清理文件圍棋一局旋又見客坐見立見者七次坐見者二次內劉開生方元徵談最久何小宋方伯麗軒偶以公事来商午正核科房批稿中飯後竟子偲黎純齋来一談寫復李眉生一件閱本日文件傍夕至幕府一談旋題莫子偲所作唐寫本說文箋異檢核喻吉三保單改紀澤古文一首五言詩一首五七言詩三首

附記

澄弟十一月六李宅信　振亭姻伯信　旭三遊字

補寄金陵與江彤直　伯固臣婦

十一月十二日九酉存閱見日記內　黎純文楊乾陳存佬記

初十日

早飯後見客二次 衙門期也 清理文件 旋圍棋一局 見
客二次 新科拔貢八人來見 改皖南開墾荒田章程 改
至未正畢 又見客二次 閱本日文件 核批札各稿 傍夕
至鄧宅 并內銀錢所一敘 旋閱李世忠與陳國瑞案
卷

十一日

早飯後清理文件 見客 立見者三次 坐見者一次 旋圍棋
一局 作錢警石先生挽聯一對 擬作覆李世忠案
一摺 清理各卷 午刻核科房批札稿 中飯請唐
桂生等便飯 未正散 閱本日文件 添補作摺 未畢 傍
夕至幕府一談 至二更三點 作摺畢 約六千字 又改
一短摺 辛苦頗甚 若疲至不能堪者

附記

陳燦 華陽卞

十二日

早飯後清理文件見客一次圍棋一局旋又見客坐見者一次立見者三次作密片一件言李世忠事至未正作畢約千餘字寫挽聯付閱本日文件傍夕至幕府一談夜核批札稿至二更四點畢是日拜摺三摺一片一清單

十三日

早飯後清理文件見客三次旋出門至錢家渠於今日開弔也巳正歸圍棋一局旋又見客二次中飯後寫毛寄雲信閱本日文件連日因辦密摺積壓公事批札各稿甚多本日早午刻核科房稿申刻核文案房及幕府稿清理完畢傍夕至幕府一敘核改僧王并唐中丞信稿二更三點畢約五百餘字溫詩經數章

附記

翟增榮　佳士

十四日

早飯後清理文件 見客坐見者一次 立見者二次 於程穎芝來與之圍棋二局 又觀劉開生與程二局 巳午正在中飯後見客坐見者一次 立見者三次 寫紀瑞姪信 閱本日文件 看京報十餘本 寫澄弟信一件 傍夕在花中府一談 核批札各稿 二更後溫史記數首 四點睡

十五日

早起 各文武員弁賀望 至巳刻止 見客畢 清理文件 旋圍棋一局 又見客二次 寫郭意城信 中飯後始畢 計千餘字 旋閱通考職役一閱 本日文件極多 傍夕畢 在核批札稿 寫沅弟信一件 二更後溫史記講伯夷列傳與紀澤聽 余咸豐九年所批史記 紀澤於今年點讀一遍 頃自家中寄來 因再繙一徧 是日接部文將鄭

非莫友芝鄧瑤趙烈文成果道向師棣等十餘人薦
往江蘇以知縣用因中外臣工先後保奏也

附記
王氏姊墓誌　李江奠儀

十六日
早飯後清理文件　圍棋一局見客多次寫沅弟信
一封午刻核科房批稿核藩府各批中飯後閱通
考職役一未畢　閱本日文件　傍夕與紀澤論潘陸
之文因及昌黎各篇本日雨大竟日未息此風如吼念各
舸船在途不得到台前敵各軍殆無以為生矣核信
稿數件　溫吳都賦

十七日
早飯後清理文件見客多次圍棋一局見客坐見者三次
立見者二次午初閱科房稿批各件　閱通考職役二

至申正閱畢 閱本日文件 核批札各稿 寫程尚齋信一葉 二更後閱魏都賦未畢 四點睡 是日大雪甚寒 不便作字

十八日

早飯後見客一次 圍棋一局 寫王子堅密信 午刻核科房批札稿 閱通考征榷一 中飯後閱征榷二卷 雅訓雜記 寫沅弟信一件 深以本堂無銀度歲為苦 旋接信知運司衙門寄本堂銀七万八千兩奇 為之一慰 申刻閱本日文件 与歐陽小岑圍棋一局 傍夕至幕府一談 核批札各稿 二更後閱魏都賦未畢 四點睡

十九日

早飯後見客二次 清理文件 旋圍棋一局 見客二次 午刻核批札稿 閱征榷二 申飯後閱畢 見客二次 接信

知范雲吉於十二日戌刻棄世，仁厚正派而有識見，方意其大有為於時，而止於此，良可痛也。深申甫信一葉。閱本日文件，核批札各稿。是日青寒異常，至內室圍爐小坐。會客一次。核溫魏都賦畢，溫西征賦。

廿日

早飯後清理文件。見客二次，衙門期也。圍棋一局。莫子偲來久坐。寫李少荃信一件。閱通考征榷三卷畢。中飯後再閱數葉。見客一次。出城至河下看蔡國祥新造之小火輪船，長約二丈八九尺，因坐至江中行八九里，約計一個時辰可行二十五六里。試造此船，將以次放大續造多隻。申正歸。閱本日文件甚多。傍夕至幕府一談。核批札稿。溫西征賦畢。

附記

周瑞二兆摺　九洑洲保摺　伯優敘恩摺并近日軍情

蒲李二兩摺　抄元年五月十四日密寄

廿一日

早飯後行封印禮，旋清理文件，圍棋一局，寫沅弟信一封，見客一次，閱通考征榷三，中飯後彭進武生員來謁，七弱共見七次，滌心翁來久坐，閱本日文件甚多，傍夕李眉生來鬯談，核改摺稿二件，閱征榷三畢。是日說話太多，精神委頓之至，閱通考不甚了了，並說話不圓，舌尖若提不起者，三點睡。

廿二日

早飯後清理文件，旋見客二次，圍棋一局，又見客坐見者一次，立見者二次，午刻核科房批稿，閱通考征榷四，中飯後又閱之，未畢，疲倦殊甚，朱久香學使來久談，李雨亭來一談，閱本日文件頗多，傍夕至內室一坐，核批札稿，核楊、彭保舉單，閱惲子居文集，二更三點早睡。是日午刻接奉召御

賀福壽字又沅弟及楊鼓鼇李玉霞福字皆由
此間轉送
廿三日
早飯後清理文件見客一次圍棋一局擬寫沅弟
信一件已刻見客二次孫尚紱共運曾侍郎之少君
坐談頗久午刻核科房批稿幕府批稿中飯後
約李雨亭便飯即邀入公館小住中飯後閱征権四
畢閱本日文件甚多王福至雨亭處久談核
核批札稿將改紀澤所寫六書論精神疲甚
不能動筆溫秋興雖筆號四點睡
廿四日
早飯後清理文件見客二次圍棋一局出門拜朱學攻
已正歸見客一次又立見者四次寫澄侯弟信一件核
科房批札稿幕府批稿中飯後見客二次閱盧

考征榷五關本日文件甚多核改信稿批稿甚多傍夕至幕府一談黃南坡來久談閱郭筠仙續弦錢氏之女為繼配由滬帶至廣東竟以不合而大歸 良用憂駭改後總理衙門咨稿一件信稿一件 二更四點睡

廿五日

早飯後清理文件閱圍棋一局見客二次巳刻又立見者三次坐見者一次寫左季高信一件午刻魏連西來久坐中飯後去黃南坡處久談與之圍棋一局李勉亭來一坐閱本日文件寫對聯二付傍夕至幕府一談擬解信稿六件核批札各稿溫史記汲黯傳是日見客說話太多又復倦甚因白日精神疲倦本日做丸藥一單鹿茸四兩麋茸八兩又和以高麗參黃耆之類合計費銀約八九十兩 自來未服此珍藥也

廿六日

早飯後清理文件 旋圍棋一局 見客生見共二次 熟見共五次 寫沅弟信一件 午刻核科房批稿 作摺稿未畢 中飯後黃南坡來久談 与圍棋一局 閱本日文件甚多 傍夕改摺稿未畢 燈後改畢 又改二片稿 核各保單 二更後溫史記張釋之馮唐傳 四點睡

附記

吳　錢　劉　桂

黎　李 聯

錄奏目

廿七日

早飯後見客三次 清理文件 旋圍棋一局 出門至河下拜客 宋遲入城拜客二十家 午刻歸 核批札各稿 中飯後見客二次 黃南坡坐甚久 閱本日文件 核批札

各稿。傍夕核下至幕府一談。夜核四摺二片、一清單，旋

核批札稿，極多。改紀澤詩未畢。

廿八日

早飯後清理文件，旋見客，坐見者三次，立見者三次。改紀

律未畢。李王琳來久談，約黃南坡、程穎芝來圍棋，因

留便飯。余未動手，見黃與程對二局，又劉開生與黃

程奕二局。申正散去。酉刻閱文本日文件，旋將七律

改畢，又改六書論一首。二更五點睡。

廿九日

早飯後清理文件，旋見客三次，又坐見者一次，圍棋一

局，見客坐見者三次，立見者一次。午刻核科房批札

稿，又核幕府批札未畢。午正約李勉亭便飯，飯後閱莫

子偲所作唐寫本說文木部箋異，將作詩而不果。閱本日文

件。傍夕至幕府一談，旋核信稿、批札稿。二更五

點睡

二十日

早飯後清理文件 接圍棋一局 寄沅弟信一件 見
客四次 本日辭歲之客多 皆留不見 閱莫子偲所寄
說文木部箋異 午刻鄧寅皆來 攜一男孫仲儀八九歲 蓋
完白先生之孫 仲儀存此耳 相對淒然 午正刻敬
神 中飯後再看子偲書 未畢 閱本日文件
傍夕至內室一敘 核批札稿 甚多 三更睡 因多
尚有未閱畢 出步 是日接總理衙門文書 各省
繪呈地圖 擬派袁西畫與方劉姚二人辦理 睡不甚
成寐 駒光浪擲 學不加進 又一年矣

同治三年正月初一日

黎明至萬壽宮拜牌，旋歸，至祖宗前行禮。各文武員弁慶賀者甚多，一一接見，至巳刻始畢。中飯見客，五次，餘皆未見。巳正出外拜客，朱久香前輩處一坐，餘皆未會。歸，清理文件。午正二刻請藩府諸人一飯，未末散。出唐伯虎、仇十洲之畫共一賞玩。閱本日文件甚多，添惲次山信二葉，核溫甫文二首，核批札多稿，添彭杏南信一葉。二更三點睡，倦甚，遂能成寐，五更醒。

初二日

早飯後清理文件。見客三次，楊仲乾談最久。出門拜客，至毛竹丹方伯處，談久坐，歸，已午正矣。見客黎蓮西等一談。中飯後見客二次，圍棋一局。閱通考征榷類，榷茶畢。閱本日文件。至內室一坐。核批札稿，溫歸去來辭、蕪城賦、哀江南賦。二更五點睡。

初三日

早飯後見客三次，坐見者多，清理文件，圍棋一局，寫劉霞仙信一件，共七葉。午刻，鄧寅階、裕生來一談。黃南坡來久談。中間飯後閱通考坑冶、雜征、榷酤，本日文件極多，傍夕至 幕府一談，核批札稿。二更後將哀江南賦硃圈一過。

初四日

早飯後清理文件，見客七次，內坐見者二次，圍棋一局，寫澄弟信一件，沅弟信一件。午正核批札稿，中飯後閱雜征、榷酤，閱本日文件，再閱雜征、榷酤畢，傍夕至內室久談，夜接奉 廷寄二件，核批札各稿。二更後溫送窮文、進學解、秋聲賦、赤壁賦，古文詞賦類溫畢。

初五日

早飯後見客二次衙門期也於立見者三次清理文件
圍棋一局巳正見客坐見者一次立見者一次午正寫信
甫執筆而黃南坡來與之久談又圍棋一局於又見客
二次中飯後見客坐見者一次閱征摧考五偏夕始
畢閱本日文件核多至黃芾府一談核將征摧考
中錯雅訓不記二更後核批札各稿四點睡甚能甜寢
幾至於竟夕不醒豈日內服鹿茸丸藥之效耶

附記

豐吉已在局用二百六十金又支四十湊足三百
粮台再送三百金 內一百私送 係又補一百 請郵

初六日

早飯後清理文件見客坐見者五次圍棋一局寫黃印
山密信一件午刻見客二次核科房批札稿甚多

寫劉印渠信三葉未畢 至萬篪軒家赴宴 主人為西司西道 客為余與朱學使暨黃南坡 毛竹丹 王孝鳳也 申刻歸 閱本日文件 閱通考市糴一 傍夕至內室一談 核寫印渠信一葉 仍未畢 核批札各稿 二更後溫古文 論奏類

初七日

早飯後清理文件 見客 立見者一次 坐見者二次 圍棋一局 將印渠信寫畢 旋寫沅弟信一件 吳纘先來 與之久談 午刻核批札稿 中飯後莫子偲來 與之賞玩新得殿板廿四史 何廉昉之所送也 閱市易考一閱 本日文件 周縵雲采生 又立見之客二次 核改批札各稿 傍夕至內室一敘 核改覆李世忠信稿 又核各信稿 溫書呂刑未畢 牙疼而鬚鬢近日服丸藥大補之過耶

初八日

早起備祭席，因先 祖星岡公冥誕，率家人行禮。飯後見客，立見者一次，坐見者三次。清理文件，圍棋一局，寫沅弟丹信。於又見客，坐見者三次，立見者三次。午刻核批札稿。中飯請同鄉魏蓮西、沈霞亭、潘伊卿等六人便飯，未正畢。閱本日文件，接沅弟信，寄有劉霞仙中丞信一書、奏稿二本，粗閱一遍。已昏，莪生至，幕府一談。於核批札稿，信稿頗多。溫呂刑，仍未畢。二更四點睡。

初九日

早飯後見客一件，清理文件，圍棋未終局，而雲琴來，與之久談。巳刻去，又見客三次。寫郭意臣信一書，請黃南坡、毛竹丹及司道小宴，申初散。閱本日文件，說話太多，倦甚。傍夕閱市糴考數葉，核批札稿，疲乏之甚，不能自持。二更後溫呂刑，三更畢。日內因三次溫

席困倦已極

初十日

早飯後見客二次衙門期也清理文件圍棋一局未畢因繆雲來上學行禮畢又見客三次再圍棋一局倦甚雪琴來留吃中飯是日先生入學備有酒席也楊厚庵來未正飯畢倦困若不克自持步閱本日文件申正閱市糴一畢倦久臥床小睡旋核批札稿甚多二更五點畢是日大雪竟日平地二尺寒冷異常閱侍逆與黃文金上犯江西已至績溪為之憂灼不已

十一日

早飯後清理文件見客一次旋出城拜客雪琴睡謀行刻厚庵南坡俱未會歸與魯秋杭圍棋一局寫李少荃信一封風雪不止酷寒難耐核科房批稿中飯後南坡竹丹來久坐閱本日文件改鹽務摺一件至

更五點畢。旋又改摺一件、片一件，核批札稿。二更四點睡。是日雪大，如坡平地幾及三尺，聞賊已竄績溪，而各軍不能拔營雖勤，憂灼之至。

十二日

早飯後清理文件，圍棋一局，見客二次，寫李高信一件，改片稿一件。午正請客楊、彭等中飯，申初散。閱本日文件甚多，未畢。傍夕至幕府一叙，核批稿、信稿甚多。二更三點後朗誦呂刑。三更睡。是日大雪不止，奇寒不能治事。刻發報二摺二片。

附記

一人　二客　三信　四科

五書　六文　七批　八歌

七處奠吊（李°江°戰°吳　桂劉°范°騄）　°密考摺單　°蘇鹽郭章

四°謝恩摺　°希事四單

十三日

早飯後見客一次，又立見者二次，清理文件，寫沅甫信一件，圍棋一局。大雪不止，至內室圍鑪小坐。午刻見客二次，金眉生與彭雪琴先後久坐。中飯後閱通考市糴二，閱本日文件極少，傍夕後閱市糴二未畢，校核批札稿。二更後溫文侯之命、費誓、秦誓。是日酷寒如故，天容慘黯，不特軍士困苦堪憐，且農家亦恐傷麥乎。

十四日

早飯後清理文件，圍棋一局，旋寫沅甫信一件。巳刻接見張富年、潘鴻燾、毛有銘三次，坐談頗久。午刻孫琹西來一談，核科房批稿。中飯後閱市糴考畢，閱本日文件。萬篪軒來久坐，蔣之純、曾璞山來久坐。又閱土貢考，傍夕至幕府一談，校核批札各稿。二更後

温古文詔令類漢文各詔雖三代誓誥不能過也下唇疼
痛二更三點即睡是日雪止午後放晴酷寒如故

十五日

早飯後因唇疼仍絕多客不見清理文件圍棋一局吳竹莊
自蕪湖来略談良久劉開生等来言繪圖事午刻核科批
稿黄南坡来又与圍棋一局曹禹門来一坐中飯後見客坐
見者一次立見者二次閱通考五頁畢國用一畢閱本
日文件天氣雖晴奇寒如故殆近歲所未有也至内室
圍爐一坐核批札稿二更後閱戴東原文集偶思
士大夫之家不旋踵而敗往往不如鄉里耕讀人家之耐久
所以致敗之由大約不出數端家敗之道有四曰禮儀全
廢者敗兄弟欺詐者敗婦女淫亂者敗子弟傲慢者敗
身敗之道有四曰驕盈淩物者敗昏惰任下者敗貪刻
兼至者敗反覆無信者敗未有八者全無一失而無故

傾覆者也

十六日

早飯後清理文件 旋見客立見者二次 坐見者一次 圍棋一局 又見客坐見者三次 立見者一次 批湖北寄來之手摺 又見客三次 應酬太多 不復能治事矣 中飯後 張鍊渠毛竹丹來久坐 閱本日文件 核批札各稿 傍夕至西小岑處一談 極核改 恩摺稿五件 信札稿數件 二更後閱東原文集

附記

蕉田原奏存紅抄匣內 密考弍存紅抄匣內

十七日

早飯後清理文件 旋見客坐見者二次 立見者二次 圍棋一局 寫沅弟信一件 計四葉 摺差黃高昂自京回 閱京信十餘件 京報二十餘本 周軍門來一坐

中飯請吳竹莊等便飯未末畢 閱本日文件 再看京
報核批札各稿傍夕至幕府一談 核閱趙沅青所為
駢文作李希庵挽聯二付

十九日

早飯後見客坐見者三次立見者二次清理文件圍棋一
局旋又見客坐見者三次立見者四次 巳疲全不復能治
事核科房批稿中飯後見客坐見者一次立見者二
次作范雲吉挽聯一付寫希庵挽聯寫祭幛四幅送
劉坦衢師錢湘吟之父江味根范雲吉閱本日文件
極多未畢燈後始畢至幕府一談筱岑不以挽雲
吉之聯為佳又擬一聯沉吟良久核批稿 三更睡二日
天氣放晴本日始暖有春意

附記

當塗天門書院 趙光緒年
蕪湖鳩江書院 竹莊請

十九日

早飯後清理文件　見客坐見者二次立見者七次　圍棋一局　寫范雲吉挽聯一付　午刻開印行禮　核科房批稿　將去年九月以後奏摺目錄一謄　中飯後朱學使來一談　吳竹莊來久坐　方存之來久談　閱本日文件　核批札各稿　極將批稿核畢　讀趙岐注孟子梁惠王上　二更四點睡

附記

李四問賑事　　厚庵要東征局三千

柯又來處　　程梓庭酌錄用

訪問何銑把總　　包提審

萬處有陋規單　　徐晉裕赴萬處

廿日

早飯後清理文件　見客二次　衙門期也　圍棋一局　旋又見

客坐見者二次立見者二次謄寫目錄畢巳未黃南坡來久談圍棋一局中飯後閱通考國用二閱本日文件剃頭一次閱國用二畢至幕府處談旋核批札多稿倦甚二更後溫孟子梁惠王下未畢三點睡

廿日

早飯後清理文件見客立見者二次圍棋一局旋見客坐見者三次立見者三次午刻核科批頗多中飯後閱國用三閱本日文件見客二次旋因通考漕運中有誤字不可通者繙唐書食貨志細校一過核批札各稿倦甚朗誦蘇詩數首早睡是日積雪未融申刻大雨旋深未止巳刻至朱久香學使處久談

廿二日

早飯後清理文件旋見客立見者二次坐見者二次圍棋一局寫郭雲仙信一封午刻核科房批稿又寫

筠仙處信二葉。中飯後閱通考國用三畢，閱本日文件，核改信稿未畢，忠崖臬來久坐，核信稿批札稿。二更後閱阮文達所纂詩書古訓，四點睡。近日於應辦之事往往因循遷延，不克即日了畢，乃知佚字之病實難克去耳。

廿三日

早飯後見客二次，衙門期也。旋圍棋一局，寫沅甫信一封。万方伯、忠都轉、何廉昉先後來坐談頗久，又見客一次。午刻黃南坡來，圍棋一局。中飯後閱國用考四葉未畢，閱本日文件，核批札各稿。傍夕至萬帥府一談，核改信稿批稿。

廿四日

早飯後至學政衙門甄別書院，借考棚扃試，試題百世之下四句，詩題名譽不如心目肯，與久香學政坐談

良久，旋出城拜客，巳正歸。圍棋一局。寫澄弟信一

封。午刻黃南坡來，久坐，中飯後去。倦甚，又與眉生久談。閱

本日文件。困倦殊甚，若不克治事者。至內室散步。又在書房

小睡。核藩年終密考單畢。江西各員注考未畢。二更四

點睡。是日專人送錢湘岑錢，蔡福保及劉宅、李宅賻儀等禮。

廿五日

早飯後見客二次，衙門期也。清理文件。圍棋一局。陳虎臣

來，久坐。午刻核科房批稿，類多。中飯後再核密考

單。閱本日文件。密考單粗畢。至幕府一談。旋又

將密考單細核一過。改摺一件、片一件。二更三點畢。溫

孟子齊人伐燕取之章，至養氣章止。是日治事稍多，疲

乏殊甚。

廿六日

早飯後清理文件。旋見客，坐見者一次，立見者五次。將密

單等請友至內謄寫寫朱久香學政信一件沅弟信一封

圍棋一局午刻核科房稿甚多中飯請忠鶴皋丁仲文張仙舫等便飯飯後閱本日文件核科房批稿〔葆中友〕信稿与眉生久談核改摺稿一件片稿二件倦甚二更三點溫孟子仁則榮章至滕文公止

附記
○○○
蕭王馮信

廿七日

早飯後清理文件見客多立見者四次圍棋一局改摺片一件改信稿數件午刻核科房批稿黃南坡來久談又圍棋一局中飯後閱本日文件寫對聯挽幛掛屏六幅約三百餘字核葆中府批稿傍夕与葆中友一談核再核批札稿二更後溫滕文公上下篇是日發報二摺三片一清單

附記

王志行 免房費 闈平相陳件

江標采 接王缺 劉松岩信

廿八日

早飯後見客坐見共二次 立見共三次 弈圍棋一局 已刻

陳心泉蔡純齋來坐甚久 午刻 核科房批稿 是日摺

差弁占琦進京送年終密考摺及福字 恩摺又沅

豐鮑万多函 恩摺詳對一遍并京信數件 中飯後朱

久香学政來將代看書院各卷交還 即命書瀚携

寄名後与之久談 閱本日文件 寫對聯二付 挂屏四幅 傷

夕至內室一談 紀澤見本日小蕙來 出 鄧寄之來久坐

夜核批札各稿 二更三點 溫離妻上下二篇 五點睡 倦甚

是日接年 建寄一件

廿九日

早飯後清理文件 旋見客坐見者兩次 何小宋中丞室

單晤甚久 圍棋二局 午刻見客坐見者一次 立見者一次

核批稿 說話太多 倦甚 中飯後閱通考賑恤畢

又閱鹽貨一卷 閱本日文件 傍夕至內銀錢所一坐

又至鄧宅一坐 燈核批札稿頗多 二更二點溫韓

上下 四點入內室睡 是日午刻李眉生來久談 因與

之言三樂三舊之目 申刻寫對聯五付 掛屏四〔二〕幅 四

更二點 閱紀澤之病加重 夫婦起視 見其汗出如

雨 壯熱不止 因請歐陽小岑診視 用朱术蒼草薑附

五更服半帖 汗漸止 次日大愈

附記　原單闕牧開　存紅格匣內

李方炳　滁州李家集人　乃綠

李春芳　滁州界牌集人

李顯安　李世忠之義子四行　運漕人

胡寶賢　李顯謨之書識　六安人
胡寶書　寶賢之弟　代李世忠管田莊　曾在各卡権民米
宋學文　杜宜魁之部下　副將　現在金梆抗不撤勇文城　又勒人田
　　主書青契
劉葳高　杜部副將　與宋同惡
楊永清　金梆人　師帥　副將　刑男　搶牛
鄭宏謨　來安水口集人　藉營抗官
又記
成彩蒲毛單　江田丁漕三案抄本
扁韻鳥罪狀單　汝青屆柳信

二月初一日

早飯後江武賀朔共一概內絕不見清理文件　圍棋二局　出門弔王孝鳳渠彰閣計丁外艱也　旋出城送黃南坡之行　午正歸　見紀澤之病已痊愈　中飯後閱通考輿地一畢　閱輿地之數葉　寫對聯挽幛八件　閱本日文件　傷多倦甚　小

睡。在核批札各稿。二更後溫告子上下，四點睡。是日接沅弟信，知金陵城賊已合圍，只未出後湖一段，且喜且懼。喜沅弟苦心經營，將有蕆事之日；懼窮寇冒死衝突，如黃河將合龍時之走掃也。不勝戰慄之至。

初二日

早飯後清理文件。旋見客，立見者五次，坐見者二次。圍棋一局。寫沅弟信一件，沈幼丹信一件，未畢。黃南坡來久談。又與圍棋一局。萬篪軒來一坐。中飯後將沅信寫畢。見客，立見者三次，坐見者二次。閱本日文件。正刻通考輿地二，未畢。傍夕至幕府一談。在核批札稿。二更倦甚，小睡。溫孟子盡心上下篇畢。是日接廷寄一件。

初三日

早飯後見客三次。忠堂來，談甚久。又立見者二次。清理文

件圍棋一局陳兕臣來久談頃又見客一次久談倦甚閱
寶蘭泉塼錄寸錄中飯後再閱之寫對聯八付閱本日
文件核江寧七屬暨儀征并附場七州縣鹽務至核
二更核畢又核各批札信稿三點後溫古文辭類纂
六首漢語八首

附記

漢局 言 轉運 文應　武穴一 靳　西塡一 陳　曹局一

初四日

早飯後清理文件頃圍棋一局見客坐見者二次立
見者二次寫澄弟信一件核科房批稿午刻將以方
輿紀要與通考核對將紀要題識冊西中飯後閱通
考輿地二未畢閱本日文件寫對聯橫披閱寶蘭泉
錄寸錄傍夕至幕府一談核批札各稿頃溫古文辭
類西漢多篇畢

初五日

早飯後清理文件 旋見客二次 衙門期也 圍棋一局 寫對聯十三付 見客一次 午刻核科房批稿 倦甚 小睡半時許 中飯後馬穀山方伯來 到久談 万篪軒亦來久談 閱本日文件 至刻閱江蘇減漕說帖 溯法偏多 與李眉生一談 夜核批札各稿 二更後溫東漢書 多誦 五點睡 不甚成寐

附記

王仁輿請封其父守策母陳氏 州同 隨帶加二級 五品職銜

同治二年七月十六日在湖南省局交銀訖 原信寄沅

初六日

早飯後清理文件 旋圍棋一局 寫對聯廿九付 至眉生處一談 午刻核科房批稿 小睡半時許 中飯後閱通考輿地二山西 寫沅弟信一封 見客一次 閱本日

文件申正再閱通考備夕未畢 又小睡片刻更初核批札各稿二更二點後溫語全類三首四點睡

初七日

早飯後清理文件旋見客坐見者三次立見者三次圍棋一局寫對聯十二付 天氣奇寒至內室一坐 午刻核科房批稿小睡半時許 請萬篪軒馬穀山等中飯 申初散 閱本日文件 閱通考輿地二畢 傍夕至李眉生處一敘 核批札各稿 未畢 二更二點溫陳琳討曹氏檄

附記

鄧旭嵐

周玉鴻 鎮遠人 捐知丞隨馬方伯　畢健 陽湖人

南北兩台卡員單 稽　北台委員 札　居盛呈鹽務單 批

楊泰可靠之員 札　寧藩糧台事宜 飭　均存紅匣

初八日

早飯後見客 坐見者三次 立見者三次 清理文件 圍棋一局

巳刻朱久香前輩來約坐一時許午初出門拜万馬二方伯均会晤見客一次中飯後閱本日文件申正閱輿地考兗州青州傍夕至英帥府一談燈後核批札各稿二更一點未畢二點後溫討吳蜀檄三首四點睡是日天氣黯慘嚴寒異常不知金陵等處別有變端否

初九日

早飯後見客立見者二次清理文件圍棋一局萬篪軒來久坐旋至内室一坐寫對聯十二付午刻核科批稿至紀澤處与論蘇詩李眉生來久談中飯後閱通考輿地條兗州又閱揚州未畢閱本日文件核批札各稿傍夕小睡燈後又核批札稿二更後溫古文類纂數首是日天氣陰雨將寒余所作之事甚多此心為之少快蓋見客無多則自覺日之舒長也

初十日

早飯後見客二次衙門期也清理文件旋又見客立見者二次圍棋一局寫季君梅信二葉李少荃信一件寫對聯八付核科房批稿午刻小睡中飯後閱輿地楊叔數葉王朝綸來久談旋閱本日文件頗多酉刻閱楊叔畢閱荊州數葉傍夕至錫雲亭處一坐夜核批札各稿二更後溫詔令類陸宣公數首二更四點睡是日風雨瀟寒氣象愁慘雨聲竟夜不息有似咸豐十年十二月間景象朱久香學使以洪範恒寒恒風相警余於巳刻為書答之寸心惴惴不知金陵有何變否

十一日

早飯後清理文件旋見客坐見者一次立見者二次圍棋一局寫沅弟信三葉季高信四葉至李眉生處一敘午刻核科房批稿中旋閱朱子文數首小睡片刻中飯後萬方伯來一坐又立見之客一次閱輿地考荊州閱本日文件至

刻核批札稿傍夕至花中房一談燈下改摺稿一件二更
後溫詞令類韓文數首

十二日

早飯後清理文件圍棋一局見客一次作摺片一件
又改摺片一件中飯後見客一次添勇丹信二葉閱輿
地考涿州閱本日文件閱朱子文集數首傍夕至小
岑處一坐核批札稿二更後溫詞令類歐曾諸
是類溫畢

十三日

早飯後見客三次又立見者一次清理文件圍棋一局
馬雨農學使來久坐魏連西來久坐午刻寫大壽字及
綾幛各三件又扁二件中飯後倦甚至眉生處一敘
閱輿地考深州閱本日文件傍夕剃頭燈後核批
札各稿二更後溫詩經關雎至采蘩止是日天氣新

寒勝仍有潮寒寒未解接奉 批諭是正月廿七所發之摺批
迴步

十四日

早飯後見客立見者三次清理文件圍棋一局寫
澧弟信一封寫對聯九付又下款廿條付午刻見客立
見者三次坐見者一次至眉生處一談小睡片刻閱王船
山說文廣義中飯後閱輿地考第卷未畢閱本日文
件甚多偶至內室一坐核批札稿二更後溫
詩經召南畢 三點後始能成寐

十五日

早起接見文武各員賀望者又辰正見畢清理文件圍
棋一局寫沅弟信一封出門拜朱久香學使歸與李
眉生一談午刻小睡聞喬中丞到出城迎接未正歸中
飯後喬中丞來久坐又見客坐見者二次閱本日文

件 閱輿地考梁州畢 雍州閱十葉 眼蒙殊甚 傷
夕小睡 核批札稿頗多 二更後溫詩邶風至擊
鼓其鏜止 三更點睡

十六日

早飯後清理文件 旋見客坐見者二次 立見者二次
圍棋一局 出門拜喬中丞 巳刻劉開生等來 至所畫
長江圖式 旋與之圍棋一局 午刻至眉生處一談 見客
立見者二次 坐見者二次 喬中丞來久坐 中飯後寫對聯
九付 閱本日文件 嘴唇作疼 疲倦殊甚 傷夕小
睡 核批札各稿 二更後困乏不能成（作）一事 三點睡 是
日有歙人汪宗沂者 王子懷之壻 呈所作禮樂一貫錄
雖學識尚淺而頗有心得

十七日

早飯後清理文件 旋見客坐見者二次 立見者三次 圍

棋一局　寫毛寄雲信一件　旋又見立見者一次　坐見者二次
寫沅弟信一件　午正小睡　請喬中丞便飯　未正散　閱本
日文件　至刻寫對聯十付　偏夕至藩府一談　核批
札各稿　日內因嘴唇作瘡　心火熾旺　故二日不看書　本日
繙閱書記洞詮　二更後含冰片於口內　三點睡　瘡稍愈
矣

十六日

早飯後見客坐見者一班　立見者一次　清理文件　圍棋一
局　拜發萬壽賀表　旋又見客坐見者二次　立見者一
次　寫掛屏未成幅　莫子偲來一談　旋又見客二次　張江陵
相國之十世孫來　言其先宅　至本朝已為荊州駐防
太岳之墳墓則至今無恙　中飯後見客坐見者二次　閱
輿地考雍州未畢　閱本日文件　喬中丞來久談　偏
夕至眉生處久談　核批札各稿　二更後溫史記數

首三點睡
附記
密史後集　馬到任一集　安慶分鹽釐單
十九日
早飯後清理文件旋圍棋一局見客坐見者三次立見者
二次午刻李世忠派總兵陳自明等一見朱久香前輩來
久談中飯後見客坐見者二次立見者二次閱輿地考雍
州未畢閱本日文件申刻見客坐見者一次立見者二
次核批札稿未畢傍夕至幕府一談核改批稿核
畢溫詩凱風至二子乘舟止二更四點睡是日午刻及燈
後均小睡片時
二十日
早飯後清理文件見客二次衙門期也旋立見者二
次圍棋一局丁嵩保筱鄉來久坐戊戌同年久官

江西窘困不能自存解軍火來此與之圍棋二局魏漣
西來談劉久午刻與李眉生久敘中飯後閱輿地
考雍州閱本日文件酉刻喬中丞來久坐又見客
立見者二次坐見者一次傍夕與紀澤講養生之道申
刻寫何小宋挂屏四幅約二百餘字小睡片刻核
批札各稿溫詩鄘風至衛之淇止二更四點睡天氣鬱
晴甚日舒長是日見客最多且久而公私事仍不展

二十一日

早飯後清理文件喬中丞來略坐楊德亨來一敘又立
見之客二次出門至喬中丞處道喜渠於本日接印也
歸後見客一次圍棋一局李芋仙送大宣紙索書長丈
二尺寬五尺為之書伯東姪由僅寫四行少為歇息
紙薄而澀不宜書筆小又彰敗不稱意也午刻至李
眉仙處一敘午正請朱久香前輩便飯琴西葉譽岩

等作陪 未正散 閱本日文件 再書伯寅昨三行 閱
輿地考雍州畢 閱南越數頁 傍夕小睡 檢核批札
稿 温韵竹竿 起至鄭大叔于田止

廿二日

早飯後見客三次皆未談 刻 清理文件 圍棋一局
旋又見客 生見共三次 寫伯寅昨三行半畢 至眉生
處一談 畢 午刻 喬中丞來一敘 旋去 小睡片刻 中飯
後閱輿地考南越 閱本日文件 接信 知常州於十二
日克復 [illegible] 寬慰甚 金逸亭來略談 寫對聯七付 傍
夕小睡片刻 檢核批札各稿 閱周易張惠言與濬
所為古體詩八卷 亦吾鄉近日傑士也 二更後温詩清
人至還 止四點睡

廿三日

早飯後見客 生客共一次 主見共二次 清理文件 圍棋

一局。馬穀山、孫琴西先後來一談。寫對聯七付，扁一件。改復李蓮信稿。寫沅弟信一件。又見客一次。午刻核科批稿。小睡片刻。中飯後，金逸亭來久坐。閱輿地考畢。閱本日文件甚多。喬中丞來辭行，余亦往送，未晤。至幕府一談。小睡片刻。旋核批札各稿。溫詩，看至碩鼠止。倦甚。二更三點睡。天氣漸長，入夜輒疲乏難振，亦老態也。

廿四日

早飯後清理文件。圍棋一局。旋出城送喬中丞，渠至臨淮接防也。自城外歸，至劉伯山、郭慕徐處一談。迴寓，寫沅弟信一件。午刻小睡大半時。中飯後，李芋仙來一談。閱通考刑一卷。閱本日文件。至李眉生處一談。至正改復劉松岩信稿，未畢。核批札各稿。旋又核批札稿。溫詩，唐風至葛生止。倦甚。二更三點睡。日來內人病頗深，蓋咳嗽太久之故。

附記

○應忠一件　○李世忠一件　○黃牧如一件

○裁兵一摺　○水師命案一摺　○孫尚紱一件

○李鍾一件　○嚴定國改名片　○江長貴一件摺

○近日軍情一片

廿五日

早飯後見客三次，衙門期也。第四次見馮魯川，因與之圍棋一局。客退，清理文件。旋又與魯秋航圍棋一局。旋又見客，坐見者二次，立見者二次。已覺困倦不能治事，因小睡。閱王船山書引義中。飯後閱通考刑二，閱本日文件，未畢。出北門城外，接唐義渠中丞。逕至彼西城閱刑二一卷，未畢。將本日文件閱畢。至義帥府一談。小睡片刻。夜飯後唐義渠來久談，二更後去。核批札各稿。四點睡。

附記

○粟下河買米二万

廿六日

早飯後見客二次丐小蓀來與之圍棋二局清理文件旋出門拜唐蔭渠歸至眉生處久談午刻見客坐見者一次立見者三次倦甚中飯後小睡片刻唐蔭渠來久坐旋閱本日文件甚多改摺稿二件片稿六件至二更後畢核批札各稿未畢四更點睡

廿七日

早飯後清理文件旋見客坐見者二次立見者二次圍棋一局寫沈幼丹信一件計七葉改近日軍情片稿一件午刻小睡片刻何小宋來一談又立見之客二次請丐小蓀馮魯川等便中飯觀丐馮對奕二局閱本日文件至幼眉生處一談閱通考刑二刑三發報三摺五片一清單核批札各稿未畢至桓二更始核畢溫詩經南何有至衡門止四點睡

廿八日

早飯後清理文件 旋見客 坐見共三次 立見共二次 圍棋一局 旋又見客 坐見共五次 劉伯山与孫葉田坐談甚久 劉携其所藏西岳華山廟碑 在世所傳三本之外 三本者 一長垣本 宋湯□成親王等所遞藏 後歸劉燕庭者也 一四明本 全謝山及范氏天一閣所遞藏 後歸阮文達者也 一華陰本 王山史 朱竹垞 何等所遞藏 後歸梁茝林者也 劉氏本則其父文淇孟瞻於揚州市肆得之 久不見稱於世 亦可寶也 孫葉田學士以言事獲咎 正月休致 自京歸來 說話稍多 中飯後又見客一次 閱通考刑三竟 不能入 掩卷一如未讀者然 至眉生處久談 閱本日文件 小睡二刻許 寫挂屏四幅 對聯二付 核批札各稿 核又改劉松岩信稿及各批稿 核各案 僅詞 溫詩東門之池至下泉止 近日思百種弊病皆從嬾生 嬾則弛緩 緩則治人不嚴 而趣功不敏 一處遲則百處懈矣

廿九日

早飯後清理文件。旋見客，坐見者三次，立見者二次。圍棋一局。出門至錢子密處，因其父本日出殯也。旋至孫蕖田一談，歸。江軍門來一敘。又立見之客一次。午刻魏蓮西、沈曙亭來久談，留吃中飯。飯後寶蘭泉來久談，約二時許。大雨如注，客亦難行，兩十餘年舊好，言之難盡也。閱本日文件，核批札各稿。核改信稿數件。韓琳起信，改甚多。二更三點後溫詩豳風。四點睡。是日汪梅村寄新刻 皇朝中外一統輿地圖凡三十二冊，首冊序跋凡例，中卷為京師，此二十卷至俄羅斯北海止，南十卷至越南止。大致以康熙、乾隆兩朝內府圖及近人李兆洛圖為藍本，而增小地名頗多，亦鉅製也。

三月初一日

早間凡文武賀朔者皆謝，不見。飯後清理文件。旋圍棋一局。寫沅弟信一封。江軍門、孫琴西兩來辭行，一見。將汪梅村所送輿圖一匣。至李眉生處一坐，寫對聯二付。蘭泉來，痛談近兩時許。中飯後，再寫對聯六付。閱本日文件，閱通考刑三，仍以神氣昏倦，不能入理。金逸亭來久談。至荃帥府一談。傍夕小睡，旋核批札各稿。溫古文辭賦類下。日內風雨不止，不知金陵大營近狀如何。余以近日見客稍多，公私俱不免懈弛，深為愧悚。

附記

寄鮑信　宗楊豐衣　保叙翔

備王名單 紅匣

初二日

早飯後清理文件，圍棋一局，見客，立見者二次，坐見者一次。出門拜賓蘭泉，久談。又拜徐雨仙，歸至李眉生處一叙。旋寫對聯八付。核科房批札稿頗多。午正請唐蔚侯便飯。飯後錢子密來一談。閱本日文件，閱通考刑三。是日始將細看

入理傷文剃頭一次小睡片刻夜核批札各稿二更後閱
辭賦類下四點睡是夜閱竇蘭泉近作辨論十餘
首多閱歷之言而文氣多未能入古

初三日

早飯後清理文件見客坐見者二次立見者二次圍棋一局旋
又見恕之斌方存之少坐一刻天氣陰雨作寒不似三月氣
象殊用為憂旋又見客坐見者二次立見者二次寫對聯八
付午刻核科房批稿閱竇蘭泉辨論一本中飯後批改
紀澤所作擬解嘲一首閱本日文件改紀澤所作江忠烈
公墓表至傍夕畢夜核改批札各稿閱沈幼丹奏請
將江西釐金全歸本省殊以為慮二更三點後溫郊祀歌
五點睡

初四日

早飯後清理文件圍棋一局旋見客坐見者二次寫沅弟

信一書 沅弟信一書 鮑春霆信一書 又李眉生信一書
雲仙一生寫對聯五付 午刻竇蘭泉來久談 言及閩人
祝桐君善於音律 蘭泉因與之寫一信 約祝君來安慶小住
午正朱久香前輩 孫葉田來此 是日請三君宴集也 未末
散去 閱本日文件 酉刻核批札各稿 傍夕至幕府一
敘 夜閱鈇寸錄 倦甚 小睡 二更後溫蘇詩類 下楊子雲
百官箴乃後人贋作 然後嘆姚惜抱之精鑒耳 是日接信
知嘉興業於十八日克復矣

初五日

早飯後清理文件 旋見客一次 衙門期也 圍棋一局 旋又見客
立見者一次 坐見者一次 巳正陳虎臣來久坐 漳州鎮李成謀來
見 將令其到任 午刻核批札科房稿 頗多 寫對聯六付 中
飯後溫蘇詩 李眉生 雲仙一談 竇蘭泉來署小住 與之久談 旋閱
本日文件甚多 酉刻畢 核改批札信稿 傍夕小睡 夜

与蘭泉一敘核各稿畢温序跋類下二更四點睡

初六日

早飯後清理文件旋見客坐見者二次圍棋一局改紀澤
文二首詩數首馬雨農來久坐寫對聯五付午刻核科房
批札各稿中飯後与蘭泉久談至眉生處一談閱李召文
件啟悉杭州餘杭於二月廿四日克復金逸亭來一談閱通
考刑法三畢核批札各稿倦憊困殊甚偃臥小睡旋核
批札信稿數多二更温詞賦類下四鼓點睡不能成
寐一則因江西截留釐務一摺心中鬱惱一則因春氣
稍燥新服丸藥或不相宜是日接李竹屋信贈一端
硯甚舊而發墨蘭泉以為可值二十金也

初七日

早飯後清理文件旋圍棋一局見客多立見者一次坐見者
四次寫陳季牧信一書沅弟信一書午刻核科房批稿

旋寫對聯七付午飯後見客坐見者一次閱本日文件至眉生處一談申正核批札各稿旋至藩府與蘭泉及子密等坐談酉初小睡戌刻在核批札稿畢溫詞賦類下高祖功臣頌等篇二更四點睡渴睡殊甚而內人終夕咳嗽病勢不輕良以為慮是日辰刻閱鴻兒及王甥羅婿兩作附文尚甚進境又閱澤兒所為古詩擬東坡八首進工甚猛有一日千里之概亦可喜也

初八日

早飯後清理文件旋見客周軍門一次馮魯川一次因與之圍棋二局馬穀山等來談石昌猷一案旋又見客立見者三次坐見者三次王少庚來談甚久午刻核科房批稿寫對聯九付倦甚小睡未初至馬方伯處小宴申刻歸閱本日文件旋親審楊復成一案見發審各委員二次疲乏

不能治事 倘又不睡 極核批札各稿 二更後溫蘇詩類
下

附記
內所二案 書局章程
揚餉一案 淮北章程

初九日

早飯後清理文件 与賓蘭泉圍棋一局 旋見客坐見者
三次 立見者二次 用油紙習字一張 核摺片稿三件 寫對
聯三付 午刻核科房批稿 至眉生處一談 唐二處
渠來一談 中飯後改摺稿一件 閱本日文件 昨日叙訊
之揚復咸於二兩年九月在安遠賢河集領餉七百
兩 各營皆發每勇一兩 揚營僅發每勇四錢 又每人短
平三分四分不等 閱其平下粘小鉛塊 左右輕重不勻 又九月之
餉糧台業已發至 揚復咸虧欠全未發動 除去哨弁

借支之七百八十餘兩又除去楊復咸九月起支薪水銀二百兩又除去楊十冬臘正四个月可支之薪水銀八百兩又除去墊發五月廿八九卅日口糧銀三百兩又除去借支卹之養傷銀百餘兩實尚虧欠銀六百餘兩俟吾軍餉罷無可匯因請大令立正軍法派臬司與中軍監視行刑近日各路兵勇手苦營官尅扣致富不得不懲一以儆百也親批定案又與臬台中軍一見不憚其良久稚核批札多稿傍夕至眉生處與談地理大指極與蘭泉一談溫翁雅類下嵇康潘岳諸作二更四點睡不甚成寐

初十日

早飯後見客二次核清理文件方存之來久坐與魯秋杭圍棋一局又見客二次存之送古文四本因繙閱十餘篇午刻朱久香前輩來一談核科房批稿寫對聯七付

習字一張 至李眉生處一談 中飯後至蘭泉處一談 閱本
日文件甚多 文案房職員歐陽侗等訐告內銀錢所
因親寫一長批 痛責而斥革之 傍夕接沅弟信 知白鬯
於初七日克復孝感 為之一喜 又閱沅弟近日家信 有病容 為之一
憂 傍夕小睡 夜作江西中丞處信 仍歸本營摺稿 約七百字
尚不過三分之一 二更睡 四點成寐 五更二點醒 因金陵未
復 沅弟進灼 餉項大虧 江西截留釐金 及楊復成餉 倒見
教等事 對心憂悶 常不自得 甚矣任事之難也

十二日

早飯後清理文件 旋見客 立見者二次 坐見者三次 圍棋
一局 再作摺稿 至日旁作畢 約二千餘字 午刻見客一次 未
刻至朱學使處送行 申刻閱本日文件 傍夕與李子眷坐
圍談 夜核批札各稿 二更後改片稿一件 三更睡 五更
醒

附記

專人坐輪船送万札　○錄子託蔣

劉札　江蘇圖寫精楷

九江洋稅一年期滿

收七十四万二千四百兩

英法扣賠款二十三万一千七百九十五兩

雜項支銷十五万五千五百兩稍欠

共三十八万七千零

協解浙江八万

解皖台六万

接濟江防一万

江廣兩軍二十萬零五千兩

共三十五万五千

十二日

早飯後清理文件　圍棋一局　將昨日摺稿再一刪改　見客二次　與開生等坐甚久　旋又見客二次　至眉生處一談　午刻

核科房批稿寫對聯五付小睡片刻中飯後周子瑜來久坐
閱本日文件寫沅弟信一件莫子偲來久談黃叔三摺五片一清
單羅少仙傷多次小睡核核批札各稿二更後溫蘇軾題下二
首睡時因本日爭權奪疏內有參沈帥毋之語不知果否
天理人心之公否悒悒若不自得

附記

王室生件存紅匣　　楊恒樞為獨生

十三日

早飯後清理文件見客一次又立見者一次圍棋一局批鮑春
霆案一件核批札稿甚多午刻核科房批稿至幕府一
談寫對聯六付至易眉生處一談中飯後閱本日文件劉松
岩方伯寄來江蘇漕米科則表凡四張前三張各七十則第四
張五十一則共二百七十一則其中每畝科五四斗以上者一則三斗以上者三十四則
上者一則二斗以上者二則一斗以上者七十則八升以上者三十二則……以下……升以上者……

南十七則（五升以上共二十九則，五升以下共八十二則）不及一升共十則 條理者居精密 寫沅弟信一
件 日內如裕九日之報 楊肇官裕十日之革 歐陽侗等十一日之作
身江西糧臺釐局皆惱怒忿疾 機心觸發 多過二日方寸為昏
濁 玉刻與幼丹生氣 紀澤兒從後核批札稿 溫高鑑類
下 二更四點睡 內人竟夕咳嗽 病勢殊重 閱之亦難安枕 燈下
添李竹屋信二葉 公雲文信一葉

十四日

早飯後清理文件 旋圍棋一局 見客三次 又立見者一次 寫澄弟
信一書 核批札稿數件 倦甚小睡 午刻寫對聯四付 摺稿
稿上 琦自京歸來 接閱京報 見正月廿三日邸鈔 本年京察
國藩得邀優敘 考語優嘉甚厚 同得獎敘 內則議政王
及軍機大臣五人 外則官駱左李四人 因部文未到 不能具摺
謝恩 旋看京報數十本 申飯 徐述卿世兄王少庚
等小宴 申初散 閱本日文件 接郭雲仙信 甚長 王翊

出門拜客周子瑜唐家渠處一談歸至李眉生處一談核批札稿旋再閱京報寫沅弟信一件溫蘇詩雜類下二更三點睡近日省察自己短處每日間總玩時多治事時少看書作字治私事時多察人看稿治公事時少職分所在終日讀古書其曠官廢弛與廢於酒色游戲者一也莊生所謂臧穀所業不同其於亡羊均也本無知人察吏之才而又廢外間之討究察訪之功深有愧矣

附記

寧藩司所屬官單　李世忠與張熙元信稿

鄧台解霸毛等軍火清單　江西三年入餉解皖單

同治二年江西釐稅全單　又一簡單　張學醴自呈略節　均於紅匣

十五日

早飯後各文武賀望見客十餘次巳初畢清理文件圍棋一局核改批札稿倦甚閱梅伯言文數篇午刻核科

房批稿 寫對聯六付 至幼眉生處一談 中飯後閱江西石昌猷一案卷宗 分別另件 稍記其節 於閱本日文件甚多畢 又閱石案各卷 傍夕至幕府一談 夜又閱石卷 至二更眼蒙不能多閱 二更後溫蘇跋類 下半夕溫畢 倦甚三點睡 石昌猷一案卷宗甚多 竟日所閱不及十分之一 此外如此案之繁重者 正復不少 不能一一細看 可煩而目眩深 實隕越耳

十六日

早飯後清理文件 圍棋一局 核批札各稿 接奉 寄諭 再問能否親赴金陵 擬即日覆奏 親赴金陵及東垻等處查閱 因料理京 出發以前應行清釐之事 巳正至幼眉生處一敘 午初寫對聯六付 小睡片刻 中飯後見客三次 唐義渠談甚多 於閱本日文件甚多 申刻閱石昌猷一案卷宗 傍夕至幼眉生處與談 出外時應用之人 夜將批稿核畢 閱石昌猷一案卷宗至

二更五點睡。將努力多看幾件，至三四更乃息，而眼蒙殊
甚，不能開視，自愧精力孱薄，無能副此巨任。

十七日

早飯後清理文件，圍棋一局，旋見客，立見者二次，巳刻坐見
者一次，寫沅弟信一件，語多不平之氣。午（巳）刻核批札各稿。
午刻又核科批稿，寫對聯八付，小睡半刻許。中飯後，至眉
生處久談。旋接信，毛竹丹於十三日在徽州失利，十四日賊
圍郡城。又聞賊將大舉來攻東垻，憂灼之至。寫左季高
信一件，閱本日文件。本擬即日赴下游巡視，今徽州大警，
上游無所秉承，不能東行。坐連日諸事擠，抑雜以客氣，悒悒
若不自得，即逆知當有危發。今聞徽州之警，方寸紛亂，殊
覺行坐不安，因再圍棋一局，以散煩鬱。又撥鮑軍派勁旅四營
東援。核批稿頗多。黃昌岐在此管理錢穀案件，將及一年，
為各處所深惡，本日批撤差，可傷。夕，龐省三際雲來久談。

昔年京師在余宅教讀者也 接鮑春霆派人解送二
偽王來省 一偽列王方成宗 一偽翰王項大英 作書與沅弟
春霆各一件 批其並啟東堤 二更後閱梅伯言文
數首 四點睡 竟夕不能成寐 憂徽州東堤二處也

十八日

早飯後清理文件 旋見客二次 又立見者一次 圍棋一局 巳
刻見客二次 馬方伯坐最久 午刻寫信一件與沅弟 接祁
門信 徽州於十五日獲一勝仗 西賊已由龍灣南犯江西婺源
矣 接澄沅弟排單信 知蕙妹病極重 叫亭外甥宜於明日馳
歸省視 念手足之方殷 感骨肉之多故 方寸鬱鬱 殊不自克 廳
省三 榮純 高先後來久坐 中飯後閱本日文件 至眉生處略
談 閱石昌猷一案卷宗 傍夕小睡 燈下再閱石案卷宗至二更
四點睡 倦甚 多不能成寐 是日將昨解到之二偽王正法

十九日

早飯後清理文件 旋見客立見者二次坐見者二次圍棋一局 黃南坡來久坐 楊仲乾曹西垣先後來坐 午刻王子懷侍郎來久坐時許 唐義渠來一坐 見客太多 倦甚 中飯後至眉生處一談 寫郭意城信一封 見客二次 閱本日文件 知徽州之賊全竄江西 雖徽州幸保 而詒患於江西 共其咎更愧之至 又接信言及救浙事 趙惠和多亦以當時面論蔣之純時未及細思爲歉 寸心躁不自得 核批札各稿 傍夕至幕府一談 核閱江西石昌猷一案案宗二更後倦甚 不能多閱 因閱梁茝林退庵隨筆 四點睡

是日王叶亭外甥畢家派李鼎榮送之

二十日

早飯後見客一次 旋清理文件 圍棋一局 旋又見客二次 劉開生等談頗久 核批札各稿 午刻龐省三來久談 倦甚 閱退庵隨筆 小睡 中飯後至眉生處一敘 旋將錄字堂老點

客一次，巳刻出城，拜李懷、黃南坡二君，久談，午刻歸，申刻閱文牘，徽州唐毛兩軍於十七日大敗，憂灼之至，旋閱本日文件畢，再圍棋一局，見客二次，寫沅弟信一件，春霆信一件，傍夕至幼丹、香生二處一談，燈核批札各稿，閱道庵隨筆，二更四點睡，內人咳嗽病甚重，殊為可慮

附記

朱守謨聯。　李笆三聯。札。信。　賀聯。

惲。信　保馮丁陳江方楊

廿日

早飯後清理文件，旋見即用知縣王鴻飛，王靜庵有信來薦之，韓城王文端之本家，頗安詳明練也，又見客坐見者一次，立見者二次，圍棋一局，吳翀雲來久談，旋又見客坐見者二次，午刻黃南坡來久談，中飯後周軍門來一見，旋閱本日文件，接奉廷寄二件，因江西戶部奏江西釐務半歸本

省心中鬱悶殊甚。核批札、稿件。申刻剃頭一次。檢閱退庵隨筆。二更三點睡，心中因餉項十分懊惱，而又念吾弟之無多了已身之力不任，垂抑抑不自得，久不成寐，內人咳嗽亦竟夕不得安也。

廿二日

早飯後清理文件，見客坐見者一次，立見者二次，圍棋一局。旋寫少荃信一書，劉松岩信一書，沅甫信一書。巳正小睡。午刻黃南坡來，談，與之圍棋一局。請周子瑜、唐家渠、龐省三等便飯。飯後閱本日文件。徽州上溪口、屯溪等處一片賊氣，憂悶之至。狂風甚雨，竟日不止。核批札各稿。閱退庵隨筆，稍以解悶。酉刻與紀澤兒一談，學業頗進退之道。傍夕小睡片刻，核改摺稿、片稿四件。二更後倦甚，再睡片刻。三點睡。日內鬱鬱不自得，愁腸九迴，其一則以餉項太絀，恐金陵之事功敗垂成；徽州賊多，恐三城全

失詒書江西一則以用人太多恐中外疑我擅權專利江
西爭釐之事不勝則餉缺兵潰固屬可慮勝則專利
之名尤著亦多可懼反覆籌思惟告病引退少息三
二年庶幾害取其輕之義若能從此事機日順四海銷
兵不用吾引退而長終山林不復出而與聞政事則公私之幸
也

二十三日

早起至學宮拜牌是日　皇上九歲萬壽也早間陰曀
未開至巳刻始漸見開朗午後太陽照地酉刻晴霽矣
早飯後見客一次又立見者一次清理文件圍棋一局因早飯後
嘔吐身不敢治事閱廣名將傳以自娛午刻見客一次小
睡半時許中飯後周子瑜來久坐至眉生處久坐閱本日
文件核批札各稿信稿甚多閱名將傳傍夕小睡燈後
閱名將傳二更後閱古文書牘類將王羲之數信與書

記洞詮一對 是日接徽州祁門信二十日尚無恙 而賊已由龍灣下竄婺源江西矣

附記

寄信与梅生并咨

三月初六日成保歐陽由樊城對河十餘里之龍坑河進

周鳳山由樊城東北六十里之劉家集進大敗捻匪頭隊已竄陷省內郢之文尾隊尚在老河口之上薛家集

二十四日

早飯後清理文件 旋見客三次 圍棋一局 寫澄弟信一書 沅弟信一書 午刻小睡 核批札各稿 中飯後至幼眉生處久談 張錦瑞來久坐 閱本日文件 酉刻廖養泉來久坐 核信稿二件 傍夕至黃中府處談 核又改信稿二件 近日軍情信改三百餘字 二更四點睡 不能成寐 閱紀鴻兒近日課文頗有長進

附記

俟徵知縣鄭啓明号跡　孟竹亭繼康

資欽亮柏巫蒙官　品高　應宗　程學伊委浦藍翎同知

崔淦樊城拔貢　六十

二十五日

早飯後因身體患病而不見客　擬改告病摺一件　又改近日軍情片是日凡改三次圍棋一局　蔣帥友來見其叔次巳刻龐省三來久談午刻核科房批稿寫對聯六付中飯後唐中丞來話別渠於本日四鼓錯省至亦談約一時有半　閱本日文件甚多核批札各稿　寫劉樂城信　唐中丞之行傷多矣茇撰三摺五件在閱古文書讀類二更三點睡倦甚台內因戶部奏摺似有意與此間為難寸心抑鬱不自得用多太久恐人將我之權太重利權太大意欲解去兵權引退數年以息謗讒故本日寫摺請病以明不敢久握重柄

之叢

二十六日

早飯後清理文件 因身體患病不多見客 旋見客 立見
者二次 圍棋一局 周軍門來一見 寫沅弟信一件 巳刻至眉
生處久談 旋寫郭雲仙信一件 午刻核批札各稿 劉
開生等來 談地理甚久 小睡片刻 中飯後將雲仙信寫畢
閱本日文件 核改京信多稿 至紀澤處一談 核批札各
稿 酉刻至張笛帆處一坐 張名錫瑞 雨農比部之子 辛亥
孝廉 新入幕 寫摺件 批校 傍夕小睡 旋再閱京信六件
約三百字 二更四點睡

二十七日

早飯後清理文件 旋見客三次 勤少仲來久坐 圍棋一局 至
眉生處一談甚久 巳正接奉 廷寄 於十二日爭釐金一疏 未
蒙允許 奉旨似右楚而左楷 西仍命楷撥若分 江西釐
金撥之半 又念金陵大功將藏 恐軍心渙散 經總理衙門於上

海關撥銀五十万兩解金陵大營其中二十九万雖不甚
可靠其二十一万則立刻可以起解足濟燃眉之急因念樞廷
慈謂傳令今盛徵而勞逸輕重之間又未嘗不筭[illegible]道之不朋
也午刻核淮北票鹽章程核至酉刻乃畢閱本日文件
核批札各稿未畢傍夕蘭泉自金陵歸久談極困閱
沅弟病未愈寫信一件與之旋將批札稿核畢二更後
思溫古文倦甚不復能用功矣因沅弟與紀澤兒均有病
甚為憂灼旋睡不甚成寐百感交集自古高位重權
蓋無日不在憂患之中其成敗禍福則天也

二十日

早飯後清理文件旋見客立見者二次坐見者二次外甥王鏡八
自金陵來與之久談因命之速歸省母已而接信則其母已於
三月十四日未刻仙逝因不復告甥而催令坐船速歸俾其途
中姑得少寬且免在此成服耽擱數日也吾兄弟姊妹九人今

僅存三人矣傷感特甚不能治事因閱老學庵筆記以自遣圍棋一局寫沅弟信一件中飯後閱本日文件圍棋一局核批札各稿再閱老學庵筆記傍夕得信知新仁係仁有搶營剋山內糧臺之事憂灼之至兵事不穩變症百出曷勝愧憾傍夕在竹床小睡看閱老學庵筆記又接廷寄將昨日總理衙門所撥銀五十万重言以申明之二更四點睡不甚成寐蓋骨肉死喪之感鬧餉內變之多金陵未竟之功江西流賊之多百端交集竟不知事變之攸底也

二十九日

早飯後清理文件旋見客二次圍棋一局俯仰身世感喟多端不能治事仍看老學庵筆記至陳小浦處一談蘭泉子密處各談片刻已正至眉生處一談午刻核科房各稿寫扁字數十個小睡片刻中飯後閱本日文件閱石昌猷案內各卷宗核批札各稿傍夕未畢

小睡片刻 核改批札稿 核畢 二更後溫古文書 讀 朗誦
報燕惠王書 報燕王書 報任安書諸篇 四點睡 明日立夏
而本日寒冷異常 余着灰鼠馬褂 尚覺其涼 因憶十
年金陵軍敗之時 閏三月下雪 天亦極冷 恐下游軍事或
有它變 又恐多雨傷稼 麥收不豐 憂灼無已

三十日

早飯後清理文件 馮魯川來一談 旋圍棋一局 天氣陰森 作
寒 有似深秋 本日立夏 大雨竟日不止 殊用焦灼 不能治事
繞屋彷徨 若將有禍變之及者 旋李眉生來 坐談 巳刻
陳虎臣來 坐談 午刻 核科 批稿 寫對聯六付 扁二幅
羅少村來一談 小睡片刻 中飯後 閱本日文件 核批札
稿 寫沅弟信一件 因紀澤兒有病 焦灼不懌 倚文
睡 核寫左季高信一件 頗長 二更四點睡

四月初一日

早飯後清理文件，檢見前次圍棋一局，以諸事拂鬱，此心
悒〻不樂，治事。至眉生處久談，子偲來一坐，寫沅甫信
一件。午刻核科房批稿，寫對聯數付，寫挂屏三幅。中飯
後又寫〻一幅。畢，見客，陳祖襄一次；閱本日文件；寫馮樹堂
信一件。至幕府中與龐省三久談，眉生亦在坐。核批札各稿，未
畢。傍夕小睡片刻。夜又核批札稿、信稿，閱倪豹岑與眉生
信，言余待霆營甚薄，銀米較少，又吝於保舉，人心離怨，甚爲
之亟，因擬一咨，寫一信與霆營。紀澤兒於昨日始病，今日頗劇，
請醫四五次診治，人各〻異說，小岑開方服附片、姜、桂，蘭泉大不
以爲然，因請陳闓仙一診，以爲瘟〻類，開方服〻，三更睡

附記

訪查六安局　侯朝棟案　已送供

潘錫榮案　查溫宅壽禮百金

初二日

早飯後即清理文件見客立見者一次坐見者二次程穎芝
來與之圍棋三局寸心鬱鬱而應治多都不能治繞屋徬
皇陳虎臣來久談涂朗仙來看紀澤病已痊愈矣周軍門來
言六安局弊竇甚多午刻寫對聯六付核科房批稿寫
楷書屏二幅約二百字中飯後又寫一幅半將伯夷
以寫畢李眉生所送舊宣紙屏也閱本日文件旋至
幕中中歷省三處一談閱核批札信稿傍夕又至幕中中
一敘小睡片刻飯後於睡溫古文而精力疲乏因閱何廉
昉所集蘇詩對聯小睡片時三點入內室睡

附記

書吏蔣班小單 存紅匣　　黎與何信 存小匣

內攤書局單 存紅匣

初六日

早飯後清理文件旋見客坐見者三次立見者二次與程穎芝

圍棋三局寫李少荃信一封午刻核科房批稿寫掛屏
對聯數件請竇蘭泉為紀澤看病略談片刻中飯
後見客三次均坐談片刻陳兕臣談較久閱本日文件至
眉生處一談核批稿札稿寫沅弟信一件 傍夕小睡
片刻核將書局章程核畢 又核批札稿二更三點睡
不甚成寐

初四日

早飯後清理文件 旋見客二次王子壽談甚久圍棋一局寫
澄弟信一件寄銀百五十兩為蕙妹賻儀寫對聯六付午刻
核批札各件小睡片刻中飯後寫劉松岩信一件再圍
棋一局閱本日文件至李眉生處一談閱石昌猷案卷宗
傍夕核批札稿與蘭泉同看紀澤之病 在閱古文書
牘類渴睡殊甚幾至不能句讀甚矣老態昏憊自此有
退而無進矣天氣陰寒不甚似立夏後景象深以金陵大

堂劣憲

初五日

早飯後清理文件 旋見客一次 李世忠遣唐玉田來索稍錢三十万串 與我軍餉 又定於四月十二日移滁全多城一一退清 圍棋一局 寫對聯六付 寫沅弟信一件 午刻 核批札多件 至李眉生處久談 中飯後閱本日文件 閱石昌猷一案多卷宗 傍夕小睡片刻 夜再閱石案卷宗 二更後溫古文書牘類四首 核批札多件 四點睡 是日始吃鰣魚 漁戶所送也 天氣陰寒 深以金陵軍事為慮

初六日

早飯後清理文件 旋見客坐見者三次 立見者一次 圍棋一局 寫挂屏四幅 對聯四付 已正至李眉生處一談 午刻 核科房批稿 閱石昌猷案卷宗 中飯後歐陽鍾齡來一見 又見客坐見者三次 立見者一次 閱本日文件 內有蔣方伯廿五日一缄

湖州并未克復前廿五日接左季高十一日一咨言湖州於初九日
克復不知何以歧誤巳刻閱石渠寶笈卷宗廿蘭泉帖其咸
傳少君來比一談偏夕歐陽小岑來談刻書之事旋睡
（刻）作申刻余恐金陵大營稍有疏失又作書與沅弟言
湖郡未克緣情又擬批札稿二更後溫書讀類五
首四點睡

初十日

早飯後清理文件旋見客坐見者二次立見者一次圍棋一
局巳刻又見客一次閱阮文達石渠隨筆又立見之客
三次巳刻寫對聯九付午刻與眉生長談（核科房批稿）中飯後見客
一次接家信知紀瑞姪女之壻黃鼎甫於三月十七日申刻
去世悲惜無已一則痛姪女之早寡二則念溫甫弟之河殉
節之後家中氣象衰薄弟婦憂患餘生恐因哭壻
而益懸憤成疾也閱本日文件寫沅弟信一件核批

札多稿閱石案卷宗傍夕至幕府一談夜核改信稿
因念家中多故紀澤兒病未全愈心中焦慮之至而天
氣陰雨作寒恐傷麥收又不知是否之變態何如殊
覺憂灼不能自寧因集古人成語作一聯以自箴曰強勉
行道莊敬日強上句箴余近有鬱抑不平之懷不能強
勉以安命下句箴余近有懶散不振之氣不能莊敬以
自奮惜強字相同不得因其音變讀而易用耳

初八日

早飯後清理文件見客坐見者三次於程穎芝來圍棋三局
巳刻又見客坐見者三次寫對聯八付午刻核科房批稿
閱阮文達石渠隨筆小睡片刻中飯後至李眉生處一
談閱本日文件閱石昌猷卷宗接奉　批摺諭旨係三月
廿五日所發者傍夕小睡片刻夜與甘蘭泉久談溫古文書
牘類是日天氣陰寒氣象愁黯竟日雨未停夜間則

大雨如注深慮軍事或有意外之變不勝憂灼

初九日

早飯後見客坐見者一次接見未畢彭雪琴來久談大雨如注似深秋凝寒之象旋陪雪琴拜幕府諸公巳初雪琴出外拜客清理文件圍棋一局見客立見者四次摺弁邱明泰等自京歸閱京信京報等件午刻雪琴自外歸久談李彰郎子文前輩方蔚寄到歷閱古詩存儲閱數十首中飯請蘭泉錢小便酌陪有雪琴暨楊仲乾方存之淮閬軒洪琴軒西等申初散雪琴出城明日即赴九江湖口等處辦理防剿事宜矣閱本日文件核批札各稿陰雨愁悶再圍棋一局寫沅弟信一封至眉生處一談傷夕小睡片刻核寫信一葉與雪琴核批札稿信稿二更三點後溫古文書牘類三首日內受寒腹瀉體中不甚爽快

初十日

早飯後清理文件，旋見客二次，圍棋一局，竇蘭泉來久坐，張侍之來敘談，與王子雲共閱石昌猷案卷宗，中飯後至眉生處一坐，閱本日文件，核批札各稿，核科房批稿，龐省三、張笛帆先後來坐，傍夕至幕府一談，旋改李世忠遣勇回籍摺稿，至二更五點未畢，即睡。是日天氣仍陰寒，雖日出數次，而申正間細雨淅瀝，增人愁思，接沅弟信，詢東南軍務，當無他變，寸心為之稍紓。

十一日

早飯後見客四次，又立見者一次，清理文件，圍棋一局，已正寫對聯六付，內作一聯贈竇蘭泉云：就敬參三百求古之道，早作桓思邦家必達；既隤法友，又華洗書多歲至誘人，已但成。午初題跋錢南園先生法書，寄甚共五札，皆與蘭泉之祖者，京官清苦，皆借銀度日，信也。中飯後改李世忠摺畢閱本日文件甚多，擬改克復金壇一摺，又改徽州戰狀摺未畢。至燈後始改畢。至刻與眉生一談，傍夕小睡。核改片稿三件，二更五點睡，幸尚成寐。是日天始放晴，氣象清明。又聞上海已解銀十五万至沅弟大營，心緒為之稍舒。

附記

洪

王蔭棠保

十二日

早飯後清理文件，圍棋一局，作滬陳餉絀情形一片，至未刻始畢，約七百字。已刻寫對聯五付。中飯後至眉生處一談。未正閱本日文件，申刻改片稿一件，約二百字。勒少仲來一談，與眉生談密商本日各摺片擬議咨文。傍夕小睡，核批稿甚多，二更四點未畢，小睡少息，三更夜核四摺五片。是日天氣晴明，心懷稍覺愜適，日西作。

損得過多殊形勞乏

十三日

早飯後清理文件旋見客三次李芋仙坐談久圍棋一局出外至竇蘭泉處送行又至歐陽小岑書局一坐午初歸見客一次核科房批稿倦甚小睡中飯後至李眉生處一談閱本日文件知常州於初六日克復丹陽於初七八日克復自是江蘇僅餘金陵一城未克賊勢更蹙聊為之慰而沅弟信中有云肝病已深痼疾已成逢人輒怒遇事輒憂等語又為之焦灼寫沅弟信一件約六百字核批札稿剃頭一次倦矣小睡在再核批札稿信稿二更後溫古文書牘類四點睡去冬在後院栽竹本日數之活者七十六叢未活者十餘叢每叢多者十餘竿少者二三竿蓋合去年六月所種數叢而計之也

十四日

早飯後清理文件 旋見客三次 王蔭棠坐稍久 王鼎勳帶率
新臨人乙卯舉人江西候補道溫晅已見三面矣 圍棋一局 寫
澄弟信一件 將朱光第誥書二軸帶去 巳刻竇蘭泉來
一坐 寫對聯六付 午刻閱東坡題跋 小睡片刻 中飯後
因上房水侵牆腳 勢將倒坍 查閱修整 因擬作內廚房一
間 與工匠審量一番 閱本日文件 疲乏殊甚 嬾於
治事 乃與程穎芝再圍棋二局 旋核批札稿 傍夕至幕
府一談 旋核批稿信稿 二更三點後閱古文 三首 四點睡

十五日

早起 文武賀望者皆辭不見 清理文件 旋見客坐見者一次 立見
者一次 與程穎芝圍棋三局 寫毛寄雲信四葉 王靜庵信三
葉 又見客立見者二次 坐見者一次 閱東坡題跋 午刻核科
批稿 寫對聯六付 小睡片刻 中飯後至眉生處談 閱本
日文件 見客一次 兵部主事軍機章京吳國杰號趙伯休

寅人已至掌人房師為李雨亭將進京供職自湖北來經過安慶也又陳茂杉如自江西歸 少敘片刻 旋出門至柯小泉家看其父竹泉翁之病蓋內傷已逾年餘日內漸危篤矣歸閱山谷題跋 傍夕與眉生一敘 核改信稿四件 溫古文書牘類六首 二更四點睡

十六日

早飯後清理文件 旋與程穎芝圍棋二局 閱東坡題跋 寫沅弟信三葉 將彭杏南誥命三軸寄去 寫李少荃信五葉 小睡三刻 黃子德來 少坐 贈嚴可均鐵橋說文校議一部 核科房批稿 中飯後閱軍門來摺 少坐 閱本日文件甚多 旋至眉生處一坐 寫對聯五付 至後院散步 鄭世兄階來一敘 觀其體氣甚弱心為憂慮 核批札各稿 傍夕至幕府一談 小睡片刻 燈後核批稿信稿 溫古文書牘數篇 畢

十七日

早飯後清理文件 旋見客坐見者二次立見者三次 旋圍棋一局 寫惲中丞信三葉 閱東坡題跋 午刻核批札各稿 寫對聯六付 小睡片刻 中飯後至眉生處久談 至內室一坐 與程頴芝圍棋二局 閱本日文件 改復劉松岩信 言江蘇漕務未畢 小睡二刻 燈後再改劉信畢 約改七百字 二更後改批札各稿 四點睡 是日上半天大雨 至申正放晴 閱少荃已派人來守東壩 句容鮑軍可以上援江西 爲之一慰

十一日

早飯後清理文件 旋見客四次 藩臬及饒家瑞皆久坐 寫沅弟信一封 巳刻周子佩來 約談一時許 昔年在京交契 近日新授鎮江知府 午刻核科房批稿 王子槐來久坐 小睡片刻 中飯後溫至李眉生處久談 閱本日文件甚多 旋寫對聯六付 屏一幅 歐陽曉岑來一敘 核批札稿 信稿 至內內室 余與兒女輩日內均望家信之至 蓋恐七千姪女新寡憂

傷或有它變也。傍夕小睡片刻，核批札稿。二更後閱古文彙纂類，四點睡。是日接閱上海十五万金已至金陵，為之一喜。接李少荃信，辭旨偪侮，為之一慼。

十九日

早飯後清理文件，旋見客。陳心泉錄其父家書數通，請余作序，皆道品安命之言。周子佩久坐，圍棋一局。呂耀斗來，庚戌翰林也。李幼荃昭慶來久坐。王壽祺來一坐。習字一紙。午刻核科房批稿，寫對聯六付，小睡片刻。中飯後至眉生處一坐，龐省三來，在紀澤房內與之一談。閱本日文件，閱通考刑五，間斷已久，之屢續讀之，志意已不相屬，至正閱二十葉畢。核批札各稿。傍夕至幕府一談，在又核各信稿批稿，未畢，疲乏殊甚。閱古文彙纂類。

二十日

早飯後清理文件，習字一百，旋寫郭意城信一件，沅弟

信一件 共千餘字与程穎芝圍棋二局 已刻寫扁三對 二午
刻核批札各稿 小睡片刻 中飯後閱〻通考刑五畢 計二十葉
閱本日文件 王季眉生處一敘 会客一次 核批札稿 傍夕歐
陽小岑來一敘 小睡片刻 查將地圖与官彭信一對 審星湖
北戰勢 改官彭信稿二件 二更二點接沅弟十七日信 知其心
病已深 為之皇然 因寫一密信覆之 二更五點後 三更睡

附記 十四日南渡之捷

陣斬 潘史發 李右 黃宗保 劉志賢 胡春發
胡高裕等十四名

生擒 林發 桂玉保 楊進洗等

據供 林彩彰 逆王在南渡殺斃

廿日

早飯後清理文件 旋見客立見者三次 習字一紙 派曾恒德至金
陵看沅弟 在內銀錢所撥銀二万解沅弟處 充餉寄沅弟

信數緘，厚庵信一緘，皆一葉耳。與程穎芝圍棋二局。巳正寫對聯六付。午初核科房批稿，小睡片刻。閱《通考·刑六》。中飯後至眉生處一談。工匠蓋小廚房一間，看視良久。閱本日文件甚多。李昭慶來久坐，龐省三來一談。閱《刑六》，共二十葉。偶與眉生一敘。小睡片刻。於核批札稿甚多，至二更四點未畢。眼蒙，不能久治事，即睡矣。日內天時漸熱，割麥時不逢陰雨，豐年之象也。前以八德自勉，曰勤儉剛明孝信謙渾。近日於勤字不能實踐，於謙渾二字尤覺相違，悚愧無已。勤儉剛明四字皆求諸己之事，孝信謙渾四字皆施諸人之事。孝以施於上，信以施於同列，謙以施於下，渾則無往不宜。大約與人忿爭，不可自求萬全處；白人是非，不可過於武斷，此渾字之最切於實用者耳。

廿二日

早飯後清理文件。習字一紙。見客一次。與心抑、王子槐、呂庭芷

閱子佩三家巳正歸偶閱高淡風帘王年未午初核
科房批稿小睡片刻中飯後見客一次俞晟景福維章
在余處當書負現為湖北知府也閱本日文件申刻閱
刑六畢酉正核批札稿戌刻閱柯華輔竹泉於巳刻仙
逝筱泉之父也傍夕小睡片刻燈後寫零字甚多溫
古文敘記類金縢深可取於戴存莊書傳補商之說二更
三點洗澡一次天氣甚熱衣上汗漸不乾矣

廿三日

早飯後清理文件陳慶溥來久坐陳芷楣中丞之子湯海秋
之婿也圍棋一局閱高帝王年表一時許習字一紙午刻
核批稿寫對聯七付小睡片刻中飯後至幼眉生處一敘
旋至柯小泉家弔唁歸閱本日文件未畢彭雪琴自湖
口來一日到此久談約二時許酉正去閱本日文件畢上海又
解銀九萬兩至金陵前解餉單因辦咨札咨錄金陵沅弟

單。偏夕小睡。核批札稿。溫書經微子篇，又溫盤庚
篇，未畢。是日上半天甚熱，申刻大雨，夜間甚涼。

廿四日

早飯後清理文件。旋見客，陳虞清心泉談甚久，兩司來談
次，周子佩來久坐，圍棋一局。旋習字一紙，寫澄弟信、書
沅弟信一封。核政科房批稿。中飯後，沈鶴卿編修錫慶
來久談。旋閱本日文件甚多，中有蕭盛遠所呈粵匪紀
略，大致略備。蕭自廣西從軍，直至十年三月金陵師潰，始
終在營也。旋閱通考刑七畢。傍夕至幕府鬯談。在核批
札稿。二更後溫顧命、康王之誥。倦甚，三點睡。

廿五日

早飯後清理文件。旋見客，廑堂九等一次，又立見者三次，圍棋一
局。習字一紙。再閱蕭盛遠粵匪紀略。旋又見客，立見者二
次，坐見者一次。寫對聯五付，挂屏一付。核科房批稿。午刻小

睡片時中飯後閱通考刑八之二十葉閱本日文件擬奉 廷寄
即十二日之 批旨也共 寄諭明諭六道函正核批札各稿成刻
就所修內廚房工已竣矣擬溫古文敘記數中 左傳四首若有
所得

廿六日

早飯後清理文件旋見客二次陳心泉談甚久又立見之客一次圍
棋二局林昌彝薌溪寄三禮通釋目錄三本衣讔山房詩
集四本林乙亥舉人所著三禮曾於咸豐三年進呈因細閱
一二卷寫對聯五付掛屏四葉習字一紙核科房批稿小睡片
刻中飯後閱體中小字不適小睡片刻閱本日文件甚多改
東壩勝仗摺一件又改徽州勝仗摺未畢傍夕小睡燈後改
摺畢寫零字七紙核批札各稿二更後溫城濮之戰
篇

廿七日

早飯後清理文件，旋見客一次，圍棋一局，習字一紙，又見之客一次，圍子佩來久坐，改信稿一件，寫對聯二付、挂屏四張，小睡片刻，中飯後至眉生處一談，閱本日文件甚多，閱通考刑八刑九，共十五葉，核批稿甚多，未畢，傍夕在南院散步，見客坐見者一次，立見者一次，夜核批札信稿，寫對聯字甚多，二更三點睡，疲乏殊甚

二十六日

早飯後清理文件，旋見客坐見者二次，立見者一次，圍棋一局，習字一紙，巳刻見客坐見者一次，劉開生為輿地之談，良久，核科房批稿，寫對聯二付、挂屏四葉，小睡片刻，午正二刻請客便飯，在坐者沈聘卿、呂庭芷、陳心泉、圍子佩，申初散，閱本日文件，至李眉生處一談，核批札稿，傍夕至藩帥府一談，夜寫對聯字甚多，核劉松岩議漕詳稿，二更後溫古文敘記類鞌之戰

二十九日

早飯後清理文件 見客坐見者二次 立見者二次 旋習字一紙 程穎芝來 與圍棋三局 王少庚來久坐 旋出門至沈鷺卿家一談 歸 核科房批稿 寫挂屏二幅 對聯四付 小睡片刻 中飯後閱通考刑九 旋閱本日文件 倦甚 至內室一睡 戲省三來久談 核批札稿未畢 傍夕小睡 夜又核批札信稿 二更後溫左傳鄢之戰 四點後倦極 如有疾病者然 臥後猶不自持

附記

江寧地丁一百三萬九千有奇

蘇州地丁二百十五萬有奇

安徽地丁一百六十五萬有奇

五月初一日

早飯後清理文件 各文武賀朔者皆辭不見 程穎芝來圍棋

三局旋見客坐見者三次午巳刻倦甚小睡習字一篇午刻
核科房批稿寫對聯五付挂屏一幅至內室小坐中飯後
見客一次又坐見者二次閱本日文件寫挂屏一張日內倦
困異常不克自振又因連四日未接沅弟信懸念至病
極系之至旋寫沅弟信一件　閱王雲舟竹雲題跋剃頭
一次至紀澤書房與之言學問淵源及漢學宋學程朱
陸王學派之所由分合得失核批札各稿偏多不勝核批
札稿三四件再溫鄴下之戰二更三點早睡是日溫書極少
可愧之至

初二日

早飯後清理文件馬方伯來一坐習字一紙旋又見客立見者
二次坐見者一次呂庭芷坐甚久巳正黎純齋來一坐午刻
核科房批稿寫挂屏一幅對聯六付小睡片刻中飯後至
幕府一談閱本日文件極多改復孫渠西信稿核批

札稿傷多至幕府一談在政信稿數件 二更三點睡倦極不能自持甚矣其衰矣

附記

呂庭芷 雁皋　袁保恒　尹耕雲

李慈銘 號蓴客 諸生山陰人　翁同龢 字叔平

端木埰 字子疇 舉人江寧人　李文田 字若農

趙楷吉 字元卿　祁世長 字子禾　李鴻藻 字蘭蓀

初二日

早飯後清理文件 旋見客坐見者三次 立見者二次 習字一紙 閱公羊傳 因邵陽鄒叔績將注刻公羊 新作校勘記故閱之也 巳刻小睡一時許 午刻核批札稿 寫對聯五付挂屏一幅 中飯後至李眉生處一坐 閱本日文件甚多 湖北舒副都統保於四月廿一日在德安陣亡 鄂省軍事為可慮 酉刻再閱公羊 圍棋一局 傍夕小睡片刻 夜又閱公羊 自隱公至文公皆已閱畢 寫零字甚多 因悟作字

之道二者并進有着力而取險勁之勢有不着力而得自然之味着力如昌黎之文不着力如淵明之詩着力則右軍所稱如錐畫沙也不着力則右軍所稱如印印泥也二者闕一不可亦猶文家所稱陽剛之美陰柔之美矣近日治事極少於勤字相反深以為戒

初四日

早飯後清理文件旋見客一次勒少仲談甚久圍棋一局習字一紙寫沅弟家信寫左季高信一件楊德亨來久坐巳正二刻少睡於閱公牘宣公午初核科批稿寫對聯五付掛屏一葉中飯後再閱公牘閱本日文件見客坐見者一次又將公牘閱畢閱石昌猷一案卷宗傍夕小睡核批札稿甚多三更睡是日治事頗多

初五日

早飯後各文武賀節概辭不見家中眷屬叩賀清理文

件見客郭世兄小坐程穎芝來圍棋一局又觀程与魯秋杭
一局習字一紙寫沅甫信一件改信稿數件內有皮小舫信
因託代人請事等件甚為煩瑣已正小睡午刻核科批稿
頗久中飯後閱本日文件出江西宜黃崇仁失守賊逼撫州省
城吃緊憂灼之至旋核批札稿信稿甚多与兒子論山谷詩
境傍夕小睡夜再核札稿信稿二更四點睡日內因多路信息
不佳又本日聞朱雲四外甥病重氣喘及多處發疱之信
中懷悵然不豫

初六日

早飯後清理文件旋寫沅弟信一件与程穎芝圍棋一局又觀程
与魯秋杭一局習字一紙見客坐見者三次立見者二次寫李
少荃信一件已刻小睡午刻核科房批稿寫對聯二付易佩紳
兄來久坐唐宴九來一坐請薛帥府七任便飯派摺弁羅盛照進
京料理一切閱本日文件酉刻閱石昌猷一案卷宗傍夕与

着生一談校再閱石案之卷二更後核批札各稿四點睡疲倦殊甚

四月初七日

早飯後清理文件習字一紙圍棋見客坐見者二次立見者三次閱信稿數件小睡一時許日來精神疲倦腰骨酸痛或謂是校閱甜睡之時太少故本日專以多睡為策勤之端巳正改惲中丞信午初核科批稿寫對聯八付中飯後加惲信四小葉閱本日文件申刻摺弁自京歸即三月廿六日遣去者四十天歸來為近日極速者核批札各稿小睡片刻傍夕至幕府諸談圍棋看邸報京信等寫零字甚多二更後不復治事三更點睡

初八日

早飯後清理文件習字一紙見客立見者二次坐見者二次呂庭芷坐甚久旋與魯秋航圍棋一局小睡半時許巳正寫郭筠仙

信一件。午初核科房批稿甚多，寫對聯四付。中飯後，熱甚，甚苦不太克支。散步。龐省三來久談。閱本日文件甚多。擬作柯竹泉輓聯，久而不就，至酉刻始成。寫家信一函。輓聯一付未畢，因墨涸也。傍夕與紀澤談四言詩之法。燈後將輓聯寫畢，核批札信稿。二更二點粗畢。三更點睡，本日始熱。

附記　省三所單

汪承元　號棠杜　揚州人

汪　基　號小舫　河南人　壬子進士　戶部

王　楷　號雁峯　長沙人　壬子　刑部

任垂光　光州知州　江蘇人

姜必虎　歸德知府

徐寶治　號少岩　金華知府

傅壽彤　貴州人　癸丑進士　南陽知府

初十日

早飯後清理文件，習字一紙。見客，坐見者二次，立見者二次。寫雪琴信二葉。圍棋一局。巳刻小睡。因內室窗起甚多，惱怒甚。久之。午刻莫子偲來久坐。旋寫對聯四付，掛屏一幅半。中飯閱古文數葉，閱本日文件，核改批札信稿，傍夕小睡片刻。燈後楊軍門來，與之久談，旋寫零字甚多。閱楊軍門之言，沅弟面色黑瘦。本日接沅弟信，言初五日肝氣腹疼，頭面手足生濕毒瘡，不甚神，為之懸系無已。二更三點睡。

初十日

早飯後見客二次，衙門期也。旋清理文件，寫圍棋一局。出外拜楊厚庵，未晤；又拜王子槐，至柯小泉家久談，本日開印也。歸，楊軍門與呂庭芷先後來坐。寫沅弟信一封。午刻核科房批稿極多，寫對聯二付、掛屏半幅，小睡片刻。中飯後見宋永年等，閱霆營近況，小睡片刻，閱本日文件無多。又寫掛屏一幅，核批札各稿。因沅弟有病，及江西軍事吃緊，憂灼之至，不能治事。至幕府一談，旋又與多眉生一談。燈後焦急之苦，無聊共步，與魯秋杭圍棋一局，寫零字甚多。二更三點睡。

十一日

早飯後見客，坐見者一次，黃軍門翼升、彭自蘇滬立功歸來，與之久坐。旋又見客一次，清理文件，圍棋一局，習字一紙。旋又見客，坐見者二次，楊厚庵來久坐。巳正小睡半時許。午刻核科房批稿，寫對聯四付，挂屏一幅。又立見之客三次。接沅弟信，字跡光潤而有靜氣，知其病體漸愈，為之一慰。中飯後至幼眉生處一坐，旋閱桂未谷說文義證，久聞此書，不得一見，本日劉伯山自揚州取來借觀也。閱本日文件，核批札稿。葛勒少仲來久坐，至刻楊軍門來一坐，張霽川西堂偏久。小睡。燈後鮑軍門來久坐。夜核改信稿三件，批札信稿多件。二更四點睡。

十二日

早飯後清理文件，旋見客，坐見者二次，圍棋一局。接奉 廷寄，楊厚庵以提督而簡授陝甘總督，特恩曠典，近世所罕見也

作二函派人於江中追之 於寓沅弟信一件 改袁遲請假葬
親摺稿一件 午刻寫核科房批稿 寫對聯四付 中飯請
熊黃二軍門便飯 申初散 閱本日文件 至眉生處一
談 厚庵自中途折回來 此一談 於核批札各稿 傍夕發報
二摺四片 小睡片刻 核改信稿數件 二更後倦極不能治
事 小睡片刻 三點入內室 是日至刻習字一紙 近來作書
略有長進 但少蕭然物外之致 不能得古人風韻耳

十三日

早飯後清理文件 旋見客坐見者二次 與魯秋杭圍棋一局 楳
葉四來久談 倦甚不能治事 又與程穎芝圍棋二局 再觀程
與魯對奕一局 見客立見者二次 小睡 午初核科房批稿
習字一紙 寫對聯四付 挂屏三幅 中飯後至萬帝府一談 閱
本日文件甚多 小睡片刻 核批札多稿 代楊厚庵改兩恩
摺稿 燈後寫馬穀山信一件 約五百字 寫厚庵信一片

二更後溫古文敘記類　四點睡

附記

劉星炳　魏承鑫　王香倬

十四日

早飯後清理文件　旋見客坐見者次　立見者三次　習字一紙

寫澄侯弟信一封　小睡片刻　出門至楊厚庵船上道喜　歸家

見陳虎臣　暢談　午刻厚庵來辭行　一談　核批札稿　寫對聯四

付　中飯後寫挂屏二幅　閱本日文件甚多　接奉　廷寄　令

少荃來金陵會剿　余因咨請少荃速來　寫信與沅弟　商明

一切　核批札信件　傍夕小睡　在寫零字甚多　改信稿三件

二更後溫古文簡本　四點睡　是日至刻圍棋一局

十五日

早間多文武賀望者　多至辰刻乃畢　清理文件　旋與程

穎芝圍棋二局　又觀程與魯秋杭一局　習字一紙　巳刻

飽黃雲蓮來久坐蒲圻山來久坐蒲清泉手丟拔貢考取七品小京
官昔年曾進京供職由此經過小睡片刻寫李少荃信一封午
刻核科房批稿寫對聯四付掛屏一幅中飯後至眉生處一
坐閱本日文件甚多閱石濤書一冊卷宗傍夕至幕府一談
夜再閱石渠卷二又後溫古文簡編未正寫沅弟信一封將少
泉之信与洛由沅處轉達

十六日

早飯後清理文件旋寫沅弟信一封与程穎芝圍棋二局
旁觀程与魯秋杭一局小睡片刻習字一紙見客一次閱石渠
卷宗午初核批札稿寫對聯三付掛屏一幅小睡片刻中飯
後飽黃雲蓮來久坐閱本日文件核批札各稿閱石渠卷宗
傍夕至眉生處一談燈後寫零零字甚多溫古文以簡本二
更三點睡疲倦殊甚

十七日

早飯後清理文件 寫沅弟信一封 習字 見客一次 司道
未見 一敘 令將石案細看一遍 自辰正閱起 至申刻止 余亦常
至外廳與之一敘 又見客 李壬叔等久談 陳心泉來一談 小睡
片刻 午刻核科房批稿 寫對聯三付 挂屏一幅 中飯後
與司道一敘 閱本日文件 核批札各稿 閱石案卷宗 酌省三
來一談 剃頭一次 傍夕與篤生一談 夜再核批札信稿 甚多 二更
二點畢 三點睡 是日接沅弟信 亦擬請李少荃前來會剿 兄
弟意見相合 閱熊禮元之子與賊在江中交游勇所敘之敵人
據云鋸物而鑿沉其船 以減近游勇之凶悍如此可畏也

十一日

早飯後清理文件 圍棋一局 紀澤赴金陵 看沅弟之病 囑
示一切 見客坐見者二次 巳刻司道來 旋閱石全一案卷宗
寫沅弟信一件 小睡片刻 陳晃臣來久談 午刻核科房批
稿 寫對聯三付 挂屏一幅 小睡刻許 中飯後閱石全一案卷宗

閱本日文件。酉刻再閱石渠五頁。與周縵雲久談。前核批札信稿。二更三點睡。倦極，尚未完畢也。

十九日

早飯後清理文件。黃翼升來久坐。高蕙生等來一坐。旋習字一紙。留芝洲君來，核石渠卷宗，與之暢談。巳刻王吉等來一坐。劉開生等來一談。畫圖了件。巳正黃國忠、貢戈芝來一會。同來者有好博遜，又一通事名陳瀛沅者談良久。面遞一說帖，言攻金陵須用蘇州之開花砲等語。午刻核批稿，寫對聯二付，挂屏一幅。中飯後又與司芝一談。閱本日文件。寫沅弟信一件。旋再寫挂屏二幅。小睡片刻。核批稿信稿。傍夕與李眉生一敘。是日天氣已熱，汗出頗多。夜又寫雲字。溫古文數首。二更四點睡。

二十日

早飯後清理文件。見客，坐見者二次，立見者一次。程希轅來園挂

二局，又觀程與魯秋航一局。習字一紙。巳刻見客二次，寫匡生精
久。小睡片刻。午刻核科房批稿，寫對聯四付、掛屏一幅。與司道
鬯論石全一案始末。中飯後睏甚，不能治事。核閱本日文件。蒲
杞山重來久談。巳刻將石案中周道多年疏配是死。傍夕一至藩府
一談。在核批札信稿，稿畢。二更後極之困，蓋余素性畏熱，本年尤
熱甚，不耐多勞，不能肩此巨任矣。三點後睡。是日大女兒病熱甚。

廿日

早飯後清理文件。習字一紙。見客坐見者二次，立見者一次。王子槐
坐頗久。司道來，閱石案一卷，與之鬯談。旋自閱書，家將周觀察函
稿（三功臣）手自摘錄。天氣酷熱，不能治事。小睡片刻。午刻核科房批稿。
寫對聯四付。中飯後又與司道鬯談。閱本日文件。申刻再摘錄周
道之牘。王正揚、歐陽小岑來，此鬯談。傍夕小睡。在改摺稿一件，約改
六百字，二更三點畢。旋核批札稿。四更入內室睡，不甚成寐。天
氣驟熱故也。

附記　本日應了
○發報　○核鮑單　○沅信寄摺　少荃○○咨信
○吳批并示稿○　○摘錄圍逆各牘

廿二日

早飯後清理文件　旋見客坐見者一次立見者一次　旋將各案摘錄圍逆各牘寄沅弟信一件　司道來與之暢談　天氣鬱熱　熱床屢次小睡不能多治事　午刻核科房批稿　寫對聯挽聯各二付　中飯後寫沅弟信又二葉　以接沅弟十九日來信鬱怒殊甚也　又與司道暢談各案始末　核閱本日文件　觀李少荃復奏遣撤常勝軍一摺　辭意分明　是戡亂宏才也　核批札各稿　傍夕倦甚　久睡　夜核鮑春霆保舉單　僅及三分之一　二更三點睡　是日奇熱　治事極少　傍夕微雨　夜間清涼　三更後大雨　是日發報　奏請少泉中丞來金陵會剿

廿三日

早飯後清理文件，旋見客，坐見者一次，立見者二次，與程穎芝圍棋一局，又觀程與魯秋杭一局。寫沅弟信一封，見客二次，皆羅睛屏等姻親也。習字一紙，寫毛寄雲信三葉，約四百字。午刻核科房批稿，寫對聯三付，挂屏一張。小睡片刻。中飯後至內室，因大女兒病甚重也。旋再寫毛信三葉完畢。閱本日文件，並子偲來久談，核批札各稿。傍夕至幕府一談，燈核歷豐保單。二更後倦極，不能治事，三點睡。

廿四日

早飯後清理文件，旋見客，史茲老一談，談論甚久。小睡片刻。寫澄弟信一封，倦甚，又睡半時許。午刻核科房批稿，寫對聯三付，挂屏三幅。中飯後寫畢。寫沅弟信一件。閱本日文件，核楊軍門東堤保單，核鮑保單畢，改批札信稿。傍夕至邵家一坐。申刻與魯秋杭圍棋一局，燈溫古文辭賦類，溫蘇詩數十首。

二十五日

早飯後見客一次衙門期也清理文件與程穎芝圍棋一局又觀程與魯秋杭一局習字一紙寫沅弟信一封李少泉信一封又見客三次小睡時許午刻核批札稿寫對聯三付掛屏二幅中飯後閱本日文件小睡片刻大女兒二病體殊重為之照料一切核各保單改信稿二件偏夕小睡夜再核各保單二更後溫古文敘記類

二十六日

早飯後清理文件旋見客坐見者一次與程穎芝圍棋二局又觀程一局至上房看大女兒病似大瘥愈午後又反復加劇矣出門拜朱久香學政孫蓮塘學士巳正歸小睡片刻午初核科房批稿寫對聯四付又小睡片刻中飯後核改摺稿二件片稿一件閱本日文件因女兒病重請涂朗仙歐陽小岑張錫耗二人先後來看均聽談片時亥刻

朱久香來久談 天氣奇熱 屋極大多蚊 困憊也 傍夕小睡 核改摺稿一件 約二百餘字 二更三點畢 是日移宿外室 因幼兒在內室 依其母以調養也

附記

張錫藩 湖州歸安人 署按照磨 告醫 可

劉德型 黃梅黃安人 劉履中之族弟 試用從九 可

吳繼志 桂林東鄉人 二十七年五晥 府經 可

二十七日

早飯後清理文件 旋見客坐見者二次 立見者一次 請醫來診視幼兒之病 連診四次 中惟劉開生 歐陽小岑係余親陪至內室 又立見之客一次 寫彭吉南信一書 小睡片刻 午初核科房批稿 寫對聯四付 與龐省三一談 又小睡片刻 中飯後閱桐城吳汝綸所為古文 方存之薦來 以為義理考證詞章三者皆可成就 余觀之信然 不獨為桐城後起之英也 閱本日文件

天氣酷熱又小睡片刻 丢正核批札信稿頗多 倦久至幕1824
府一談 夜溫古文史記數首 因悟余論作書之法 已於落不
落欲行不行之際 古文吞吐斷續之際 亦已於落不落欲行
不行之妙 乃為蘊藉 是日辦冊發報三摺片二清單

附記

規平一万較庫平少八百八十兩上下

廿日

早飯後清理文件 習字一紙 朱久香前輩來 久坐 已刻請
劉開生歐陽小岑來看少兒之病 司道來謁 石昌猷一案罷名
辦法 已正睡片刻 午初核科房批稿 寫對聯二付 桂屏一
幅 中飯後與魯秋航圍棋一局 閱本日文件 寫沅弟信一封
莫子偲來久坐 寫篆字八幅見贈 每幅百二十字 寫少兒
病又增 劉倚久再請開生來一診 旋核批札稿 二更三點
睡 疲乏甚矣

廿九日

早飯後清理文件，旋見客坐見者一次，立見者二次，習字一紙。請開生來看女兒之病。程穎芝來，圍棋二局。天氣熱甚，片刻。午初核科房批稿，寫對聯三付，掛屏一幅。中飯後見客一次，閱本日文件。為子偲以舊宣紙乞書五箴，為書一幅。天氣不能竟書。子偲以所藏葉香先等所續王孟津草稿乞與一觀，細觀之，非其真跡也。鬱蒸之至，乘涼於治事之國至末闌。高峝小坐，邀龐省三來一談。二次大雨如注，一洗炎暑。對雨約一刻許始散。添許仙屏信一葉，核批札各稿。傍夕至內室一敘。大女兒病漸愈矣。旋添金可亭信二葉，改信札稿三件。溫古文韓文各篇，續借李芋仙所藏茅八家選一閱。

卅日

早飯後清理文件，旋見客坐見者一次，立見者二次。程穎之來，與之圍棋一局，又觀程與魯秋杭對局。閱茅選歐公

五代史小睡片刻午初核科房批稿寫對聯一付挂
屏一幅半約百八十字中飯後再閱五代史閱本日文
件寫鄭意堂信一件傍夕小睡夜寫零字甚多核
批札信稿二更後溫孟子二十餘章是日紀兒病未愈

六月初一日

早飯後清理文件見賀朔之客十餘次五更初畢旋習字一紙
小睡片刻又輔卿來久談劉開生來看紀兒之病与之一談旋寫
篤孝子偲求書之五條午刻寫對聯二付五條一幅核科
房批稿中飯後接澄侯信紀澤信知四外甥於五月初四日去世
季弟四妹之遺朱僅生此子今新婚貴龍而勝然哉寫信与
沅弟凡四葉李芳泉前輩來久談閱本日文件旋小睡片
刻核批札信稿傍夕至花園一談閱柯小泉之病甚重為之
悵恨夜寫零字溫左傳數篇

初二日

早飯後清理文件，旋見客，立見者一次，坐見者三次，習字一紙。旋小睡甚久。紀澤兒自金陵歸來，與之暢談。寫字，俾讀書之要訣畢，作一跋，約百餘字。中飯後畏熱殊甚，坐於內廚房之門，曲當風而睡。旋閱本日文件。又與魯秋杭圍棋一局。又在竹床久睡。余向畏熱，酷暑尤百倍，但度本日又不能治一事，用是深愧昔棄甘之志矣。傍夕在赤闌高階外小睡。旋閱唐書多篇。洗澡一次。二更四點睡。

初三日

早飯後見客，坐見者一次，立見者二次。清理文件。習字一紙。寫雲仙信二葉，未畢。熱甚，在竹床久睡。閱五代史家人傳。巳正請劉開生看病，與之圍棋一局。午刻核科房批稿簿，寫對聯四付。中飯後熱甚，尋一曲巷當風坐之，乘涼良久。閱本日文件。寫雲仙信畢，約六百餘字。核批札各稿簿。傍夕與紀澤論讀書自立之道。旋寫零字數多。核批稿數件。熱甚倦，不能多治事。二更三點入內室，三更睡。

附記

〇沅信 并部文　〇澄信 并季信日記　〇周道批

初四日

早飯後清理文件，核，見客，坐見者一次，竟者一次，熱甚，小睡片刻，習字一紙，改善後局司道批札，閱沙錫一案，至午初畢。核科房批稿，寫對聯一付，中飯後寫沅弟信一封，澄弟信一封，與龐省三一談，閱本日文件，小睡半時許。是日酷熱異常，有鑠石流金之象。核批札各稿，傍夕與龐省三一談，在室院外竹床乘涼，二更後入內室，閱古文歐文數首，三點睡，熱極，不甚成寐。

初五日

早飯後見司道一次，清理文件，圍棋一局，習字一紙，小睡大半時。王子蕃鴻訓來久坐，午刻核科房批稿，寫對聯三付，未畢，楊

厚庵來坐　中飯後熱甚　不能治事　惟覓一所以乘涼之處稍
為憩息　而汗出不止　閱本日文件甚多　旋在竹床久睡　見客
坐見者一次　寫沅弟信一件　核批札稿　傍夕與麗省三一談　旋在
竹床小睡　旋核稿數件　二更溫古文鄢陵之戰　天氣異熱
幸尚成寐

初六日

早飯後圍棋一局　清理文件　見客坐見者二次　勤少仲談甚久
習字一紙　天氣異熱　在竹床久睡　巳刻將劉開生等所畫長
江圖核對一過　午刻核科房批稿　寫對聯四付　中飯後畏
暑不敢治事　見客二次　閱本日文件　旋又核對長江圖至大通止
傍夕至幕府一談　在座中坐談稍久　忽然昏暈　幾至墮
地　旋在庭院乘涼　二更後為楊厚庵改片一摺稿　三點畢
閱次兒誦詩　亦誦杜詩與之相和　二更四點睡　初在竹床不甚
成寐　嗣上床尚能甜寢

初七日

早飯後清理文件圍棋一局見客立見者二次出城拜楊厚庵巳正歸 厚庵來辭行久坐 文輔卿來一坐 午刻核科房批稿在竹床小睡中飯後見客坐見者一次立見者二次在前閣高久睡閱本日文件 較多至初畢 核改函信數件核批札各稿傍夕在院散步與紀澤兒論作文之道倦困殊甚不能作事二更即上床早睡近日所未有也

初八日

早飯後拜發 皇太后萬壽賀表 旋見司道一次 審石昌猷一案自卯初坐堂至巳正二刻散 將石昌猷楊韶九各打一百 開導錢生令具寫供 周道籍承審之司道或有私情 嘆之 置辦 午初清理文件 核科房批稿小睡片刻中飯後與魯秋杭圍棋一局旋又小睡片刻閱本日文件甚多又小睡半時許至刻核批札稿傍夕與紀澤一談論財賢在溫左傳二首

二更四點睡

初九日

早飯後清理文件 圍棋一局 習字一紙 寫沅弟信一封 小睡片刻 巳正閱文獻通考刑九卷 刻核批札各稿 寫對聯三付 挂屏三葉 中飯後劉開生來為余看脈 旋與之圍棋一局 閱本日文件 見客一次 將刑九閱畢 核批札各稿 倦甚 在竹床小睡 極溫左傳叔孫穆子之難 楚靈王之難 二更四點入內室睡

初十日

早飯後清理文件 見客二次 衙門期也 又立見者一次 圍棋一局 即用知縣馮學塏來見 廣西馬平人 頗有樸直之氣 小睡 將許閱通考刑十卷 校經 核科房批稿 寫扁四幅 中飯後閱刑十 刑十一未畢 閱本日文件 核批札信稿 王鴻訓子蕃本日擬入署內 至其室一談 旋又與蕃中府洪君一談 倦甚 小睡 極寫

雲字數多溫左傳雞父之戰氣象之雄又添十一段將補
抄以足魯昭公出奔始末二更四點入內室睡是日巳刻寫信
寄沅弟申刻接沅弟信知近日情況艱窘之象大減矣

十一日

早飯後清理文件圍棋一局見客一次習字一紙小睡片刻
閱通考刑十一畢午刻核科房批稿寫李振達先生挽
聯一付希庵之父也又寫祭幛多款之分中飯後小睡片
刻核閱茅選八家題識書皮本日新購者也閱本日文
件閱京報十五本酉刻閱五代史梁太祖本紀一戌
刻畢核批札信稿傍夕至院中與紀澤論為經學
禮之道核寫雲字數多溫左傳柏舉之戰三點睡是
日見主考單浙南放龐鍾璐郭世長湖南向稱小省而
今簡放侍郎為試官蓋朝廷視之極重矣

十二日

是日恭逢先妣忌辰未設祭早飯後清理文件旋見客鄭少仲談甚久習字一紙圍棋一局畢鼎甫來久談昔年在岳麓同肄業友也朱子香等來一談又坐見之客二次稍遲傳見小睡片刻已正改摺稿午正二刻畢中飯後閱五代史梁本紀二閱本日文件閱梁本紀三唐本紀四至正核科房批稿一核又核各案房批札稿傍夕至後院乘涼疲困殊甚搖頭顱昏暈若不克自持溫左傳鐵之戰鄢之戰二更三點睡

十三日

早飯後見五局番負一次清理文件与程頴芝圍棋二局又觀人一局見客坐見者一次寫沅弟信一件睏甚小睡閱管韞山所選唐詩午刻核科房批稿移寫挂屏三幅對聯三首寫易芝生信將李宅祭幛等寄去中飯後閱唐本紀五閱唐本紀六七閱本日文件酉刻閱護軍營新學之洋鎗隊操

夕與幕府一談 旋在西院乘涼小坐 二更核批札各稿 三點
睡 公文尚未核畢

十四日

早飯後清理文件 立見之客二次 圍棋二局 旋又見客坐見者一次
立見者一次 李勉泉來見 久坐 又坐見之客二次 在竹床上久睡
午刻核科房批稿 寫對聯六付 小睡 中飯後寫澄侯弟信一
件 閱晉本紀八、九 閱本日文件 閱漢本紀十 周本紀十一二 剃
頭一次 傍夕在後院乘涼 與紀澤論勤儉之道 旋寫信與勞
辛階託買宗术 熱甚 在外院久坐 二更後核稿數件 四點睡 不
甚成寐

十五日

文武賀望者皆謝不見 見司道坐談甚久 旋又見客二次 圍棋一
局 見胡丞運昌堅 閻南康胡多 又立見之客一次 在竹床小
睡 午刻閱梁家人傳十三 唐家人傳十四 未畢 熱甚 小睡

午刻核科房批稿，寫掛屏三幅，約二百字。中飯後

閱鼎庸等便飯，未正散。閱唐家人傳二畢，閱本日文件，閱

唐家人傳三，見客一次，倦甚，閒散不能治事。核批札稿數

件。傍夕乘涼，誦多家七律，仍在外乘涼，二更後改信

數件。三點睡，不甚成寐。

十六日

早飯後清理文件，圍棋一局。劉開生送地圖來，乃西藏省圖一府

州圖十三，與之久談。旋至上房坐。接沅弟信，知連日猛攻金陵，其

苦異常，懸系不已。小睡半時許。午刻寫沅弟信，核科房批稿，校

長江圖。中飯後，復校江圖。摺弁自京歸，閱家信、京報，閱本日文件

五成。刻校江圖畢，與紀澤論變用虛字之法。在左院乘涼，旋核

批札信稿。二更四點睡。

十七日

早飯後見客一次，圍棋一局。旋閱南唐書南家人傳、晉家人傳、譯

家人傳周家人傳周世宗家人傳見客一次小睡半時午刻核科房批稿寫掛屏三幅閱唐臣傳中飯後熱甚在竹床久睡申初閱本日公事甚多至酉正畢吃西瓜一个再閱梁唐臣傳核批札稿傍夕與紀澤一談旋在外院久睡二更後改周臣問條三更點入內室熱極不甚成寐

十八日

早飯後清理文件圍棋一局閱梁臣敬翔等傳畢又閱梁臣康懷英等傳又閱梁臣楊師厚等傳未畢巳正小睡午刻寫沅弟信一件核批札各稿寫對聯二付掛屏三幅中飯後天熱殊甚不能治事閱本日文件甚多至酉刻閱楊師厚等傳閱畢又閱唐臣郭崇韜安重誨傳傍夕至幕中府卷一談旋在後院院宇清涼久坐寫朱久翁何小宋各信一件核批札各稿溫古文白以之雜赤壁之戰二更四點睡三更三點接沅弟咨文知金陵於十六日午刻克復思前想後喜懼

愁鬱，万端交集，竟夕不能成寐。

十九日

早間賀喜之客極多，直至巳正始畢。寫信與沅弟。午初坐見之客一次。核科房批稿。在石床上一睡。中飯後閱周德成等傳。閱本日文件。閱荷習等傳。閱朱弘賂等傳，未畢。圍棋一局。在竹床久睡。核批札稿。傍夕發紀澤兒之信。送程在外院禁溫。再核批札各稿。二更三點睡，不能成寐。

二十日

早飯後司道來見，久談。旋清理文件。圍棋一局。見客一次。接沅弟十七早信，并摺稿、咨、牘。係十六日克復雨花台金之內湖，尚未還。克旋後沅信一封。閱朱弘賂等傳畢。閱至遇畢等傳。午後刻在竹床久睡。午刻核科房批稿，寫對聯四付，挂屏一幅。中飯後閱至遇畢等傳，閱畢。閱本日文件。閱葉維翰等傳。至正核批札各稿。戌初至虎申府，與談極

在後院乘涼甚久戒紀鴻兒回湘鄉試多所推溫古文
翻把類書奧之難 二更三點睡不甚成寐

廿一日

早飯後見客二次馬方伯談甚久旋又見客二次圍棋一局劉開生
等來久坐徐貽甫來坐閱漢臣傳未畢小睡片刻午刻核
科房批稿寫對聯六付中飯後又閱漢臣傳閱國臣傳閱
本日文件是日早飯後已寫沅弟一信至未刻接沅弟信
為其寔至內城克後消息憂灼之至又寫沅信一件酉
刻閱死節傳核批札各稿旋在後院乘涼旋閱石昌
獄案之摺稿二更四點睡

廿二日

早飯後將石昌獄案再行親訊一次至辰正畢巳初接沅弟
咨信知金陵省城於十六日攻克逃出之賊被馬隊追殺淨盡
復沅弟信一封清理文件紀鴻兒回湘於巳正起行戒示

一切小睡片刻午刻改奏疏摺稿改至二更四點粗畢下半日王子槐來見一次又立見之客二次竟夕不能成寐一則天氣酷熱一則本日太勞苦耳

廿三日

早飯後朱久香來送行一談司道來一談又見客二次接沅弟咨悉李秀成於十九日搉生擒因將摺稿再為核改清理文件小睡片刻午刻又將摺稿核改核科房批稿簽各來一談申飯後料理各事將赴金陵閱本日文件圍棋一局復寫摺片屢次未畢至藩府一談見客二次申正寫摺畢小禮拜發摺出門至朱久香處一談即出城以南門登舟送客甚多見客數次晚飯後與紀澤鴻說話行摺稿之事旋至火輪船上坐二更五點睡不甚成寐

廿四日

早未明開船輪舟行走甚速而不甚顛播行至戌初二刻至采

石磯下二十里泊宿約行五百里中間停車三次其二次搭帶之民船送飯其一次因輪船太慢余稍坐民船也本擬一日趕到金陵念沅弟功在社稷而勞苦太久急思一見乃不能如願為之悵然是夕早睡不甚成寐是日在舟中閱五代史死事傳一行傳唐六臣傳義兒傳伶官傳宦者傳王鎔等傳李茂貞等傳下半日北風頗勁故舟中不煩熱也

廿五日

黎明開船行六十里辰正至棉花隄在舟中寫沅弟信一件澄弟信一件郭意城信一件閱雪光祠傳巳初登岸行二十里至沅弟營內見弟體雖較瘦而精神完好如常為之大慰見客甚多見弟鬯敘甚久陸續見客多中飯後又陸續見客次至戍所將所擒之偽忠王親自鞫訊數語旋晚飯沅弟處晚飯未上燈而即吃也見弟談至初更倦甚早睡

廿六日

早飯後与沅弟拜客 幕中諸友清理文件 圍棋一局 与沅弟
暢談 見客十餘次 巳刻久睡約一時許 午正陪客吃飯
沅弟請席二桌 客為吳春海 易睦谷 黃昌岐 陳舫仙等
未正散 天氣奇熱 又在竹床久睡 申正寫紀澤兒信一件 閱
批稿十餘件 与沅弟圍棋二局 又見客三次 龐省三 李眉
生來 在飯後再与此人暢談 沅弟十六日所收克復金陵大概
情形一摺 成刻擬奉諭旨推 又与眉生等一敘 罕睡

附記
札敎人查諸殉難者遺骸 陸祁涂孫
○取僞忠王詳供
○尋僞天王屍處 僞幼主自焚處
遍拜各營員驗各地洞
周歷城內各處

廿七日

早飯後清理文件與九弟一談勸令釋去焦憤見客三次旋出外拜多營甘祠至振字營見羅逢元振副營見張宜魁又至其各哨壘內看其所挖地道在大南門之下師公橋之上於二年五月與工十一月移六轟坍城垣一段旋至備字營見張光明至信字營見李臣典該鎮勞克捷第一首功而日內大病深為可憫旋至雨花台周覽形勢又至剛字營見營官何鳴高玉貴旋至印子山悅字營見彭杏南表弟休息片刻旋至湘恒右營見朱唐洲恒左營見葛其壽益午移回沅弟營次見客之頃中飯後見觀弟與人對奕數局大風雷雨熱極驟涼稍清適也旋與人圍棋一局寫澤兒信一件核批札各稿偏夕倦極旋閱數條閱偽忠王李秀成二更睡四更夢覺殊甚

廿八日

早飯後清理文件，棋二，見客數次，閱錄。九弟與香南圍棋數局，
余與魯秋杭圍棋一局，與沅弟說家常甚多。中飯與
諸客、黃冠北、勒少仲等一坐，而自另吃蔬菜飯，因天熱故，
禁油葷，稍覺清澈也。熊登武挖出洪秀全之尸，扛來一驗，
鬍鬚微白可數，頭禿無髮，左臂股左膀尚有肉，遍身用
黃緞綢被包裹。驗畢，大風雨約半時許。旋有一偽宮女，呼
之質訊，據稱道州人，十七歲擄入賊中，今三十年矣，充當偽女侍
之婢，黃姓。洪秀全於四月廿日死，實時寫出之廿七日也。黃氏女
親埋洪秀全於殿內坡地之處。詳核，作挽聯，偽夕寫祭幛
挽聯。核批札各稿，極核科房批稿極多。

廿九日

早飯後行廿五里至七橋甕，在蕭慶衍營內久談，旋至朝陽門外偽城湖
外觀蕭慶衍所挖地洞二處，稍北有蕭孚泗所挖地洞一處，蕭開印所
挖一處，武明良所挖一處。旋至蕭孚泗節字營久坐，即在渠處

舍宿中飯後 在竹床睡甚久 酉初出外 至蕭孚泗處而唁
渠彰閱父喪之訃 並坐翦一小壘後壁也 旋至長廳營查字
營兩處 見太子湖之北呂賊營挖地洞一處 李祥和成東昂
地道一處 朱洪章陳萬勝地道一處 又往看明太祖神功聖
德碑 傍夕歸 節字營 極寫紀澤兒信一件 閱本日途書
文件 並核批札稿